中国社会科学院 学者文选

薛葆鼎集

中国社会科学院科研局组织编选

中国社会科学出版社

图书在版编目（CIP）数据

薛葆鼎集／中国社会科学院科研局组织编选. 一北京：中国社会
科学出版社，2003.5（2018.8 重印）
（中国社会科学院学者文选）
ISBN 978－7－5004－3755－0

Ⅰ.①薛… Ⅱ.①中… Ⅲ.①薛葆鼎－文集②经济－中国－文集
Ⅳ.①F12－53

中国版本图书馆 CIP 数据核字（2003）第 023808 号

出 版 人	赵剑英
责任编辑	周兴泉
责任校对	李云丽
责任印制	戴 宽

出 版	中国社会科学出版社
社 址	北京鼓楼西大街甲 158 号
邮 编	100720
网 址	http：∥www.csspw.cn
发 行 部	010－84083685
门 市 部	010－84029450
经 销	新华书店及其他书店

印刷装订	北京市十月印刷有限公司
版 次	2003 年 5 月第 1 版
印 次	2018 年 8 月第 2 次印刷

开 本	880×1230 1/32
印 张	11.875
字 数	284 千字
定 价	59.00 元

凡购买中国社会科学出版社图书，如有质量问题请与本社营销中心联系调换
电话：010－84083683

出 版 说 明

一、《中国社会科学院学者文选》是根据李铁映院长的倡议和院务会议的决定，由科研局组织编选的大型学术性丛书。它的出版，旨在积累本院学者的重要学术成果，展示他们具有代表性的学术成就。

二、《文选》的作者都是中国社会科学院具有正高级专业技术职称的资深专家、学者。他们在长期的学术生涯中，对于人文社会科学的发展做出了贡献。

三、《文选》中所收学术论文，以作者在社科院工作期间的作品为主，同时也兼顾了作者在院外工作期间的代表作；对少数在建国前成名的学者，文章选收的时间范围更宽。

中国社会科学院

科研局

1999 年 11 月 14 日

目　录

自　序 *

这本经济论文选集，多少能反映出以往 10 年间我想过和说过的现实经济问题。

在 30 年代，我本来是一个醉心于自然科学的青年工程技术人员。日本帝国主义的军事侵略，鲸吞了东北三省之后，又处心积虑向华北五省步步进逼；而国民党政府却一味屈膝投降，对内则内战反共、残民以逞。亡国的危险，窒息的政治，驱使我参加了地下党领导的革命斗争。在地下工作中，实践的需要，使我在革命前辈的启迪下接触到了以哲学、政治经济学为核心的社会科学。40 年代，我在欧风美雨中观察到了一些第二次世界大战前后的资本主义世界。这些经历，使我坚信为党的革命事业而奋斗的初衷是正确的。

解放后，由于工作岗位的变动，我先后参加过工业管理、技术管理、设计管理、计划管理的业务。正是业务的变动，使我在

---

* 这是作者生前于 1988 年为当时准备出版的自己的经济论文选集所作的序。后因种种原因，选集未能出版。此次列入"中国社会科学院学者文选"时，在原选集的基础上又增加了几篇 1988 年后的文章。——编者

工作中不得不随时学习。可是，"大跃进"的狂热和第一次"八字方针"的见效，我都身临其境，使我饱受教育。跟着来的是史无前例的"文化大革命"，又使我领会到了若干路线问题之"冰冻三尺，绝非一日之寒"，封建法西斯主义恰恰催生了到处泛滥的无政府主义。更看到了这种危害全社会的流毒要肃清实在不易。至于个人受到点侮辱和折磨当然就算不上什么。可是，我在多年实践中积累下的几箱资料与文稿，却在这场浩劫中竟被全部毁灭了。有时想起来，觉得没能及时总结点什么出来，实在太可惜了。

"四人帮"被粉碎了两年左右，我才开始从事经济研究工作，先后对国民经济、工业经济、技术经济、建设经济、城市经济、区域经济、环境经济陆续增加了些认识。多次访问现代资本主义国家，也使我更多认识到要建设有中国特色的社会主义，我们所从以起步的"零点基础"实在很低；在实践与理论中，有待于我们去观察与探索的问题实在太多。

马克思、恩格斯多次说过，他们的学说不是教条而是行动的指南。可是，直到我亲自看到孙冶方同志在"文化大革命"后期一出牢监便奋不顾身地为政治经济学的真理而斗争，才启发我更加认识到发展部门经济学对于发展政治经济学所具有的实际意义。就在我进入经济学界不久，"实践是检验真理的唯一标准"，也在一场思想斗争中显示了强大的威力，我的思想也进一步得到了解放。"万马齐喑"的岁月，确实早该结束了。

80年代初期，冶方同志几次说过，经济建设千头万绪，如果离开了马克思主义的理论指导，对辩证唯物主义与历史唯物主义既说不准也不照着去做，就难免迷失社会主义的方向。他说，现在有的是"从概念到概念"，有的是"从实际到实际"，怎样积累实践经验、加以抽象和提高、探索出社会主义经济建设的诸种科学规律来，实在不容易。即使有了一些新见解，也要看这些新见解能否经得起实践的考验。他一再鼓励我针对社会主义经济建设的现实问题、探讨确实能发展生产力的生产关系与上层建筑，研究"建设经济"、"技术经济"等这些部门经济学；为此，也要联系生产、流通、消费等经济领域，如实考察更新与改革之道。他的话，当然对我、对经济学界所有理论工作者和实际工作者一样都是巨大的鼓舞。

我们诚然都应该通过理论与实践相结合的途径，根据马克思主义学说的原则，对建设与发展社会主义不断进行探索。我也尽可能利用有限的时间来向社会多做些调查研究，希望逐步能出些成果来。

＊　　　　　＊　　　　　＊

现在，老同事萧颖同志帮我选编了自 1978 年底至 1988 年初的 29 篇经济论文（其中部分文章曾在国内报刊发表过），并将由上海的一家出版社出版，我很感激，一则可以免得散失；二则可以提供读者参考与批评指正。

这本经济论文选集的第一部分，主要是对三十多年我国社会主义经济建设的回顾与对今后更新与改革的期望。在议论国民经济全局得失的几篇论文中，反映出过去把复杂的问题简单化的危害实在创巨痛深。在议论技术经济和生产力经济学的几篇论文中，反映出忽视工程技术而不经反复论证的决策只能重复导致损失与浪费。在议论经济发展战略和区域经济规划的几篇论文中，反映出对生产力布局与地区经济结构的深入研究确实是社会主义计划经济的宏观工作基础。至于有些论文说到社会经济可以运用"系统论、控制论、信息论"的系统工程方法来严肃对待才能透视多层次、争取多效益，已为近几年来在我国建立与开始运行的多种经济模式所证实。

这些观点与议论，在发表的当时条件下，所发挥过的一些作用，有些已在题论中简要说明，现在也已成了历史资料了。

对我国未来的展望，我议论过的，在建设有中国特色的社会主义过程中，尽管现阶段问题还多，在以改革统揽全局的政策指导下，相信一步一步总能得到解决的。

这本选集的第二部分，则是几篇对上海、无锡、北京、西安等市和对江西、辽宁、贵州等省，所作区域经济的调查研究与对社会经济发展战略的发言要点，多少也涉及些方法论。

薛葆鼎

1988 年 5 月 10 日

加强技术经济学和现代化管理科学的研究*

我现在为这次大会总结五个问题：

一 为技术经济学恢复名誉;对管理现代化要加强研究

这就是要在全国范围内创造条件，让技术经济工作者和管理现代化的研究者，为按照经济规律和自然规律办事，加快实现四个现代化的步伐而出一把力。

我们从实践中认识到，任何胜利的、成功的政治运动一定要解放生产力、保护生产力、发展生产力；绝不容许用政治运动去代替经济管理与现代化的科学管理。现在党中央已经提出，把全

---

　　* 本文是作者 1978 年 11 月 15 日在全国技术经济和管理现代化的理论和方法的研究规划工作会议闭幕式上的总结发言摘要。当时正是党的十一届三中全会召开前一个多月，由于受"实践是检验真理的唯一标准"讨论的影响，会上一致要求：为在十年动乱中备受批判的技术经济学翻案，对国外流行的管理科学加强研究，对"洋跃进"中引进工作的混乱有所取舍。本文在当时的学术界中是起了一定的震动作用的。

党工作的着重点转移到社会主义现代化建设上来。为了实现这个伟大的转变，加快实现四个现代化的进程，我们要抓好三个方面的学习：（1）学习经济理论，以掌握社会主义现代化建设的经济规律；（2）学习科学技术，以掌握社会主义现代化建设的自然规律；（3）学习管理，以便在掌握经济规律和自然规律的基础上学会现代化的科学管理。不懂得这三方面的学问，故步自封，就不可能正视现阶段存在的落后面与隐蔽中的各种问题，从而组织好高速度、高水平的社会主义现代化建设。

科学的社会主义的经济管理，要求持续稳定地、高速度高效率地发展生产；没有科学的经济管理，生产就会一忽儿大上、一忽儿大下。在这方面，从新中国成立以来，我们已经亲身经历了两次历史教训。第一次是刮"共产风"，破坏了价值规律；瞎指挥、拼设备，破坏了有计划按比例规律。结果是全面破坏了工农业生产，损害了三年的国民经济。毛主席、周总理不得不领导我们执行"调整、巩固、充实、提高"的八字方针。从1963年到1966年，全国人民才体会到社会主义制度优越性的一个重要方面，就在于有办法统筹全局，搞好国民经济的综合平衡。第二次是林彪、康生、陈伯达、"四人帮"煽动无政府主义来"冲击经济"，用批所谓"唯生产力论"来破坏工农业生产，结果是绵延十年之久的经济波动把国民经济拖向崩溃的边缘；同时，也把国内的经济理论工作队伍搞到人心涣散，万马齐喑的程度。党中央粉碎了"四人帮"，我们今天才能在这里召开全国性的技术经济和管理现代化规划的工作会议，学习按客观经济规律管理经济事业的科学，重新集结技术经济工作者的队伍，从头发展现代化管理科学工作者的队伍。前事不忘，后事之师。这两次代价惨重的历史教训，我们千万不要忘记。

这次会议上，对技术经济学的对象、内容、任务的讨论，没有什么大的分歧。同志们求同存异，都认为这门学科是介于自然科学和社会科学之间的边缘学科，是"两栖动物"。基本内容是对比不同的技术方案，寻找对国民经济有最好经济效果的方案，也就是用同样的劳动消耗取得最大的经济效果，或者用最小的劳动消耗取得同样的经济效果。当然，也有一些同志认为技术经济学是用技术手段来为经济工作服务的；还有一些同志认为它离不了经济分析、经济比较、经济评价，归根到底是属于经济学范畴的。百花齐放，还可以进一步探讨。

对管理现代化的理解则不尽相同。在一次理论与方法大组会上提出的命名有九种之多："系统工程"、"系统分析"、"管理系统动力学"、"系统管理"、"系统科学"等等，反映了当前国际上的不同学派，各有各的历史背景和历史条件。"经济工程"、"工程经济"、"管理科学"、"科学管理学"这些名称，是适应当前国内要求提高经济管理水平和改革时弊的普遍愿望，主张采用我国群众喜闻乐见的定名，不赞成用比较生硬又难于理解的译名而提出来的。有的同志说，现代化的管理科学，无非要求对客观的事物、企业、网络、系统乃至社会，有全局的、纵深的、多层次的观察与分析，根据科学的技术数据、技术资料、技术方法等等，进行"全面规划、统筹安排"。不同的命名，仍然反映了不同的观点、不同的理论与方法，也反映了这门学科的不同分支和在初创时期的不成熟性。我们认为，还是百花齐放，不要勉强求统一。实际上政治经济学这门资格很老的科学在研究对象等方面到现在还存在不同的解说，何况现代化管理这一门在 20 世纪六七十年代才正式露头的新学科呢？只有百家争鸣，深化研究，才能加快发展这两门学科。

对管理现代化的理论与方法，尽管叫法不同，都要求用电子计算机作为管理工具是一致的，但是，使用电子计算机并不等于就做到了管理现代化。管理现代化包括管理组织的现代化，管理方法的现代化，管理制度的现代化和管理手段的现代化。也就是说，要把现代化的科学管理成果综合运用于管理。在社会主义社会里，科学管理应该在民主管理的基础上建立起来，才能充分发挥其作用。民主管理和科学管理是现代化管理不可分割的两个方面，是社会主义社会生产力发展的必然要求。只有实现民主管理，才能发挥脑力劳动者与体力劳动者的积极作用，这是现代化生产的一个十分重要的问题。现在资本主义国家日益强调发挥人的积极性和实行工人参加管理，这是生产力发展的要求；不这样，科学技术的潜力就不能充分发挥，企业就会失去竞争能力，就要破产。对我们社会主义制度来说，工人本来就是企业和国家的主人，我们更加有条件建立起一个符合生产力发展特点的民主管理制度，以促进生产力的高速度发展。那种以为只要有了电子计算机管理就可以忽视民主管理，甚至把科学管理单纯看成是电子计算机管理，也是片面的。因此我们应该重复地说科学管理只有在民主管理的基础上才能充分发挥其作用。

无产阶级专政如果在人民内部不实行民主，就要变质，就要变为反动阶级的专政。林彪、"四人帮"之流就是以封建法西斯专政代替无产阶级民主。他们不讲民主，也就必然不讲科学，把科学的东西一律作为资产阶级的东西拒之于门外，结果不但使我国工农业生产濒临崩溃的边缘，而且造成了管理上的大混乱和大倒退。教训是极其惨痛的。为了实现四个现代化，当务之急就是要一方面建立民主管理制度，另一方面在引进国外先进科学技术的同时，引进先进的科学管理方法和制度，使我国的经济管理成为真正现代化的管理，为实现四个现代化创造条件。五四运动至今已将60年，科学与民主的问题，确实没有理由不认真彻底解决好。

百花齐放，百家争鸣，才能发展科学。要允许众多学派各抒己见，取长补短，互相补充，互相促进。不能用反科学、反民主的态度对待学术论争。比如三四十年代摩尔根学派与米丘林学派论争了相当长一个时期，摩尔根学派被扣上了唯心主义学派的大帽子。但是，电子计算机打开了人们的眼界，算出了复杂的遗传基因的现象和作用，证明了摩尔根学派的科学性。只有林彪、"四人帮"之流自己沉湎在封建愚昧的泥淖里，还把封建的文化专制主义夸耀为一统天下的好章法。

我们搞技术经济工作、研究现代化管理，要认真走好群众路线，敢于坚持真理，也勇于修正错误。技术经济工作和现代化的管理方法不是万能的。要能够充分发挥其作用，一是需要客观的政治条件；二是需要主观上力求全面认识客观对象。当我们建设项目的技术方案受到不正确的"长官意志"干扰的时候，先决策、后论证，这是常见的引起苦恼的事情。这样的"长官"同正确的领导者的区别，就在于"情况不明决心大，方法不对点子多"，违反唯物主义，违反客观规律而瞎指挥。例如，在林彪"靠山、分散、进洞"的荒谬建厂原则指使下，有些大型工厂却放到山沟里去了。有的车间还用代号来保密，使连续化的生产线割裂开了；有的车间排列在窝风带内，难于排除对大气的污染。这些至今都难于善后。反其道而行之，我们就该先论证，后决策。

技术方案本身也有适用的范围。有时对工业有利，对农业不一定有利；有时对农业有利，对工业不一定有利；有时对工业也不一定有利，对环境却大大有害。有一个染料厂简化了工业污水的处理，每年排入一条江里的酸碱和有机毒液"流毒"很广，使江内多年生产的白鱼绝迹，可是当年它的设计方案却被认为是经济合理的。可见，要综合考虑国民经济各个方面的因素，才能防止技术方案的片面性和经济分析的片面性。

在价格背离价值较大的条件下，有的建设方案经济效果算不准，如原料、燃料用价格偏低的煤炭或用价格偏高的石油作对比方案时，过去引起的争论并不少。但只要保持头脑冷静，总有办法得出接近正确的结论。

在综合平衡不完善、计划缺口多的时候，今天"保"钢铁，明天"保"电力，也很难算准经济效果。

保密制度，要扼守关键性问题。现在呢，有的太严，有的无必要，使技术经济工作者不能获得必要的完备资料，往往使工作陷入困难，当然也就不能搞好技术经济分析。

可见，我们一定要十分关心改进计划工作，严格按照有计划按比例的规律和价值规律办事，加强综合平衡，改革经济管理体制，改革生产关系和上层建筑中那些不合理部分，才能创造良好的条件，让技术经济学和现代化管理科学为实行四个现代化服务的可能性转变为现实性。

我们这次规划工作会议，主要是探讨 17 个专业中的理论与方法问题；客观存在的专业性问题更多，就不一一论述了。

二　农业是个大问题

把我国的农业搞上去，把农业逐步加以工业化，最后实现农业现代化，应该说这是世界规模最大的一项大工程。有的同志说，我国的农业是当代最大规模的手工劳动，实现农业机械化就是把农业变成中国最大的工业。当然，这是有一定道理的。

当前我国的农业怎样加快速度搞上去？除了落实正确的农业政策之外，有几个问题最应该抓紧解决。

首先是怎样迅速摆脱半自给的小农经济体制问题。具体说，就是怎样从政社合一的组织形式和行政管理方法，走向更能解放农业生产力的经济组织形式并按照经济规律和自然规律来管理农业。现在许多公社，绝大多数干部管行政，一两个干部管农业，怎能把农业生产搞上去呢？农工联合体的经验能否在我国经过试点逐步推广？现在全国先在北京、天津、上海、辽宁、黑龙江、石河子、武汉、广州、成都试点。这里要总结经验，有大量的技术经济工作和经济工作可做。

其次是打破行政区老框框的束缚，根据地貌、气候、水文、社会经济条件，即自然地理和经济地理的条件来规划农业。这样可以在大范围农业经济区域规划的指导下，按照自然条件和经济条件来规划以县为单位或以几个县为单位的农、林、牧、副、渔的生产力布局。山区有山区的共性和个性；灌区有灌区的共性和个性。流域可以搞流域的规划。农业规划也要从小农经济的束缚中解放出来，扩大视野，认真考虑专业化的发展方向和经济合理的经营规模，才能认真因地制宜，布置好生产力，逐步走向大生产。有了大范围的规划，敢于按照先进技术水平来突破小农生产的框框，生产发展方向才能有个准则，区域性的农业分工才能心中有数。前些年，对全国 16 亿亩农田没有执行好"以粮为纲，全面发展"的农业方针，更没有针对全国 960 万平方公里的土地来全面地实行农、林、牧、副、渔并举和因地制宜、适当集中的方针，机械地抓"以粮为纲"，而且把农业需要"全面发展"也抹杀了。在适宜于种花生的山东蓬莱地区改种了小麦，在适宜于种大豆的吉林平原改种了玉米，效果都不好。而张春桥还喊"菜农不吃商品粮"的胡话，破坏了大城市蔬菜和其他副食品的供应，这更是极端恶劣的反面教材。实际上"以粮为纲"成了"以粮为网"；棉花、油料等经济作物被挤了，农民收入减少了，粮食发展也很慢。至于形形色色违反自然规律，挫伤农民积极性的"平调风"和"瞎指挥风"更是到处可见。因此，只有从全局观点出发，因地制宜，搞好农业布局，做大量的技术经济论证工作，才能把商品粮基地、棉花基地、大豆基地、花生基地、甘蔗基地……一大片一大片落实下来。

在全国范围做好农业区域规划，一定要把农、林、牧、渔放在同等地位上，搞好农、林、牧、渔相结合的科学合理的布局。宜农则农，宜林则林，宜牧则牧，宜渔则渔。

林业的特殊重要性，应该在总结千百年来习惯于手工农业的正反面经验中加深认识了。森林，既能保持水土资源，又能调节气候、净化大气。科学的数据证实，一个国家要保持水土资源，防止自然灾害，调节气候以保证农业丰收，森林覆盖面积至少要30%，还要分布均匀。而我国现在只有12.7%，而且分布不均，一边是在东北山区，一边是在西南山区；中部广大农业地区，森林稀少，大面积对着天的，或者是干旱黄土，或者是雨淋红壤，既没有防洪的良好条件，也没有抗旱的良好条件。有限的森林还受到滥伐和火灾的严重破坏。周总理过去批评过滥伐森林，是"享祖宗的福，造子孙的孽"。我们惯于把林业只看做木材和纸浆的来源，而不了解林业在国民经济中，特别在确保农业丰收方面的重要作用。对林业有再认识的必要。林业是可以更新、扩大的大面积生物资源，可以有效地改变祖国大地的面貌。现在半个中国是荒漠，半条黄河是泥沙，北京周围也有沙化的迹象。如果不搞个有一定宽度的万里"绿色长城"，是难以防止从新疆、甘肃到东北的风沙的。如果治理黄河只消极筑堤防水，不积极种草造林治山，只搞些水库发电而在全流域不搞水土保持的综合治理，是不能实现"黄河流碧水，赤壁变青山"的美好理想的。

林业还可以发展木本油料作物和其他经济作物，从地中海边引来的油橄榄，在南方已有收获。文冠果的籽仁中含油达60%，含蛋白质达 30%，也该积极推广。北方的核桃，南方的橡胶，还有林区副产的药材、紫胶、桐油等等，也应该认真安排增产。

为此，对林业管理体制要好好研究。对现有林区，在强调专业化协作的原则时不要忘记组织综合性的林业与森林工业，从合理采伐、及时更新、扩大造林到综合利用木材、大搞林区副产品加工，形成拥有先进技术装备的综合性联合企业，使各个森林工业局企业化、现代化。对现有农牧区，要认真规划，科学造林、护林，国家应该考核各地成林率和实际森林覆盖面积的增长率。

谈到牧业经济的重要性，我们更加缺乏科学的认识。我国草原地区辽阔，总面积 43 亿亩，大体上和美国的相当，而产草量和载畜量只达美国的 1%，牛羊实在太少。前些年由于片面理解"以粮为纲"，好些牧区不顾当地条件，用破坏草原的代价来垦荒造田，收到的经济效果只能是浪费和损失。对待大牲畜的计划指标也只剩了一项"存栏头数"，撇开了"出栏率"和"产肉率"、"产奶量"等等。现在有的牧区由于过度放牧，使草原退化严重，虫害、鼠害严重。还有的牧区由于放牧不科学，使牛种退化，人称"狗牛"；公母畜同时留养，人称"一夫一妻制"。群众对畜牧业官僚主义化的行政领导意见很大，反映强烈。这种现状，势在必须加快改革。

农区对养猪事业也片面宣传"大养特养其猪"。有的人根本不理解猪的胃不能分泌出牛的胃酶素，不能分解草类的纤维素。有些文章用夸张的笔法来强调不要精饲料也能养猪；光靠草叶里那么一点点淀粉质、蛋白质，用了这样那样的发酵法，有了那么一点苹果酸味，便来论证"猪吃百样草"，似乎是草都可以充当猪饲料。这样的问题，实践已证明是不正确的。当然只要请畜牧技术人员和畜牧技术经济工作者来加以科学的剖析，不难判明是非。现在我国存栏猪 4 亿头，美国存栏猪 6000 万头，而美国能一年两茬出栏，产肉率远比我们的高。我们养的往往是"元老猪"，打的是消耗战。群众的尖锐批评，说明畜牧业的技术经济研究和管理现代化研究都应大大加强。

此外，在工业农业之间，值得重视的还有社队工业①的发展方向问题和农用工业的技术路线问题。

社队工业和为大农业服务的各种事业，应该说是天地广阔、大可有所作为的。可是有些地方的社队工业，竞相为城市里的大工业搞一点协作件、配套产品，叫做"扩散"一部分工业产品到社队工业中去。顾名思义，是动员和组织一部分农业劳动力来支援城市工业，赢利不上缴，归集体所有制的社队工业做积累，或参与一部分社队的分配。这样做，对农民来说，有利于增加收入，增加工副业积累，可是对于为当地农业服务、把当地农业搞上去，并无直接意义。所以，有的同志认为此中矛盾很多，见解不一。应该首先要求社队工业为当地农业服务，为把当地农业搞上去、实现农业现代化发挥确实有效的作用。否则，按照现在的搞法，只是把全民所有制工厂中应该上缴的利润，分一部分为集体所有制社队工业的自留积累，这是社会利润在工农业之间的再分配。在这种特别有利的条件下，不少地方的社队工业迅速发展起来，是很自然的。在当前国家计划工作综合平衡有困难的时候，社队工业所需要的生产资料能否在计划内调拨供应，当然是问题。如果不能有效地纳入国家计划，势必增加计划外的负担，增加对国民经济的压力。从全局观点来衡量，究竟得失利弊如何，值得多做技术经济分析。究竟如何按经济规律把社队工业合理地管理起来，也值得做综合性的研究。

农业机械化的技术经济和科学管理问题，内容更是丰富。不

---

① 本文集中所谓"社队工业"，即后来改称的"乡镇工业"。

光是目前农用工业的几大件，一曰拖拉机，二曰化肥，三曰农药。比如，有些机械化农具一年只用几天，怎能让农民负担得起这样的固定资产支出？配套农具中为什么插秧机在我国先出世，却在日本先普及？农村怎样开辟沼气能、太阳能、风能等廉价能源？是让农民烧煤好，还是实现秸秆还田，用煤生产化肥供应农村好？现在小氮肥质低、价高、易分解、多亏损，如何通过加快技术改造来改变面貌，减轻农民的不合理负担，使粮肥比价有利于农业生产？现有的农药和除草剂的品种如何解决优质平价，无害于人畜和环境，有利于实行免耕法？现有的拖拉机怎能做到适合地区需要，又能使零部件标准化、通用化、系列化，有利于组装和修配，还能大大降低价格使农民乐于使用？总起来说，农业机械化的投资方向，应该考虑先化什么，后化什么；哪些地区先化，哪些地区后化；如何按照农业区域规划的具体要求，加快实现农业的机械化？这些都是需要大工作量的研究课题。

在农业机械化的过程中，多余的劳动力往何处去？相当大规模的合乎经济核算要求的种子供销公司，饲料供销公司，复合肥料供销公司，农产品加工、收购、运销公司，果品加工、收购、运销公司，蔬菜加工、收购、运销公司，农用塑料薄膜、塑料绳索、塑料喷灌设施、塑料喷雾器材等等的制造供应公司，优质高效低毒的农药供应公司，农村交通运输公司，农业机械修理公司，兽医站、配种站等等的企业组织……都应该因地制宜，合理分布，形成网络，才能使农业走向工业化、现代化。这些方面能否作为社队工业的发展方向，也值得管理科学工作者多作科学研究。

顺便说说介绍典型经验和学习典型经验的问题。这事对学术界应该有一个更高的、合乎科学的要求。典型本身存在于现实社会里，它必然符合凡事一分为二的客观规律。哪些是普遍性的经验，哪些是特殊性的经验，要实事求是，如实宣传，使学习典型的人们能够明白从哪里入门、学习什么、如何学到手。学得好不好，要以当地的农业实践经验效果来检验。不能任意扣上什么"真学"、"假学"、"真革命"、"假革命"之类的大帽子。学先进要因地制宜。怎样做到因地制宜，实事求是，取得最优的社会经济效益，也是我们要认真研究的课题。

三 引进技术中的技术经济和科学管理问题

党中央决定，为了加快实现社会主义现代化，在自力更生的前提下，有计划地引进一些适合我国需要的先进技术，发展对外经济合作事业。出席这次会议的代表们都想多知道一点这方面的情况，希望列入与各自的专业有关的课题。引进技术，主要靠用外汇去换取世界先进水平的科学技术成果，用比较短的时间来迅速发展我国的生产力，加速实现工业、农业等等的现代化，这就要求我们到国际市场上去进行技术贸易和技术活动。要买得好，要买得巧。就是说，技术上要识货，经济上要节约外汇。这些外汇很多是我们用土特产去交换来的，来之不易。如果被别人"抓了大头"，即使买到了科学技术上的好货，经济上还是吃了暗亏。难道我们还不应该抓紧总结、得出正反两方面的经验来吗？目前国际形势对我们有有利之处，也有不利之处，更要保持冷静头脑，全面安排，谋定而后动，千万不要一拥而上；乱了步调就欲速则不达。

国际市场上技术贸易的方式是多种多样的。我们有些同志习惯于第一个五年计划开始就向苏联引进成套项目的老办法。前几年，向日本和欧美引进技术装置也总是愈整套愈好，重复引进同一类型的套数也是愈多愈好。这种做法，当然比我们从头摸索、试验合算，也比光买产品合算，但这种做法的弊病也都是早就知道的。可是，现在还经常在重复引进同一型号的产品，同一性能的生产线。其所以如此，主要原因之一是自己不敢组织出国搞设计、买设备，要通过外国的工程设计公司中间承包，结果是付出的设计费往往达到成套技术装置外汇货款的 30%～40%；而且从工艺设计到设备制造技术，依然掌握在外国人手里，因为没有学会"懂得怎么办"的技术问题。已到了 70 年代后期了，我国的工程技术人员只能在有些大型建设项目中的分交设备和分包厂外工程中参加一点工作，不利于我国工艺研究、工程设计、设备制造水平的提高。我们出钱，让中间承包商去学技术，这是有点工业基础的国家不肯干或很少干的事。举一个引进技术的例子来说，有一个石油化工公司，用轻柴油为原料，高温裂解，深冷分离 30 万吨乙烯，联产 20 万吨丙烯的装置，是美国某公司 70 年代初期首创的技术，由日本的一个工程公司承包设计并成套转卖给我们的。1977 年，美国的这个公司的经理就说："你们出钱，让日本先生来美国学技术、学设计，再卖给你们。你们为什么干这种傻事？"如果我们老靠引进成套装置，就算解决了近期需要吧，能否加以消化解决洋为中用、自力更生，还是一个问题。我们真正应该快一点清醒起来为好。至于那些不以国家利益为主，片面行事，盲目引进的事例，已经不在少数，就不必多说了。

目前在国际上引进技术比较好的经验，有几种值得我们认真考虑：

1. 在成套引进的同时，适当购买设计技术和关键设备的制造许可权。这是加快消化和发展引进技术，尽快"翻版"引进项目的好办法。罗马尼亚比我国早一年引进第一套 30 万吨合成氨厂的成套装置。几乎在同时，他们也购买了制造许可权，很快掌握了设计和设备配套的技术，加上他们从国际市场上选购了一些机械设备来组织配套，到 1978 年 6 月已经"翻版"了 7 套，正式投产了 4 套。不久前，还提出向我国出口。而我们没有认真考虑"翻版"，从 1972 年以来，引进了这样的大型合成氨厂 13 套装置之后，现在还在议论要再多引进几套，理由是把原料工段的"油"头换了"煤"头。这种说法的说服力毕竟不大。事实上，有些关键设备如不购买"翻版"技术，光想靠自己测绘来"翻版"设计，有些技术上的困难不易克服，如乙烯的高温裂解、深冷、密封、高压泵的设备装置，就很难测绘。现在想"翻版"已到手的一些先进成套装置，到测绘完，前后要 5 年。就算全部保证了质量，技术水平只能维持 70 年代中期的水平，到几年之后，国外的技术又在向前发展了。老在后面赶，保持"等距离竞赛"，怎么行？又如一个钢铁联合企业引进的一米七轧机，一个部件十几吨重，翻个身也难，怎么能测绘得精确？而且有些材质、零部件的加工装配工艺，根本不是外形测绘可以掌握的。所以，还不如早一点购买关键设备的制造许可权，争取时间解决"懂得怎么办"的技术问题，学会了本领再求创新。

2. 购买基本技术和基础设计，由我们自己组织成套设计和组织设备的成套制造。外商按经济合同从设计、设备选择到开车，负有技术指导责任，保证达到预定的技术经济指标。这可以使我国的设计人员学会整个建设项目的先进技术，学会向国外订购符合我国需要的设备。只要国内分交的设备做到实事求是，要确实能自己制造的才承担下来，一经签订合同，就要像国际间的一般经济合同一样负有经济责任和法律责任，严格地按质、按量、按期交货；凡是国内一时还不能制造的设备就不要勉强承担分交任务，及早向国外订货，由外商提供货单，直接向国外购买。这样做，总比引进成套装置、多让中间承包商盘剥为好吧。

3. 同外商搞技术合作，合办工程设计公司，合搞设计、合选设备、合做技术研究和开发工作。如有的外国工程技术公司建议到我国来试验研究，用我国的原料制造新产品，技术成就可作共同的专利，可让我们从头到尾掌握科研开发的技术。这样，我们的技术人员就不仅能解决"懂得怎么办"的基本技术，而且还能解决"懂得为什么要这样办"的科学理论了。看来这可能是"洋为中用"的一个好方式。

此外，我们还可以考虑：（1）搞来料加工、装配（可能适宜于电子工业等）；（2）补偿贸易（可能适宜于用矿产来补偿采矿装备的费用）；（3）合资建厂，收回股权（可能适用于汽车、拖拉机工业等）；（4）结合国际贸易的不同支付方式，不断引进先进技术等等。

现在看，国际形势对我们还是好的。美、日、法、联邦德国等愿意同我国谈判"许可证交易"，谈判转让基础设计技术，谈判合办工程设计公司，谈判搞来料加工装配，谈判补偿贸易等等对我们更为有利的方式的，大有人在。我们应该早一点甩开引进成套设备的老办法。可是，要采取灵活的技术引进方式，扩大引进技术的领域，多同国外开展技术交往，必须彻底肃清"四人帮"横行时期泛滥成灾的骄傲自满、闭关自守、故步自封、狂妄自大的坏风气和相应滋长的"衙门"式管理习惯的流毒，在思想上、作风上、方法上、制度上都进行一番革命性的改变、改革。举些技术贸易管理工作中的具体事例来说：

（1）引进一些配套设备和关键性的零配件，外贸申报手续过于繁琐，公文旅行过于缓慢。一次一个厂想申请国外补充订货，前后花了九个月通过九个机关，方才办全了手续，使整个项目的建成拖过了对外合同期。如果这种办法不改变，是谈不上迎头赶上的。

向国外购买关键性零配件的手续也一样。从这个厂提出申请到批下外汇，得用一年时间，要填报中外文对照的八开明细表一式六份，几个技术人员带着每份二寸来厚的大报表往返于各机关之间，而且大到上万美元的部件，小到不值一美元的零件，都得按这套程序办事。去年有个厂里的压缩机调速器上一个保险丝坏了，本来这东西在国外市场上到处可以买到，价值不到五马克。但这个工厂也得按程序申报，而停产一天就得损失五六百万元。幸好联邦德国一个在现场施工的专家听说了，打了一个电话回去，让他们来人随身带来了几个这样的保险丝，才解决了这个难题，否则就不知道工厂将受多大的损失。但这样做，却是违反现行外贸规定的。有人说，这叫做"合理不合法，合法不合理"。怎样才能把对外的技术贸易做活一些，让企业里的"小事"能办得好一些、快一些呢？

（2）许多大工业有连续生产的特点，石油化工更是如此。但在技术引进中，却发生因为行政部门分工而割裂的现象。如："的确良"聚酯纤维的技术，国外已发展为连续缩聚、直接抽丝；缩聚后不必经过造粒再抽丝了。可是我们因为按行政部门管理工业，外汇也按行政部门硬性划分，因此化工部门只能买从缩聚到造粒的技术装置，纺织部门才能买从造粒到抽丝的装置。这样，割裂引进技术的连续性和先进性。引进项目，应该按照生产力发展的客观规律，成龙配套地引进才是。

这种为了行政领导的分工而牺牲技术和经济上合理性的教训提醒我们，必须认真研究生产力经济学，或者技术经济学，并且认真搞好经济管理体制的改革。

还有，有些特大型建设项目，对产品方案、生产规模、工艺流程选择、厂址选择、设备选择、施工方案等等没有充分做好综合性的工程技术经济比较，在对外交流技术和设计谈判中粗枝大叶，考虑不周，便贸然上报领导机关决策，引起的严重浪费问题就更大。此外，现在各部门都在设法引进电子计算机，型号、品种都是要求越大越好，对国际市场的情况多半不很了解就贸然询价，容易产生不良影响。这些事该怎么办，怎样才能真正全面解决好，都值得多探讨。

四　做好生产力布局的技术经济研究工作
和相应建立经济管理制度问题

这里特别要着重做好工业生产力的布局和综合性的工业经济区域规划。如何安排好沿海工业和内地工业的关系；如何合理安排新工业基地的建设规模；如何合理组织各个经济地区之间的分工、协作和综合性的发展，以求逐步形成各具特色的区域性经济体系；如何严肃地、有效地综合利用资源，综合利用能源，防止环境污染，保护好我国现有将近 1/4 人类的生存环境；所有这些，都要打破阻碍合理布局的行政区划和部门分工，进行综合性的经济区域规划工作。在经济区域规划没有搞好之前，抓厂址选择工作是应该的，但往往因为不能综观全局，很难判别利害得失，甚至引起许多无原则的争辩，而毫无结果。有的同志说，抓了个别建设项目的厂址选择而不抓经济区域规划，等于是抓了芝麻，丢了西瓜。

从小例子说起。黑龙江有一个小铁厂，到千里外的海南岛去运矿石来维持生产；有几个磷肥厂，到云贵高原上去运低品位的磷矿石来维持生产。如果把运费纳入成本，"把豆腐盘成肉价钱"，这个账就没法算了。

北京有一个厂扩建，需要在河北建设一个水库。行政区划固然有限制，工农业争水也是个实际困难。这种性质的问题，过去周总理一直很关心，常常问：北方 17 个省区的水到底够不够工农业生产大发展之用？地面水和地下水的资源互相补给的综合平衡到底做够了工作没有？

在内地建设中，特别在水源贫乏的地区，安排工业项目过多过大。在农业还没有搞上去的条件下，纵然厂址选择得比较好，生产建设也还可以，仍然会出现畸形发展和经济偏枯的现象。

毛主席在《论十大关系》中指出，要充分利用沿海工业基础。有些部门片面理解，选厂又往上海等大城市挤。实践证明，大工业的生产力已出现过于集中的现象。另一个极端，是片面理解大中小型企业相结合、以中小企业为主的方针，到处摆摊子，还说已经解决了合理布局问题。从发展"五小工业"到发展街道工业、社队工业，又出现小型企业的生产力过于分散的现象，以至技术上不能采用先进的技术装备，核算中不能达到合理的经济规模，三废治理上放任自流而污染了农村环境和地区性水源。解决这个过于集中和过于分散的生产力布局问题，技术经济工作和经济管理工作也是大有文章可做的。

缺乏跨部门的长远规划，部门分工如分家，难以考虑合理的统筹安排的实例很多。选一个上海的例子说说。有一个石油化工厂，生产经营还是很成功的，可是严格地说，为什么不能早考虑在一个已建成的化工区内利用原有炼油厂、化工厂加以扩建、整顿，来配套建设一个从轻柴油裂解到生产合成纤维、合成橡胶和多种塑料的联合企业呢？在新区过早地开辟一个石油化工基地，光是厂外工程就要国家多投资好几亿元。

中央和省、地之间，只因统配物资体制所限，在同一个厂区摆了"三代同堂"的钢铁厂。大钢厂的产品由国家统配；中钢厂的产品由省统配；小钢厂的产品由地区统配。大有"大而全"，中有"中而全"，小有"小而全"，都反映着自给自足的小农经济思想。

综合利用资源，有的碰上了要技术攻关的难题，如有的大型铁矿，共生金属的提取技术还未很好试验解决，就仓促上马，片面追求炼铁、炼钢；宝贵的稀有金属、稀土金属都扔在一旁。有的同志说这是吃了豆腐渣、丢了豆腐。有的是主管部门要主产品不要联产品，如有一个大型硫铜矿，过去专建设一个向高空扩散含硫烟气的大烟囱，每年送走的烟气可以制造十几万吨硫酸。如果有经济领导机关支持，有技术经济工程师综合性地严格把关，技术性的难题早就可以攻关、解决问题；经济性的资源浪费按照经济立法也早该承担经济责任了。

山西的煤，高于 4 千大卡热值的外运，铁路运费可能比用作坑口发电、输电线路上的损耗为低；低于 4 千大卡热值的，可能用作坑口发电、并入外送电网、联产水泥或别的建筑材料更为合算。这种技术经济方案比较资料，如能做得全面，对国民经济的计划安排也是极有用的。

水利资源考虑综合利用往往不周到。据统计，全国断航筑坝，影响水运通航的共 2600 处，净减少了 36000 里通航里程。不少地方还影响了淡水鱼回游产卵。这是属于流域规划中应该考虑的问题。

有些工业集中的城市，工厂污水和致癌烟气任令排放，影响环境卫生，危害工人健康，情况十分严重。有的还弄虚作假，猎取虚名。这次会上，环境卫生组提出了很具体的资料，我们认为这些有关"公害"的资料，应引起有关部委和地方领导机关的注意，研究必要的经济立法和经济司法措施。

五　队伍建设问题

要在全国范围内登记原有技术经济工作的人才，也要了解现有研究管理现代化的人才。要建立两个研究会，让技术经济工作者和管理现代化研究者每年都有举行年会、宣读论文、交流学术的良好条件。北京、上海等省市，如条件成熟也可建立相似的研究会，形成网络，互通声气。建议全国建立技术经济学和管理现代化的专门研究机构。建议中央有关部门和各省市重视并开展技术经济和管理现代化的研究，如条件许可，可建立自己有关专业的技术经济学和管理现代化研究所。建议教育部和各大专院校恢复和扩大自己的技术经济学和现代化管理科学的系、科。

现在全党工作的着重点要转移到社会主义现代化建设上来。未来的祖国大地上，将要出现大农业、大工业的联合企业和供产销结合的经济组织，跨越若干省、区，按经济规律和自然规律办事。搞科学研究的人，不能局限于当前，要有科学的预见，要研究点儿未来学、预测学。所以我们一定要培养和拥有能为现代化经济统筹全局的技术经济学和现代化管理科学的大量高级人才。这两门学科的发展是大有前途的。

开展环境经济学、环境管理学和环境法学的研究[*]

一 环境科学发展的历史背景

人类在发展经济的同时，必须处理好人类和自然界的关系。也就是说要认识和按照客观存在的自然规律、技术发展规律以及社会经济规律办事，才能科学地、合理地保护好人类的生产环境和生活环境，保证人类在这个现实的环境中好好地生存下去，发展下去。这涉及科学、技术、工程、经济、管理、法律、政治、教育等方面的一系列的知识和能力。我们都需要全面提高，提高到能够综合地运用这些知识，保护好我们的环境，提高到能够适应四个现代化建设的需要。这样，今后在环境问题上才能做到如邓小平同志所说的："力求做的比较正确，或者说，力求少犯错误,避免大的曲折、大的错误，有了错误尽快

---

　　* 本文是作者 1980 年 2 月在全国环境社会科学学术交流会上的讲话纪要。本文在国内首次提出了建立环境经济学、环境管理学和环境法学，加强对环境科学的研究，为环境保护呼吁是符合时代要求的。

改正。"

　　粉碎了林彪、"四人帮"之后，我国的政局安定团结，经济建设事业取得很大进展，学术界在贯彻"双百"方针中欣欣向荣，对环境科学也举行全国性的学术讨论了。回顾前些年，在极"左"路线统治之下，一是简单化地批评公害只是资本主义的"不治之症"；二是无视在社会主义国家里只要经济建设中发生错误，同样可以出现污染，好像社会主义制度本身就可以像自动除尘器那样杜绝公害出现。这是同实事求是革命精神背道而驰的。

　　1979 年，我重访了美国，参观了一些工厂，也观察了一些城乡的环境，感到 30 年来美国环境变化不小。老工厂结合几次设备更新、工艺改革、产品换代，基本上能控制污染；新工厂在投资决策的可行性研究以及设计和建设中，更是严格做到了必须符合国家和地方环境保护规定的各种标准，才许可投产。这说明现代资产阶级为了缓和阶级矛盾，宁可用相当于工厂固定资产 8%～15% 的投资，运用现代科学技术解决污染环境的公害问题，借此换取老工业区、老城市的更新改造，也就换取到这一部分社会环境的安定。在这一点上，现代资本主义算的是社会经济的大账，为的是延续他们多年的统治。

　　后来，我到日本参观访问，又看了一些中小企业，觉得他们在 60 年代高速度发展带来严重公害之后，政府对经济的干预，采取了技术诊断、情报交流、低利贷款等等办法，促使上百万个中小型企业的技术装备和生产管理基本上现代化了，因此也基本上控制了污染。他们的中小型企业多数做到了"小而精、小而专、小而变、小而洁、小而赚"，并没有因为治理公害而亏损。他们的企业结构、产业政策、技术政策、财政金融政策，保证了很多中小型企业既能在国际市场激烈竞争中立于不败之地，也能通过现代化改造，做到文明生产、文明生活。

这两次见闻使我感到现代资本主义各国，在 60 年代受到"环境危机"的严重打击之后，不得不运用现代科学技术成果来改造他们的生产环境和生活环境。环境科学正是在这种背景下，作为一门新兴的综合性学科，迅速出现和发展起来的。有些环境科学学者甚至把"环境"解释为生产力的一个要素，强调要研究经济发展和环境、资源、人口的相互关系，乃至在环境技术科学发展的同时，对环境经济学、生物经济学、生态经济学、资源经济学、环境管理学、环境工程学等学科，都展开广泛的研究。这些环境科学的分支，名目繁多，各具特色，大都是结合某一专业，在环境科学方面建立一家之言。

这些环境科学，本来就不是资产阶级或者任何社会集团能够独占的科学文化，我们在建设社会主义事业中，应该择善而用，按照鲁迅提倡的"拿来主义"，把它拿来为人民谋福利。

二　环境科学不发达的严重教训

环境科学的兴起，是现代化生产力高度发展的产物。反之，环境科学不发达，既反映了生产力的落后，还会无视对生产力与环境的破坏。回顾一下历史，在产业革命前，工业规模很小，小手工业和手工作坊，对环境破坏的范围、规模还有限；但在农业生产中，由于对自然规律不认识，生产力水平太低，历史上出现过无数次严重的区域性环境破坏，有的遗患至今。

恩格斯在《自然辩证法》中，列举事例说到人类在美索不达米亚、希腊、小亚细亚违反了自然规律，而受到自然界报复。还说到阿尔卑斯山的意大利人和在古巴的西班牙种植场主等，破坏了原始森林，受到自然界的惩罚。这些都是前车之鉴。可是，现在我们有些地区，却不仅摧残森林，而且"斩草除根"、铲光了草皮，使表土变成了真正的不毛之地。这种情况确实值得我们严重警惕。

我国很多地区，几千年来习惯于搞"单打一"的农耕业，在失去古森林之后，造成严重的水土流失和风沙灾害。特别是山西、陕西、甘肃、宁夏等黄河中游黄土丘陵地区，沟壑纵横，泥沙冲刷搬迁，使黄河下游变成了地上河，多次决口改道，成为有名的害河，使中国人民长期遭受苦难。现在出现许多迹象提醒我们，如果再不注意在上中游保护森林，保持水土，长江也有可能成为第二黄河的危险。一句话，无论从经济的还是从生态的要求，毁林毁草原开荒，是不可取的。农业应该认真做到五业并举、因地制宜，实行宜农则农、宜林则林、宜牧则牧、宜渔则渔。违背这些自然规律，其后果是必然受到惩罚。

在大工业生产中如果不注意保护环境，后果必然比农业生产的破坏作用更大。事实上，从产业革命到现在，随着大工业生产的出现和发展，对世界环境和资源的破坏规模已是越来越大。

（1）采矿业的大规模发展带来了不可更新资源的枯竭。有人估计，如果都按美国目前消耗矿产的速度发展，全世界许多矿产将在几年至十几年间耗光。如锌，半年；铅，4年；天然气，5年；石油，7年；铜，9年；铝土矿，18年。这一估计可能偏低了，但至少说明资本主义常搞掠夺性采矿，可是我们前些年为什么也出现过一些"竭泽而渔"、"杀鸡取卵"的采矿设计，建设了一些"短命矿"呢？如果对于矿山，不看资源储量，片面追求产量翻番，必然导致矿山提早衰老、报废。如果采矿规模能按科学选定，同时考虑适当的建设速度与合理的经济效益，这种错误本来是完全应该而且完全可能避免的。

（2）采伐、捕捞的大规模发展。任务过重，带来了可更新资源的超量丧失，破坏了生态平衡和恢复能力与增殖能力。最明显的事例，便是森林过伐与鱼虾滥捕带来的许多问题。

（3）进入 30 年代以后，随着各种工业的大发展，冶金、有机化工、放射性等许多新兴工业部门，把大量污染物送进了自然界。氟化氢、氯化氢、二氧化硫等等，本来是自然环境中不存在的。有人估计，全世界各城市一年污染物排放的总量是：固体废物，30 亿吨；各种污水，500 立方公里；各种"气溶胶"，10 亿吨。污染物的排放量，显然超过了环境的自净能力，超过了环境可能承载的能力。有人估计，全世界一年投入大气中的有毒气体总量：粉尘，1 亿吨；二氧化硫，1.46 亿吨；一氧化碳，2.2 亿吨；二氧化氮，0.53 亿吨；碳氢化合物，0.88 亿吨；硫化氢，0.04 亿吨；……总计达 6 亿吨以上。由于大气污染和森林植被的破坏，大气中的二氧化碳的数量正以每 10 年增长 4%的速度在积累着。这将引起全球性气候升温和干燥，对人类的经济活动还有些不可预见的影响。这些，正是可以用来对照我们自己因工作失误带来区域性气候变化和一些恶化生态环境的一面镜子。

（4）工业为农业服务的技术政策失当，也带来许多不良后果。大面积机耕深翻垦荒而不当，也可以破坏土壤团粒结构，使土壤功能退化。大量使用农药和除草剂，其残毒也可以在土壤和农作物内部积累，甚至进入人体引起病变、致癌。国外正在研究免耕法、休耕法等等，正在研究生物固氮和生物防治病虫害，而我们一些单位还在追求一些老式型号的机耕设备、单一品种的低效含氮肥料，残毒难除的含氯含磷农药，甚至单纯从产量的增长中去计算生产增长速度和生产结构中的比例，很少注意得不偿失、影响环境的经济效果。

三 关于环境经济学

（一） 环境经济学的研究对象和边缘学科的性质

马克思说："社会化的人，联合起来的生产者，将合理地调节他们和自然之间的物质变换，把它置于他们的共同控制之下，而不让它作为盲目的力量来统治自己；靠消耗最小的力量，在最无愧于和最适合于他们的人类本性的条件下来进行这种物质变换。"① 研究如何合理地调节人与自然之间的物质变换，使人们的经济活动既能取得好的近期和直接的效益；又能取得好的远期和间接的效益，这就是环境经济学的研究对象。经济活动中的再生产过程与环境、生态系统间的结合部，是环境经济学研究的领域。所以环境经济学是一门跨社会科学与自然科学的边缘学科。

（二） 当前的主要任务

1. 研究国民经济综合平衡和经济结构时怎样重点考虑环境保护问题，并提出一些有建设性的建议来：

（1）国民经济计划中怎样列入生态平衡？陈云同志历来主张要抓好财政平衡、信贷平衡、物资平衡。近两年来由于进出口工作的需要，不少同志主张还要抓好外汇平衡。有些同志认为，从当前生产环境与生存环境中突出的灾难性现象看，还要抓好生态平衡。我认为这是在新情况下提出了新建议。在理论与方法上说，在经济发展计划中，这是与速度和比例关系等同样重要的问题，因为这涉及经济效益，要综合起来同时考虑，而考虑经济效

---

① 《马克思恩格斯全集》第 25 卷，第 926～927 页。

益要有经济观点，也要有生态观点。宏观需要如此，微观也需要如此。例如：木材采伐量上限绝对不能超过生长量，才能维持采育更新的正常比例，才能"青山常在、永续利用"。又如："三废"的治理，不能只要求消除由于污染环境而赔偿农林牧渔的损失，不能只从治理措施的费用开支和赔偿损失的直接罚款之间去计算得失；还应该从环境遭受破坏去计算那些无可补偿的损失，再从综合利用资源、能源去计算那些多得的收益，以及从安定社会经济的总账去观察那些无形的效益。

（2）在经济结构中应该有监测、清除污染和制造监测、清除污染设备的产业部门。它们和工农业等基本生产部门之间，自有适当的比例关系可寻。有的同志认为没有清除污染部门的国民经济结构，就像人体没有肾或肾功能失灵。据资料报道，日本防止公害设备的产业近来发展得很快，1974 年销售额达 6700 亿日元，相当于 42 亿人民币，比 1964 年增加了 4 倍多，我认为这些经验值得借鉴。我们现在机械加工能力很大，只要认识到了建立这一防止公害设备产业的必要性，是完全可以开辟这一新的产业部门、承担这项新的生产任务的。

2. 研究生产力布局和环境保护的关系。合理的生产力布局，一可以充分利用自然界的自净能力，二可以改进资源、能源的综合利用，三可以在特定条件下集中治理和回收"三废"。

怎样具体开展这项工作呢？要研究一些方法；合理规定城镇和工业基地的规模与发展方向，防止工业生产力过分集中与过分分散。搞好城镇规划，严格禁止污染环境的工厂建设在城镇的上风向、水源的上游、地下水的补给区和居民稠密区。对联产品、副产品、与"三废"回收有密切联系的工厂，可以成群成组布局，实现工业小区内部"三废"封闭循环（如日本的鹿儿岛等地的环境保护措施）。新建工厂要实行环境影响预评估，根据工厂排污总量,主要污染物的构成与厂址周围环境容量,合理选址布局。

此外,如资源和能源的综合利用,如大型水利工程项目等,凡是足以改善环境条件或者影响生态平衡的经济建设事业,都应该组织有关学科的力量综合地做出后果的预评估,再权衡利弊、慎重决策。

可见环境经济学要解决的问题,不只要"三废"的净化处理,也不只是"三废"的回收利用,而应该是国民经济计划理论与方法中的重要组成部分。当前三四十万个现有工业企业如何现代化,大家很自然地会想到的是应该分批分期实行设备更新、产品换代、工艺改革。在设备更新、产品换代、工艺改革的同时,应该把"三废"治理或回收利用的陈账结合起来分批解决。这很可能是惟一的好办法,既能增产节约,又能保护环境。社队企业现在已有150万个,今后还要大发展,到底该走什么路子,才能避免"三废"公害在农村蔓延,也是个大问题。为了保护环境,划出一部分财政拨款用于修修补补,应付急账先还,杜绝新欠漏洞,现在看来还是需要的。但是根本大计,在于国民经济长远计划中认真细致地解决好、安排好这些已经落后于形势发展要求的环境保护工作。

四 关于环境管理学

环境管理学研究的对象和专业管理学科的性质。有的同志说,环境管理学是整个经济管理学的一个方面,我认为是有一定道理的。可是无论是面对环境的特性,还是面对经济事业的共性,环境管理学除了研究经济管理的理论与方法之外,还要研究行政管理、社会管理的理论与方法。因此,也应该赋予环境管理学一个专业管理学科的性质。

当前的主要任务：现在环境保护在经济管理体制的研究中，几乎还是可有可无的空白领域。有的同志指出，现行经济管理体制是集权型，在分条而治与分片而治的形式下，用行政办法管理，从而使几十万个、一百几十万个经济组织成为行政组织的管理对象。在环境保护问题上，工业企业对"三废"的净化、处理、回收利用，乃至保护环境，几乎可以说是凭良心办事，凭党性办事，实际上缺乏内在的经济动力，也缺乏外来的经济压力。即使想在这方面办点好事，人力、物力、财力如何安排，要看计划指令。这些条件如果不凑手，纵然有"谁污染谁治理"的原则规定，也无能为力。怎样在经济管理体制上使环境管理明显地占有一席之地，很值得研究。管理，离不开管理的组织、管理的方法、管理的制度、管理的手段。该怎么办，我建议通过深入的讨论，对环境管理的体制提出个积极可行的方案来。

其次，听说现在各级环境保护机构，既是各级政府决策的参谋部门，又是环境行政管理部门，又是环境治理的管理部门，又是环境监测部门。这些职能集中在同一个组织之内，难免就会产生监督者在被监督者管辖下进行环境保护工作的矛盾。当前，如何建立科学的环境管理体制，做到既有环境保护的统一计划与有效率的管理，又能保证工业企业有保护环境的内在动力和外来压力，又有治理污染的人力、物力、财力。这就要求有科学的环境立法，也要求有引导企业做好环境工作的经济杠杆，如价格政策、税收政策。对经济密度高的大城市可以实行土地高征税，对准备开辟的中小城镇可以实行低税、免税。对排污可以采取累进收费制。对事故排放赔款可以规定不得列入成本，只能用利润留成冲销，使之和企业与职工个人利益联系起来。这些办法应兴应革，都是环境管理学研究的课题。

再次，有的同志认为各级环境保护机构，向各级政府上送报告，反映情况，都应该同时抄报上一级环境保护机构，任何一级政府或领导人无权扣压。各级环境保护干部应该认真做好调查研究，如实反映问题。各级政府应该支持他们的工作。环境保护部门建立时间不长，环境保护干部如果确需调动，必须征得上一级环境保护机构的同意。环境保护监测工作要同统计工作、卫生监督工作一样，必要时可以行使经济纪律检查权。

五　关于环境法学

上述的环境经济工作、环境管理工作，都应该逐步条理化、法律化，形成一系列的经济立法，除了现有的环境保护法，还应该建立一系列保证环境工作可行而有效的法令条例。有的同志说，现在有些奇怪现象：贪污几百元，可以依法定罪；而浪费几亿元，糟蹋一个地区，污染很长一截河道及其流域，总之，是破坏很大一块地区的生态平衡和生存环境，后果严重到延续几十年，甚至贻害子孙后代，却不承担任何责任。这种现象，应该是社会主义的民主与法制所不允许的，这些都是要靠环境立法和环境司法来解决的问题。

在当前的经济管理体制下，如何能保证环境保护法令条例确能有效地被执行；在往后经济改革过程中，又如何不断改进到力求符合保护环境的要求，也都是需要环境法学研究的课题。

现在看，开展环境经济学、环境管理学、环境法学的研究，已经是十分急迫的事了，可是理论研究工作还大大落后于形势的要求。为此建议应该出版一些启蒙读物，一些入门读物，一些技术指导手册，一些经济论文集。这也要求我们的教育工作者也能重视并参加环境保护这一领域的工作。

我想，这些都是实现四个现代化所必须的。

中国现代化的整体论[*]

——谈谈现代化的概念和工业现代化的有关政策问题

前　言

什么叫现代化？现代化的概念和标志是什么？为了把现阶段的中华人民共和国建设成为现代化的社会主义强国，我们应该怎样观察、认识当前社会经济的现状，应该采取怎样的方针政策来实现我们国家的现代化？

这些是两三年来时时提到我们面前、要求明确解答的问题，因此也时时萦回在我的脑际，并苦于在理论上、在方法上找不到现成的答案。这是个社会主义中国的现实经济问题。这是个近十亿人口的社会主义大国的国民经济应该怎样运用客观规律实现整个国家现代化的问题。现成的答案，书本上没有。要求得到简练明确的解答，必须深入实际，通过反复观察，做出科学的高度概

　　* 本文是作者 1980 年 6 月在中共中央党校的报告纪要。针对多年来简单化对待国民经济和当时又简单化对待我国的现代化问题，作者首次提出整体论的观点并加以系统论述。

括。在我们一般的研究过程中，只要多下点笨功夫，做些多层次的分析，力求从实际出发，看能否找到一点带规律性的认识来。可是，即使这样，由于角度有大小，观察有深浅，部门有分工，地区有差别，资料有多少，即使是综合性的研究，在理论与方法上也不一定都相同，见解不一致仍是不可避免的。因此还要通过讨论、辩论，深化认识，以求取得比较正确、比较一致的意见。现在说点个人的见解，抛砖引玉，希望大家批评指正。

一 研究现代化的概念与标志，要求有一个整体观。能不能建立一个"现代化的整体论"？

什么叫现代化？当前我国经济界的实际工作者和理论工作者正在深入开展讨论。许多同志认为现代化是一个随着时代推移的动态概念。在人类社会发展史上，不同的历史阶段，现代化的内容是不同的。资本主义社会对封建社会来讲，机器生产对手工生产来讲，以至铁器对石器来讲，蒸汽对畜力、风力来讲，都在不同历史阶段具有现代化的意义。在 80 年代说 80 年代的话，现在说的现代化，应该比 60 年代、70 年代更高级，因为世界的经济发展水平和生产技术发展水平更高级了。当然，这种动态概念在某一时期内有相对稳定性。这些都是好理解的。现在需要弄清楚的是多年来对我们影响比较大的几个混乱概念：

1. 现代化与工业化是不是一个等同的概念？现在看，工业化与现代化有联系，工业化是现代化的重要内容，但是工业化并不等于现代化。我们从 50 年代就沿用了从苏联抄来的工业化概念。苏联在斯大林时期，只提工业化，不提现代化。他们在第一个五年计划时期是把工业化作为战略目标，作为党的路线提出来的，并且认为工业产值占了工农业产值的 70% 就是实现了工业化，这个概念对我们影响很大。1953 年毛泽东同志提出了过渡时期总路线，内容是"一化三改"，也是把工业化作为现代化标志提出来的。1957 年他在宣传工作会议上的讲话，提出了"三化"，没有提国防现代化。1956 年刘少奇同志做的八大政治报告和八大形成的决议中，周恩来同志做的第二个五年计划报告中，都把完成工业化，把由农业国变为工业国作为奋斗目标。1958年 1 月，毛泽东同志在南宁会议上制订的工作方法六十条中，又提出了把农业省变为工业省，全国要工业化，每个省也要工业化。后来又提出公社要工业化。往后，我们虽然提出了四化，但是总把工业化与现代化等同起来。从实践影响来检验，说明这个混淆工业化和现代化的概念是不对的。我国工业产值与农业产值之比，50 年代初期大致是 30：70，到 1978 年已经是 75：25，但不能说我们已经工业化了，更不能说已经现代化了。可见从工农业产值的"比例论"出发，只看相对值而忘记看绝对值，是不恰当的。工农业生产要在高水平的条件下对比才有现实意义。有的人说，这种混淆同"穷过渡"也是同气连枝的，也许如此，可以研究。

资本主义国家说的工业化有另外一个含义，即摆脱了以手工劳动为基础的小生产而进入以现代技术为基础的劳动生产率很高的社会化大生产。比如说农业工业化，大致是泛指农业的机械化、电气化、水利化、化学化、工厂化等等。这种工业化概念过去对我国社会主义经济建设的影响不那么大。可是，光看生产力的发展水平，不管走的是资本主义道路还是社会主义道路，也是片面的。有些外国论者，甚至把现代化等同于西方化，这更是对资本主义社会的美化，抹杀了现代西方世界精神文明的腐朽与没落。我们说的现代化，是要高度满足劳动人民物质生活和文化生活的有社会主义内容的"化"；这同资本主义国家说的工业化、现代化、西方化，显然是有本质上的区别的。

至于说资本主义工业化的道路是从发展轻工业开始而社会主义工业化的道路是从发展重工业开始的说法，也是从苏联搬来的。苏联当年优先发展重工业，有其时代背景，但因此而忽视农业和轻工业的发展，不重视提高人民生活，教训不少，毛泽东同志在1956年《论十大关系》中，就已经从理论上说明过了。

2. 现代化能不能用这样那样的简单标志来衡量？例如，能不能用国民收入、人均国民生产总值、主要产品产量、劳动生产率、工作效率、科学技术水平、尖端技术的突破、文化水平中的一项或几项来衡量呢？我认为某种程度上说也可以，但非常容易把复杂的社会经济问题简单化了。1976年人均国民生产总值，科威特为15480美元，沙特阿拉伯为13990美元，卡塔尔为11400美元，而瑞士为8880美元，美国为7890美元，联邦德国为7380美元。这几个国家的国民收入之比，大体上也近似。其中石油出口的中东国家靠卖原油吃饭，我们不能说他们已经现代化了，更不能说他们比瑞士、美国、联邦德国的现代化程度还高。可见即使像国民生产总值、国民收入这样的综合性指标也得联系其他实际情况进行具体分析。

1958年以来我们是用钢产量作为现代化标志的，"以钢为纲"，积极追求钢产量的增长速度。且看1978年的产量，苏联为15100万吨，美国为12389万吨，日本为10211万吨，联邦德国为4126万吨，法国为2284万吨，英国为2030万吨，我国为3178万吨。我们不能说英、法不如我们的钢铁工业发达，因为钢的人均年产量和消费水平我们比他们差得多。而且我国长期追求钢产量的结果，使优质钢、合金钢比重过低，钢材的短线品种发展过慢，并使得整个国民经济中煤、电、运输过于紧张。谁都希望我国钢铁工业快点发达，但"以钢为纲"，社会经济效益如何，至今已成不了研究现实经济问题的争论焦点。实践已经说明了，用这样的单项指标来指导国民经济发展的"速度论"，忽视了国民经济按比例发展的规律，不问社会经济效益地追求高速度，结果是欲速则不达。

至于劳动生产率，澳大利亚的采掘工业很高；科学水平，印度在理论数学、理论物理上贡献不少；尖端技术，我国的人造卫星、洲际弹道导弹，都有突破性成就；工作效率，美国凡事讲究高效率而偏偏没能摆脱经济的衰退和滞胀，等等，都说明用任何一个单项指标孤立地观察问题，虽然也可以讲出很多道理，但综合分析起来，却不一定站得住。要全面衡量现代化的水平，毕竟要看社会经济的全貌，要看全体人民物质生活和文化生活的全貌。

小平同志1980年1月提出了我国国民经济长期发展的综合性指标，即到2000年人均国民生产总值达到1000美元，实现"小康"。这是引导我们从现阶段的社会经济水平出发，从低级到高级，去测算5年、10年、20年长期计划的可行方案和研究改变社会经济面貌应该采取的一系列方针政策。这是从我国人口多、底子薄的实际提出的综合性指标。虽然说是"小康"，但社会生产的规模和技术水平也要超过美国1970年的水平，超过日本1975年水平的一倍多。这绝非轻而易举的事。我们必须认真调查研究，花上一两年时间，搞出一个有实际内容的、可以切实执行的、能使国民经济持续稳定上升的长期计划。有条件时应搞滚动型的长期计划，以确保方针政策的持续性和稳定性以及对现实经济的适应性。要纠正过去那种把复杂的国民经济简单化的"为纲论"，这种理论必然引向半计划与无计划，搞得不问实际效果、比例失调、忽上忽下、大起大伏。我们必须用"整体观"来考虑国民经济的全局。如果不搞好国民经济长期计划，那么，即使是有了恰当的综合性指标，但不问各部门、各地区、各单位的理解和指导思想是否一致，不问他们据以测算的统计数据和测算方法是否一致，不问他们准备采取的政策措施和技术路线是否一致，那仍然会导致背离正确方针的行动。矛盾有主次，可是只抓主要矛盾，不问次要矛盾和矛盾在主次之间可能转化，仍然是违反辩证法的。在极"左"路线下之所以多次从一个极端走向另一个极端，正是乱抓主要矛盾，把复杂的国民经济简单化和拿整个国民经济作试验的结果。形而上学盛行，必然没有"整体观"。

3．现代化的概念，是不是只包括生产力？现代化的标志，是不是只指生产力的发展水平？有的同志认为：说"只"，太偏了。但他们说现代化主要是指生产力，就是要达到同时代世界范围内的先进生产力水平。有的同志认为：现代化不只是生产，也包括流通，因为生产与流通分不开，流通领域不现代化，生产现代化就受影响。而所谓流通领域现代化，即是应用现代化的科学技术，装备整个流通过程，达到机械化、自动化、电子化、科学化，从而缩短流通时间，减少流通费用，促进生产发展，满足消费需要，而"流通"，是多年来被忽视的一个环节。我认为这两个说法都有道理。但还不是从现代化的整体论出发。我想，就现代化的整体论说，现代化的概念应该包括生产力、生产关系和上层建筑，现代化的标志也是如此。

现在先从经济管理说起。经济管理的问题涉及到合理地组织生产力，不断地完善生产关系，及时地调整上层建筑，以适应生产力发展的需要。我国管理水平的落后，现在大家认识得更清楚了。这一点，党中央1978年就指出了。管理，包括经济管理和行政管理。管理要现代化，包括管理的组织、管理的制度、管理的理论和方法、管理的工具，都要现代化。现代化生产要有现代化的管理与之相适应；管理也是最高限度地利用现有生产力所必需。我们现有 35 万个工业企业，加上交通运输企业大致 40 万个，这是我们前进的根据地。这个国民经济重要的前进根据地为什么管理落后？为什么需要"调整、改革、整顿、提高"而又进展不快呢？这就要求我们认真研究在社会主义制度之下，生产关系同生产力又相适应、又相矛盾的情况，研究实际存在着的阻碍生产力发展的多种矛盾。也要求我们认真研究社会主义制度之下，上层建筑同经济基础又相适应、又相矛盾的情况，研究实际存在着的阻碍经济基础发展的多种矛盾。揭露矛盾，解决矛盾，才能有利于社会主义向前发展。这种革命性的历史任务，正要求我们在坚持社会主义道路、坚持人民民主专政、坚持共产党的领导、坚持马克思列宁主义毛泽东思想的四项基本原则之下来努力完成。只有运用"整体观"、"整体论"，对生产力、对生产关系、对上层建筑进行全面观察、全局考虑、统筹规划，才能按照客观规律的要求，把我们的社会主义国家作为一个整体，制定有科学根据的战略步骤，在逐步的变革中实现现代化。

现在说的四个现代化，特别是农业现代化、工业现代化、科学技术现代化，诚然都要求着重解决生产力的现代化问题，但是必然也要求联系着生产关系来解决生产力现代化的问题。小平同志在《目前的形势和任务》中指出："四个现代化集中起来讲就是经济建设。国防建设，没有一定的经济基础不行。科学技术主要是为经济建设服务的。"这里说的是"经济建设"，是"经济基础"。所以，对于四个现代化首先从生产力方面来理解、来研究现代化的标志是可以的，而且必须先从生产力方面把四个现代化的标志搞清楚，才能制定长远计划的战略目标和方针政策，部署具体的策略步骤和指标体系。但是，生产关系必须随着生产力的发展而发展，必须和生产力的发展相适应。

小平同志在上述报告中又指出："为了建设现代化的社会主义强国，任务很多，需要做的事情很多，各种任务之间又有相互依存的关系，如像经济与教育、科学，经济与政治、法律等等，都有相互依存的关系，不能顾此失彼。"他还具体指出经济发展和教育、科学、文化、卫生的发展之间也存在一定的比例关系。这种从实践中提出来的问题，更说明要实现四个现代化，确实不仅仅是生产力的问题，而必然涉及生产关系和上层建筑的问题。如果不从生产力和生产关系、经济基础和上层建筑的矛盾运动中去研究、解决现代化问题，只是就生产力问题来研究生产力问题，四个现代化是没法实现的。比如说，如果不从现代化的哲学研究中改进思想方法，不坚持实践是检验真理的唯一标准，那么，要科学地进行社会主义经济体制改革，要克服半计划、无计划状态，恐怕是很难的。同样，如果不从现代化的历史研究中看清我们的社会主义社会才从半殖民地、半封建社会中脱胎出来，看清几千年封建社会残留下来的自然经济、半自然经济的深远影响，我们就难以理解那种站在封建社会主义立场上、乃至站在封建法西斯主义立场上，批判资产阶级的荒谬论调，难以区分什么是封建主义的、什么是资本主义的、什么才是科学社会主义的。又如，如果没有现代化的、科学社会主义的经济管理和行政管理的组织、制度与方法，以及有关的法律与工作条例，国民经济的现代化恐怕也是难以实现的。很多同志羡慕电子计算机化的现代化管理，可是，电子计算机只是现代化的管理工具，如果电子计算机加官僚主义，只能等于灾难。

叶剑英同志在国庆三十周年讲话里说："我们所说的四个现代化，是实现现代化的四个主要方面，并不是说现代化事业只以这四个方面为限。我们要在改革和完善社会主义经济制度的同时，改革和完善社会主义政治制度，发展高度的社会主义民主和社会主义法制。我们要在建设高度物质文明的同时，提高全民族的教育科学文化水平和健康水平，树立崇高的革命理想和革命道德风尚，发展高尚的丰富多彩的文化生活，建设高度的社会主义精神文明。"这些话着重说明了上层建筑和经济基础之间的关系，特别是说明了现代化的概念应该包括生产力、生产关系、上层建筑，应该是整个国家、整个社会的现代化。这也说明我们需要提倡"现代化的整体论"，这样才能宏观全局，在科学的发展战略引导下，多学科交叉地探究最可行的战术，加快我国现代化建设的步伐。

现代化的整体论，要求在长期计划中，对科学、技术、工程、经济、政治、法律、管理、教育、文化等问题进行深入研究，把其间的关系搞清楚。比如说，任何一个大规模现代化工程的建设，都应该运用现代科学、现代技术的多学科知识成果，运用"投入—产出"的经济测算原理，测算出可行的、有经济效益的最优方案，而绝不要仓促决策，造成骑虎难下、进退维谷的局面。30 年来像昔阳县"西水东调"那样的错误不少，比它损失大几百倍、上千倍的也有。为此，我们在经济建设中应该恢复或建立各种"工程学"，防止和反对草率决策。工程学是在技术科学同经济科学之间的结合，再向经济学领域深入一步，便将同生产力经济学结伴前进，共同为最佳经济效益而奋斗。

30 年来的经验教训告诉我们，千万不要再把生产力和生产关系、经济基础和上层建筑形而上学地割裂开来，不要再把复杂的事物任意加以简单化，今天在物质生产部门中强调一个"为纲"，明天在阶级斗争领域中强调另一个"为纲"。所有自然科学和社会科学的有益知识，都应该用来为整个国家、整个社会的现代化服务，国家、社会才能作为一个整体来实现现代化。这里需要一个观念的改变。

现代化的整体论更要求把一个国家的社会经济作为"巨系统"进行多层次的，有质有量的，有时间有空间的宏观分析，同时选择必要的、有代表性的组织进行多种模式的微观分析。任何部门、任何地区、任何经济组织、任何科学技术组织、任何文化教育卫生组织都应该有各自的长远的和逐年的奋斗目标，并纳入国家计划，这些都是实现国家整体现代化的组成部分和基础条件。

工业在国民经济中是应该起主导作用的。现代化的工业运用现代自然科学、现代技术科学和现代社会科学的知识成果，使之转化为具有工程规模的社会化大生产的生产力；并用先进的技术装备，武装农业、交通运输业、建筑业、商业、服务业等，使国民经济各个部门和工业本身的各部门，进行设备更新、技术改造、产品换代，乃至使国家作为一个整体实现现代化，使全社会都能合理享受工业产品，使全体人民的生活水平、文化水平都能现代化。工业经济应该是国民经济中最活跃的一个领域。

工业现代化要求把数学、力学、光学、声学、电学、化学、电子学、核物理学等等，把天文学、地质学、地理学、气象学等等，把生物学、生理学、心理学、环境学、生态学等等现代自然科学综合地应用到工业生产上去，成为种种现代技术科学。要求把种种现代化的自然科学、技术科学和经济科学所认识到的自然规律、技术发展规律和经济规律综合地应用到现代化大生产上去，成为现代化大生产所赖以发展的、讲究技术效益和经济效益的种种现代工程学。要求把种种现代化的经济学、政治经济学、技术经济学、法学、社会学、行为心理学、组织学、人才学、教育学、行政学、经营学、会计学、运筹学、系统论、控制论、信息论等等应用到工业管理和企业管理领域中去，成为现代管理学。

在人类进入 80 年代时，要说 80 年代的话，现代自然科学、现代技术科学、现代工程学、现代管理学、现代社会科学，要综合运用起来，才能实现工业现代化，从而在整体上保证实现国家现代化。

要实现国家整体现代化，需要的条件很多，其中两个条件是特别重要的。

第一个条件是高度发扬社会主义民主。马克思针对德意志和意大利当年"不仅苦于资本主义生产的发展，而且苦于资本主义生产的不发展"，指出："除了现代的灾难而外，压迫着我们的还有许多遗留下来的灾难，这些灾难的产生，是由于古老的陈旧的生产方式以及伴随着它们的过时的社会关系和政治关系还在苟延残喘。"① 恩格斯多次引用这几句名言来提醒人们认识封建主义的危害性。我们 30 年来在社会主义建设中，处处体会到五四运动提倡科学与民主的历史任务还有待我们去继续完成，历史走的道路是这样出于我们意料地曲曲折折。几千年封建社会以及一百多年半殖民地、半封建社会遗留下来的余毒，正在等待我们去清除。专制主义的思想作风和小生产的管理方式，都是搞社会主义现代化事业的障碍。今天习以为常，明天就思想僵化。只有高度发扬技术民主、经济民主、政治民主，并且把社会主义民主的内容纳入社会主义的法制，推行法治，才能集中群众的智慧，保证领导不致落后于群众。这是大家都知道而未必都真能做到的事。现在贪污几百元、几千元是犯法，而在生产建设中损失、浪费几千万、几亿、几十亿甚至几百亿元却叫做因为没有经验而交的学费。我认为许多事是由于受极"左"路线支配，盲目决策，不发扬技术民主、经济民主造成的。对于悍然犯错误和重复

① 马克思：《资本论》第一版序言。

"交学费"的事，应该实行经济纪律检查，性质特别恶劣的，还应该绳之以法。只要有民主监督，少犯错误，经济效益就来了，效率和速度也来了，国家现代化的绿灯也亮了。

第二个条件是多方面发展现代化教育事业，大力培养人才，加快现代化的队伍建设。几年来，由于小平同志号召"择优录取"，扭转了十年动乱中不读书、不看报，以愚昧为荣的社会风气。现在有一个怎样使被林彪、"四人帮"之流的破坏所耽误的一代不致在实际工作中被遗忘的问题。这两年进入大专院校的青年毕竟是很少数，即使安排就业了，怎样把失学的损失补偿回来？只有多办职业教育、补习学校、专业训练、在职进修，才能使这年轻一代中的大多数人学习到一点现代化的技术知识、管理知识、服务知识和社会主义的道德风尚，让他们在国家整体现代化的过程中，各有各的奔头。少奇同志过去提倡过的两种劳动制度、两种教育制度应该加以具体化、完善化。这就比劳动就业统由劳动部门包下来、只开点技工学校，在范围上广多了。如果说"择优录取"是培养和选拔人才的重要措施，那么广泛的、良好的社会教育应该是队伍建设中另一同等重要的措施。

这两个条件，早一点办到了，对国家现代化，都会是十分有利的。这样，社会主义的民主和教育，虽然不属于当前的生产力范畴，但都会促进未来生产力的发展。

二 怎样认识工业经济的现状?怎样从国家现代化的整体着眼来考虑政策?

我国工业经济现状，是30年来经济建设历史发展的实绩中最显著的部分，也是我国向现代化前进中最有实力的方面。总的说是成绩巨大，问题突出。我想从实际出发，把工业经济的情况摆一下，这对观察国民经济全局是有用的。如果成绩估够，问题看透，政策对头，举国同心协力，那么前途是十分光明的。

（一）先说成绩

1. 最明显的成绩是生产增长。

（1）表现在工业总产值的增长上。根据 1979 年统计，工农业总产值 6379 亿元，比 1949 年增长 12.2 倍。其中，工业总产值 4483 亿元，增长 31.8 倍。工业中，轻工业产值 1958 亿元，增长 18.2 倍；重工业产值 2525 亿元，增长 69 倍。当然，这些数字还可以再分析。

（2）表现在几种主要工业产品产量的增长上。根据 1979 年统计，原煤 6.35 亿吨，列世界第二位，比 1949 年增长 18.6 倍；原油 1.06 亿吨，列世界第九位，增长 875 倍；发电量 2820 亿千瓦时，列世界第七位，增长 64.4 倍；钢 3448 万吨，列世界第五位，增长 217.2 倍；棉纱 263.5 万吨，增长 7.2 倍；棉布 121.5 亿米，增长 5.4 倍；纸 493 万吨，增长 20.6 倍；糖 250 万吨，增长 11.6 倍。这些数字也可以再进一步分析。

这些巨大的成就，是经过了两次大上大下的灾难性波折后取得的，否则取得的成就还会更大。

2. 同样巨大的成绩是工业技术水平提高。

（1）表现在机械工业制造技术的进步上。对于成套设备的制造，掌握了技术的有：①第一套原子能反应堆和扩散机；②年产 150 万吨的钢铁联合企业；③年产 20 万吨的车轮轮箍厂；④年产 250 万吨的井下煤矿和 700 万吨的露天煤矿；⑤年处理 250 万吨原油的炼油厂；⑥30 万千瓦水电机组和 30 万千瓦火电机组；⑦年产 10 万辆的汽车厂；⑧年产 30 万吨的合成氨厂及 48 万吨的尿素厂；⑨日处理 2000 吨甘蔗的糖厂。

对于重大关键产品，如九项大型设备中的 4200 毫米特厚板轧机，2800 毫米冷热铝板轧机，3 万吨模锻水压机等，以及 5 万吨油轮，2.5 万吨货轮，4000 马力的电力传动内燃机车等交通运输设备，都已掌握了制造技术。

这些制造技术都是 30 年前国内的空白，可是还不能说"不会的会了"，因为所会的技术水平大部分还是五六十年代的，例如国产的 1700 毫米热连轧机，轧制速度每秒钟只有 6～8 米，年产量 160 万吨；而日本的 1700 毫米热连轧机，由于采用了自动检测及自动控制系统，轧制速度每秒钟可达 23 米，年产量达 300 万吨。我们现在的技术水平还不能满足经济建设的要求，还有待于改进。

（2）表现在国防尖端技术的突破上。引人注意的是 1980 年 5 月中旬我国向太平洋预定水域发射洲际弹道导弹运载火箭试验成功。共同社报道说，这是 CSSX－4 型三级液体燃料火箭，全长 43 米，总重 200 吨，射程可达 12000 公里，能运载约 300 万吨级当量的核弹头；可以用于发射 1200～1300 公斤的人造卫星；在 1975～1978 年三次回收人造卫星取得成功和这次试验发射运载火箭正确命中目标的基础上，有可能即将发射载人卫星；已具备采用"惯性制导装置"，能检查、计算和控制导弹本身飞行方向、姿态和速度等等。这一报道很具体，很逼真。

3. 工业体系和工业布局上取得的成绩是：

（1）基本上建立了独立而比较完整的工业体系。在工业中，有了自己的飞机、汽车、拖拉机制造工业，有了自己的合成纤维工业、塑料工业、电子工业和原子能工业等等，尽管制造技术上参差不齐，有的很不配套，有的还落后，但总的是有了初步基础。

（2）改变了旧中国重工业集中在东北，轻工业集中在沿海大城市的工业布局，尽管布局上反复出现过不少问题，在布局的原则和方法上都有待于总结与提高，总是在内地出现了不少工业区，交通运输方面的铁路、公路也伸向了比较纵深的内地。

（二）再说问题

最突出的问题是违背了客观存在的自然规律、技术发展规律、经济规律，在工业生产和基本建设中造成了惊人的损失和严重的浪费。30年来国家为建设事业花的钱不算少，可是也有不少失误。

1. 用唯意志论来指挥工业生产。50年代后期开始推行单打一的"为纲"论，不顾产品的品种质量是否符合生产需要和消费需要，国家财力、物力是否可能，搞了一次"大炼钢铁"。仅财政拨款的小钢铁厂的亏损就有110亿元。6000万农民上山"挖矿"，人民捐献的铁器铁料，都是无偿的。反右倾后拼坏了设备，都是不加统计的。其他一些工业部门被挤得停工减产，损失也没有计算。有人粗估三年冒进中仅"大炼钢铁"有账可查的就使国家损失了300亿~400亿元。十年动乱中到处批"唯生产力论"，批"利润挂帅"，结果1967~1976年国营企业亏损948亿元。直到1977年、1978年五小工业每年亏赔还达好几十亿元。

2. 在"速胜论"下搞高积累。在积累与消费的关系上，建国初期实行"二、三、四"的做法，即积累基金占国民收入的20%以上，财政收入占国民收入的30%左右，基建投资占财政支出的40%左右，但不久即扔掉了。以后许多年份积累所占比例都在30%以上，最高的年份达43.8%，造成了大量欠账。高积累挤掉了人民生活的改善，挫伤了群众的社会主义建设的积极性。而现在还有人说"25%的积累就无速度"，这是无视客观事实的说法。

3. 基本建设的投资决策有盲目性。据有关部门的资料说，1952~1978年，我国基本建设的总投资形成固定资产的不到

70%，……已经核销的调遣、亏赔、报废损失等即超过 10%。在形成固定资产而真正发挥效益的还要打折扣。

基本建设规模过大，长期超过国家可能提供的财力、物力、人力。1978 年全民所有制在建项目 65000 个，总投资额 3700 多亿元，全部建成还需追加投资，按目前可能提供的投资看，即使一个新项目也不上，也需要六七年时间才能建成。基本建设规模过大，必然延长建设周期，降低投资效益，同时挤掉现有企业设备更新、老厂改造、产品换代所必需的资金、物资。

基本建设不讲经济效益，空谈速度，甚至只用完成投资数来衡量建设速度，对工程的交工使用情况心中无数。新摊子越铺越多，建设周期越拖越长，在建规模越滚越大，而对如何量力行事、综合平衡，就是下不了决心。虽然砍掉几百个无关大局的"胡子工程"，却上了几个以重工业为主的巨型项目。对于高积累造成比例失调和经济效益下降，不去分析其中的必然性，而总说是"没有经验"。

多年来盲目追求高速度，不顾国民经济的比例关系，不重视经济效益，不严肃对待综合平衡，形成了惯性作用，一定得反其道而行之，花几年工夫，把它纠正过来。

4. 60 年代中期开始，对战争的可能性估计得过分严重，不顾条件地搞了大规模的大小三线建设，应该说当时看是有必要的；但在执行中却加上林彪的"靠山、分散、进洞"错误方针，最后是大小三线建设一哄而上，从 1966～1979 年占同期基建总投资 40% 以上。不少事例说明，这种搞法是形不成有良好经济效益的综合生产能力的。为了充分发挥其应有的作用，少数项目还需要作些必要的调整改造措施和添补配套设施。

5. 盲目追求工业分布的地区平衡，片面强调地方自成工业体系，搞农业机械化、建设各省的工业体系，也都是一哄而上，造成很大浪费。一个省摆一个至几个拖拉机厂，不问东西南北，型号是一色的。一个省摆一个 30 万吨合成氨厂，不问土壤、气候、农作物的特性，也不管资源条件、建设条件，草率决策。

（三）决策失误带来的后果

由于有了这些失误，加上林彪、"四人帮"之流十年动乱的破坏，工业经济越来越暴露出严重失调：

1. 能源工业落后于国民经济发展的要求，许多地区的工厂因为缺电而陷于三开四停或四开三停。全国一年缺电四五百亿千瓦时，因而使现有工业生产能力近 1/3 不能正常发挥作用，减少的工业产值十分惊人。在能源政策上，由于资源不明，指挥失当，一度指令工业锅炉由烧煤改烧油，到发觉油不足时，又指令由烧油改烧煤，同时还铺设气管、建设油码头、购买油轮等等，这些政策上的失误就损失了几十亿元。不顾生产条件，盲目追求生产高指标，使石油部门储采比例失调，煤炭部门采掘比例失调。对于开辟新能源和解决农村能源等问题，多年来缺乏远见和妥善安排。

2. 交通运输事业成为薄弱环节。铁路通车里程，1978 年 5.04 万公里，比 1949 年增加 1.28 倍，但不到美国的 1/6，不到苏联的 1/2，比印度还少。公路通车里程 89 万公里，增加 9.7 倍，内河通航里程 13.6 万公里，增加 0.8 倍，但都不能满足工农业生产发展和商品流通的需要。沿海港口吞吐能力严重不足，影响对内对外贸易。

3. 工业怎样为农业服务，工业怎样转到为农业服务的轨道上来，促进农业真正过关，这个问题远未摸清楚。现在地少人多的地区沿用精耕细作、复种套种、提高单位面积产量的传统耕作方法，这同高度机械化、提高劳动生产率的矛盾如何解决？农业的出路在于机械化，这个命题该怎样来理解？许多问题不能一刀切，要开展农业经济区域规划，不同地区采取不同的方针，发扬各自的优势，才能在不平衡的发展中走向农业现代化。南方是雨淋红壤，北方是干旱黄土，东北又是黑钙土等等，在不同的条件下，不同的农作物需要不同氮、磷、钾配比并加有硼、钼、铜、锌等微量元素所制成的缓溶性化学肥料。山地平原上不同的农产品、牧产品、水产品，也需要不同的冷藏、干燥、加工、运输的技术装备。这些方面需要许多新行业来填补空白，正是地方工业和社队工业促进了当地农业发展，广开了就业的门路。可是这些问题很多还停留在有事无人做的状态。

4. 轻工业长期不被重视，不能满足城乡人民提高生活质量所需要的产品。1978 年城乡居民人均棉布消费量 19.1 尺，比 1956 年少 5.7 尺。轻工业五六十个行业的生产技术，很多相当于国外四五十年代的水平，有的只有二三十年代的水平，劳动生产率很低。轻工业落后导致国内市场日用消费品和耐用消费品的供应紧张，近一二年来市场商品可供量低于购买力，差额之大，每年竟达一百多亿元。印染、后处理、包装等环节之薄弱，更使坯布、丝绸、针织品、香烟等在国际传统市场上备受排挤。

5. 民房建筑积欠严重。第一个五年计划期间，基本建设中生产性投资与非生产性投资之比约为 71.7：28.3，基本上适应当时生产建设和人民生活两者的发展要求。1967～1976 年，这一比例变成为 87.3：12.7，其中住宅投资下降到 4%～5%。1977 年全国城市人均居住面积只有 3.6 平方米，比 1952 年还少 0.9 平方米。城市缺房户占总户数的 37%，农村缺房也严重。这同我国长期以来不把民房建筑业看成社会主义商品生产部门，不把改善人民居住条件放在重要日程上有直接关系。如何改革房租制度，如何改变城市住宅建设制度，需要加快研究、慎妥解决。

6. 重工业中过分突出了钢铁工业和加工工业，不仅挤了农业、轻工业，也妨碍了自己的协调发展。钢铁、重化工的生产中能源浪费严重。原料、材料的生产又落后于机械加工。钢铁工业的矿山落后于冶炼，轧钢落后于炼钢。而机床加工能力却大于钢材供应能力 3～4 倍。建筑材料工业和森林工业更是落后于需要很远。

至于国防工业和民用工业脱节，工业的产品结构和价格结构不合理，职工技术教育和管理教育落后等等，也都是在国民经济结构搞"重轻农"，甚至"重重重"和动乱折腾中产生的，这成串的问题，都留待我们在调整中解决。调整需要 3 年还是 5 年，要看条件，要看我们工作的情况。现在党中央对这些问题看得很清楚，决心很大，给了我们莫大的希望。

从工业经济的管理体制上分析：我们的工业经济管理体制是 50 年代从苏联搬来的，加上了我们在革命根据地管理小生产的一套经验，修改、补充、发展而成为现在的样子。其核心问题是没有让经济组织——公司、工厂、社队工业具有其本来理应具有的管理职能和经营职能。人、财、物分口而管，产、供、销互不照面。上级机关下达的指令性计划指标，互相之间往往不很衔接或很不衔接。企业作为基层经济组织，缺乏管理好本身经济活动的内在动力和外部压力。所以"扩大"企业自主权的问题，其实是让企业有应该有的权利。有的同志说，要让企业"增长弹性、活力和竞争能力，以适应现代化社会的需要"，因为企业现代化了，社会也就好现代化了，"企业现代化也是社会现代化的重要内容之一"。让企业——社会基层的经济组织从不同部门分管或地区分管的行政管理关系中摆脱开来，"组织得更好一些，使每个企业都能保持活力"，按照社会主义经济规律进行活动，

"经营管理得更合理一些，……能经受得起竞争，能适应各种要求和情况变化"。工业经济管理体制的改革，党中央已经下了决心，准备用几年时间作好准备、作好试点，在准备期间可以搞点小改小革，而问题在于要看准，同时小改小革不能为大改大革设置障碍。去年到今年，有几千个企业搞扩大自主权的试点，主要搞利润分成，搞计划调节为主、市场调节为辅，也只是个开始。要做到"发扬优势、保护竞争、促进联合"。这是很重要的。

40 万个企业怎样网络化组织起来呢？大中小型企业怎样在经济活动中从下而上地有机联合起来？哪些行业可采取专业公司的集中管理型的组织形式——如铁路、民航？哪些企业可采取联合公司的联合管理型的组织形式——如丝绸工业？哪些企业之间可实行农工商结合、工农结合——如烟草工业、食品工业？哪些企业之间要组织技术情报网或国际市场情报网？这些问题也都该认真研究。改革经济管理体制应该使企业富有生命力，一定要稳步前进，改而不乱。大家在思想上、理论上、方法上都同党中央一致了，阻力就小了，很多问题就比较容易解决了。大家要求早日实现国家现代化，如都能从整体利益看问题，认识是不难一致的。

（四）工业调整要考虑的政策

怎样把工业经济调整好，为工业现代化打好一个扎实的基础？除了在长期计划中不再干那些劳民伤财的事之外，还得从现代化的整体论出发，在几项政策中考虑一些关键问题，例如：

1. 人口政策：由于人口理论上的错误，导致过去 30 年人口每年平均增加 2%，1968～1971 年竟达到 2.7%～2.9%。有一个资料测算说，如果今后每对夫妻生两胎，我国人口将持续增长 70 年，21 世纪 50 年代达到 15 亿人口。为此，我国要有一系列正确可行的经济政策和社会政策，既要解决人口问题，又要保持民族健康。

2．经济结构政策：要从人民的衣食住行用出发，搞好消费计划；从人民生活需要的最终产品出发，寻找最终产品与中间产品的比例关系，再寻找它们与原料、材料、运输、能源的比例关系。在社会主义资金积累上，当然我们要尽一切可能通过平等互利的国际贸易以换取外汇，以繁荣经济、加快建设；但是在现阶段为外贸条件所限，计划安排主要靠国内市场。在计划方法上要应用"投入—产出法"的原则，严格核算经济效益。速度要建立在使用价值、经济效益好的社会主义商品交换基础上，不要搞那种对发展生产、提高人民生活没有实际意义的空头产值、空头产量。

3．积累政策：积累率在25%左右比较恰当。力求用几年时间，努力从现在的30%以上一步一步调下来，从"微调"中调到接近25%。这是不容易的，但是能办得到的。

4．引进政策：我们说"货比三家不吃亏"，是说对想买的商品要多找几家比性能、比规格、比质量、比价格。买点日用品或耐用消费品如此，进口设备、引进技术更要如此。我们不能"吊在一棵树上"。这里最重要的是掌握国际技术情报。上千万美元甚至上亿美元的技术贸易，在当前资本主义世界经济滞胀衰退时期，都是不易多得的大买卖，而大买主在技术谈判和商务谈判中是有主动权的。要善于利用国际间的矛盾。国际技术贸易的经验告诉我们，应该把国内各部门、各地区、各大企业的力量联合组织起来，一同搞技术情报网。这是社会主义优越性的体现，内部竞争不妨碍一致对外。但是内部竞争不等于合法许可内部互相掣肘、自耗精力。非但如此，我们还可以到国外去经营工程设计公司、技术咨询公司和建筑工程公司，灵活多样地活动。

引进技术，首先要为现有 40 万个企业的设备更新、技术改造、产品换代等服务。在铺新摊子、搞基本建设之前，先要把这个现成的前进根据地搞成现代化。当然，对于条件业已具备的国内技术成就，也不宜妄自菲薄，也可以考虑国内外联营技术合作，甚至技术输出。

5. 出口政策：保持二十年一贯制的传统出口商品结构，已经不适应国际市场商品规格多变的潮流。初级加工品变为高级加工品，价格可以上升多倍。染整过的色布、花布比传统坯布值钱多得多。机电产品要经常换代才能保持技术优势，打开国际市场。日本三井精密机器制造公司每年产品换代 20%，每 5 年全部换完，值得借鉴。有的国家囤积钨精砂作为战备物资，我们不应该看见钨精砂涨价就热衷于出口，要看到加工好的钨丝出口价格更高。有的朋友建议我们换换做法。国际贸易也要求我们把国内各部门、各地区、各大企业的力量联合起来，取长补短，互相支援，大力开展国际经济活动。

6. 能源政策：国家根据科学的综合考察、可靠的地质勘探、技术发展的可能、经济发展的需要，制定有远见的、照顾全局的最优能源政策，是非常必要的。水力、煤、石油、天然气、地热、核能、风能、太阳能、沼气，乃至农村的"烧锅草"，都需要有个统盘打算。现在谈能源需要，要注意 80% 人口在农村中也要烧饭、取暖；谈能源开发不能只限于煤、电、油；谈节能要对工业生产中有形的、无形的燃料动力浪费都有有效的措施。

（1）以煤为主，广开能源，是适合当前国情的。过去，为了避免北煤南运，在贫煤地区打了几年消耗战，应该从中取得经验教训。现在煤的可采储量主要集中在山西、陕西、宁夏、内蒙古一带、贵州一带、两淮一带、开滦一带。运煤靠铁路为主，是地理条件决定的，但也要尽量利用水运。集中开发要结合洗煤远运；坑口发电要结合输变电网建设；粉煤炼焦要结合煤气输送和副产回收利用。现代化的能源基地建设需要全面规划、最优的工程设计，才能做到在国民经济中煤、电、运输先行一步。

西南水力资源丰富而筑坝修库等工程艰巨。石油需要大量勘探工作，弄清资源之后，才能大量增产。对核能发电应全面做好技术准备，合理布点。地热开发得好，至少在小范围内可以供工农业应用。

（2）8亿人口在农村，应该提早研究普及利用沼气和太阳能。秸蒿和粪便沤肥、联产沼气，消除寄生虫，净化环境，一举几得。这样，植物光合来的有机质可以尽量在自然循环中保持和增长。靠沼气，南方农村如果解决8个月燃料，北方农村如果解决6个月燃料，都会有很大意义。利用太阳能，搞点简易的热水器、太阳灶，国外已相当多，我们可以简化构造、选择便宜而适用的材料，降低造价，降低成本，因地制宜地推广，作为补充能源。必须警惕秸蒿柴草做燃料在环境中影响农耕生态平衡的事实。现在我国大面积耕地有机质逐年下降；樵柴搂草对森林草被的破坏已影响不少地区的水土保持和地区气候。如果国家搞技术推广，在有条件的居民点修建沼气灶、太阳灶，对改变农村社会面貌也大有好处。

（3）工业生产中有形能耗过多。我国的总能耗与日本差不多，产值却比日本低得多。能耗指标比国外高得多，如我国生产的内燃机比国外的油耗高10%～20%；冶金工业的热能消耗比国外先进指标多出很多。1978年，美国全国平均吨钢能耗为0.894吨标准煤，日本为0.681吨标准煤，我国平均吨钢综合能耗为2.28吨标准煤。按可比口径计算，我国平均吨钢能耗为1.5～1.6吨标准煤，大致比国外先进水平高一倍。1978年我国钢铁工业总能耗7000多万吨标准煤，如果节约3%～5%，一年就可省下几百万吨标准煤。全国工业锅炉，应该通过普查，对那种"煤老虎"，应该限期进行改造，作为节能重点措施。有些国家规定机动车才许用液体燃料，也值得我们借鉴。又如小合成氨厂生产一吨合成氨，电耗平均要 1765 千瓦时，比新型大合成氨厂平均 16.7 千瓦时高出 104 倍。按 1978 年小氮肥厂生产 659.3 万吨合成氨算，每年耗电 115 亿多千瓦时。现在小氮肥厂年年修修补补，进步有限，只有通过加快技术改造来解决。

工业生产中由于制造出低效产品因而还有无形能耗。现在小合成氨厂占全国氮肥产量 55% 以上，安于以碳酸氢铵作为二十年一贯制的"支农化肥"。这种含氮量只有 17% 的氮肥很容易分解，从生产、包装、储存、运输到施肥入土，到处损失严重，植物根系究竟能吸收多少，肥效到底是百分之几，长期以来没有综合性的科学测定。有的农业单位认为，在 17% 的含氮量中，只有 5% 的氮起了作用。就以打对折来测算吧，也有好几百万吨碳酸氢铵的使用价值成问题，在生产、流通和使用过程中是"空忙"。像这样的"生产"，对农业和国民经济的影响如何，要不要实行产品换代，值得研究。在其他工业部门有无类似的现象，也值得调查研究。

7. 资源政策：我国号称地大物博，国民党政学系代表性人物之一丁文江 30 年代下断语说是地大而物不博。现在看两趋极端，都未必对。概括地说，我国可能在世界上只算个相当博而分布不平衡的中等资源国家。

矿产是开采消耗之后不能补偿的资源。我国铁矿比起澳大利亚来说是品位低而储量不多。铜矿比起赞比亚、智利来说是贫而少。锡矿新发现小矿点不少，而大的老矿区已到后期了。石油则远不如中东各国。某些稀土金属和稀有金属相对地说是富的，开发技术也有独到之处，有些稀土金属要不要限额出口，也应该考虑。随着对资源情况的认识逐步接近实际，我们的矿产看来都不宜无视科学的程序而过分开采。搞补偿贸易，规模也该恰当。

为此，要采取资源保护政策，必要时应当采取限额生产和限额出口，避免资源过早枯竭。当然，不是说一说资源保护，便走向"资源保守"，能用了也不用。

森林是可更新的资源，而我国的覆盖率只有 12.7%，分布也不均。由于基本建设规模过大，木材供应计划缺口过大，因此引起长白山和长江上游的林区大面积采伐过度、采育比例失调越来越严重，现在已出现地区气候失调和大量水土流失，因此有必要开展全国性的责任造林运动。对现有林区应该采取有效的经济政策来保证采育并举，严禁破坏森林资源。

8. 技术政策：在社会主义建设中，企业是否都是规模愈大愈好，技术愈先进愈好？这是应该冷静分析、正确对待的。

日本之发展 4000 立方米大高炉，是依靠海外原料，澳大利亚吸收了美国、日本资本的矿山，提供品位 63% ~ 65% 的富铁矿和灰份 7% ~ 8% 的洗精煤。我们从自己的资源条件出发，从便于自己机械工业进行技术推广出发，很可能以多建中型的钢铁联合企业，多产合金钢、优质钢、短线钢材为上策。

再如交通运输事业，从我国货运走向、货运结构分析，技术政策上，相当长时期内应以改建现有铁路和发展长大列车的运输方式为主。由于我国已开发地区偏而小，人多而地少，对于造价贵，占地多的高速公路网，相当长时期内可能没有条件也不适宜大规模建设。对内河航运与沿海航运则应该多加重视，配套发展。

社会生产中，以厂矿企业个数来统计，大中型企业总是占极少数，日本的大中型企业占 0.6%，小企业达到 99.4%，美国的小型企业占全部厂商的 97%。问题是大中型企业和小型企业应当采取不同的技术政策。一般说，重工业、基础化学工业等采用先进设备和大设备，能取得较好的经济效益，要建立大型企业或中型企业，以生产大批量的"大路货"产品为宜；而机械加工、日用化工、轻纺工业等产品品种多、批量多、变化大的行业则以发展小型或中型企业为宜。对于小型企业可以采用手工、半机械和机械相结合的技术政策。当然也不能一概而论，该采用先进技术的还是应当采用先进技术。比如与大型企业协作配套的机械工业、电子工业的零部件生产，就要跟大型企业的先进技术协调一致，才能保证最终产品的先进与高质量。总之要根据产品的技术要求和实际情况，来确定企业规模和技术政策。国外的经验可以借鉴，但不能照搬。比如，机械工业是国民经济各个部门的技术装备部，各部门、各地区、各企业引进的技术要适宜于国内机械工业的消化与发展，让机械工业首先解决现有企业的设备更新、技术改造、产品换代的问题。特别要把98%以上的小型企业好好装备成为小而精、小而专、小而新、小而洁、小而赚、富有活力的企业。让这些现代化了的小型企业真能做到同现代化的大中型骨干企业有机地结合起来。要防止和克服从本专业部门的狭隘角度出发，任意引入难以消化、推广的所谓先进技术，当然，更要制止那种不必要引进国内早就能解决的所谓"先进技术"，到处铺新摊子，盲目发展，重复设厂，然后又故步自封，再陷入多年一贯制，既不改革，也不换代。不把自己的机械工业设计、制造水平提高起来，现代化起来，工业现代化、四个现代化、国家整体现代化，是不会有扎扎实实的技术基础的。

9. 布局政策：各省市区发展工业生产力，应该从本地区的特点出发，看资源条件、看技术发展基础、看经济发展水平，发扬地区优势，看清制约条件，扬长避短，趋利避害。对一个省来说，恐怕不宜追求万事求人的完整工业体系。一个经济地区要同别的经济地区，互通有无，互助协作，发挥所长，联合经营，补足所短。那种一个省内搞一个氮肥厂、一个拖拉机厂、一个自行车厂、一个汽车厂、一个手表厂、一个收音机厂、一个电视机厂、一个电影制片厂、一个啤酒厂之类的"自成体系论"，是自给自足的小生产习惯的扩大，是变相的"划地割据"，也是平均主义思想指导下的均衡发展论的表现。要承认各省市不平衡发展的经济基础，要许可各省市区发扬优势，实行不平衡的发展，经过大家扎扎实实的努力，发扬协作和联合中去求平衡。例如，山西、内蒙古和两淮可以多发展煤，上海、江南可以多发展轻工业产品，这样来求得地区间的平衡发展。

上海、天津、武汉等历史上形成的大城市，实际上起着各个地区经济中心的作用，并影响全国经济的发展，应该在技术上、经济上、管理上支持这些经济中心向周围或远或近地发挥辐射性作用。但不宜在堆砌拥挤中过分发展那种大而无当、一应俱全的城市经济。现在别的国家吃了超级大城市的亏，正在闹从大城市往外疏散工业、迁移人口、减少浪费，防止污染。工业向大城市过分集中、只去利用先进技术基础和现成的经济条件。在单就部门算账的习惯还没有改变的情况下，要多作综合性分析，看看挤在大城市里的结果，是不是要花更多钱才能把城市基础设施赶上去，取得经济地区间的物料平衡和运输平衡。

10. 人才政策：有几个方面的问题特别值得注意。一是进口成套设备，不如进口关键设备；进口关键设备，不如引进关键技术；引进关键技术，不如聘请关键专家。二是不要只有外国人说的才有分量，而轻视发挥自己的专家的作用。我国现有专家，都是知识分子，对他们再不要小事无限上纲，加以歧视，而要耐心教育，用其所长。过去批判知识私有，现在又用文艺笔法把一些稍有成就的知识分子描绘到出神入化，到底也不了解一个科学工作者、一个知识分子追求科学真理、渴望为国家现代化、为社会主义事业尽其所能、多做贡献的心情。有的单位是对知识分子不用、不管、不放；有的单位却又是乱用、乱管、乱放，党的知识分子政策仍然得不到落实，仍然不能人尽其才、才尽其用。我认为知识分子政策应该全面落实；否则四个现代化、国家现代化，靠僵化的头脑、保守的气量、故步自封的作风，是寸步难行的。三是提高全民族科学文化水平，要有切实可行的措施。在择优录取、培养人才的同时，能不能考虑给予在职干部三年一进修，五年一轮训、接受新知识的机会？资本主义国家搞"知识投资"，对贡献大的越级提升；我们社会主义国家搞轮训干部应该做到量更大、质更高。用少奇同志所说的两种教育制度、两种劳动制度，在现有人事臃肿的企业中抽调 10%、20%、30% 的职工出来学技术、学管理，学得好的适当提高物质待遇，求得水涨船高，将有利于企业的现代化，有利于国家的现代化。

11. 价格政策：由于历史原因造成的工农产品之间，农产品之间，工业品之间的价格不合理，比比皆是。原料价格同成品价格出现"倒挂"现象的情况不是少数。因此，现在企业利润的多寡，并不能正确反映经营的好坏。有的企业技术装备好、劳动量较小而利润过高；有的企业即使技术装备还好、劳动量仍然较大而利润过少。在同一行业中也往往出现技术装备好、成本低的工厂同技术装备落后、成本高的工厂在调整同一种产品价格时，因为利润厚薄而采取完全不同的态度。要按经济规律办事，克服这种苦乐不均、利润差距太大以致保护落后，限制进步的现象。应当运用价值规律，逐步调整价格。但是世界上完全放任市场经济自流的国家，至少当前不存在，政府运用经济杠杆进行必要的干预还是十分重要的。

12. 税收政策：为了鼓励专业化分工和协作，达到社会化大生产的目的，对协作厂之间零部件的多次转厂加工，不应重复课税，而应实行最终产品一次纳税制。在普遍实行固定资产占用税后，对开发新产品、新技术所需的试验设备也应在税率上给予优待。为了调节利润悬殊，对油田、有色金属矿等要开征资源税、土地使用税，把它们的级差收入归国家所有。同时，企业要实行独立核算，应该征收所得税。在资本主义国家中石油总税率，有的高达销售总额的 77% ~ 82%。为了保护环境，应对有的工厂征收排污税、对破坏森林草被的要重罚。

13. 利息政策：对手工业和轻工业、对应该鼓励其发展的个体经济或集体经济，应组织发放低利长期贷款，引导和扶植它们向正确的方向发展。对盲目发展，没有市场商品需求量的，则不予扶植，指导它们转变生产方向。对工厂改善环境卫生、保护生态平衡的措施，也应安排低利长期贷款，支持它们实行环境保护法令，化害为利。

14. 一切政策的出发点都要坚持走社会主义道路，坚持国家现代化的整体观、整体论。

30 年来资本主义发达国家物质生活水平提高了很多，可是文化生活之没落、腐朽实在不足道。尽管资本主义经济建设已经有了几百年的历史，比仅有几十年历史的社会主义经济建设远未成熟的经验来说，似乎他们谋富庶的办法多得多。特别由于我国 30 年来"速胜论"、"唯意志论"的危害和极"左"路线的破坏，使我国国民经济长期以来虽然高速度却没有高效益，有些悲观论者面对重重问题丧失了走社会主义道路的信心。社会主义本来是从空想到科学，"唯意志论"、"速胜论"、极"左"路线却不顾现阶段的国情，就不想从长期艰苦奋斗中去建设社会主义，其实是从科学到空想，在这样的影响下，使一代青年中不少发生了"信仰危机"。我们更应当把经济工作越做越细致、越科学，按照客观存在的自然规律、技术发展规律、经济规律办事，力求保持国民经济的正确比例，取得有实际经济效益的速度。在生产力和生产关系的关系上，在经济基础和上层建筑的关系上，要下工夫深入调查研究，弄清新情况下出现的新问题，提出新建议供中央参考。日本一位进步教授说："日本在第二次大战中军事上投降之后，换得了经济上前进，可是政治上后退了，物质享受为乐已经腐蚀了下一代、下二代，现在的社会生活是没有前途的。中国可千万不要照搬西方现代化的一套啊！"我看这话可以作个镜子。因此，我认为，我国更应该提倡现代化的整体论，为我们整个社会主义国家在生产力、生产关系、上层建筑各个领域内按照科学社会主义理论办事而努力。

我说了这些应该注意的政策关键问题。显然，要把工业经济搞上去和实行工业现代化，这些还远不是全部。这些只是我们在研究工作中感到迫切需要解决的几个问题，提供大家参考。我相信全面性的答案，在国家计委正在编制的长期计划纲要草案中，经过党中央和国务院的反复讨论、决定之后，会在十二大前后正式公布的。

此外，我还想简单说一说经济预测的方法论。

社会主义国家搞经济预测，是为了研究方针政策的可行性；搞多方案的预测，是为了从中筛选最优方案。

前面说过，当前工业经济结构中存在的许多问题，是30年来形成的。生产结构和基本建设投资结构的不合理要进行调整。但是这些问题不可能在短时期内都解决得了。当前工业经济管理体制中存在的许多问题，也是长期形成的，也不可能在短时期内就能通过大改大革而解决。因此，我们不妨设想，在今后10年中可以分两个阶段来安排我们的国民经济。前5年以调整、改革经济结构和经济体制为主，要求把基础打得扎实一点，前进的步伐不妨稳一点。后5年在"调整、改革、整顿、提高"的基础上，前进的步伐不妨稍快一点。一句话，要实事求是，量力行事。长期计划的指标，要留有余地，争取在年度计划中超过。再不要搞那种超越现实可能的高指标。在高指标的压力下，必然出现用牺牲质量和品种来追求水分很大的产量和产值，还会鼓起虚劲来到处铺新摊子，以至形成长期计划也带赤字。这样的事可别再干了。只有严肃对待30年来经济建设中的经验教训，我们才能不让主观主义再来干扰工作，才能正确贯彻"调整、改革、整顿、提高"的方针，正确处理速度和比例关系，提高社会经济效益。在稳中求快，在持续前进中取得速度，是可行的最快速度。这种在最优经济效益下取得的速度是对国家、对人民最有利的速度。对于整个国民经济，规定第六个五年计划平均速度每年为5.5%，第七个五年计划平均速度每年为6.5%，可能是比较好的选择。据此测算，国民生产总值12年也就能翻一番了。到1990年，人均国民生产总值可以达到500美元左右，平均增长速度为5%～6%。如果1990年以后，能维持5%～7%的速度，到本世纪末小康也是办得到的。我看这就是中国式社会主义经济逐步现代化的道路。

再说一句，为了实现国家的现代化，我们一定要学会把经济建设工作做得细致周到一点，一定要反对"片面观"，提倡"整体观"；反对把复杂的国民经济简单化，提倡"整体论"，从全局出发，制定战略决策，实现生产力、生产关系、上层建筑的全面现代化。我们从中国的实际出发，走中国式社会主义道路，是能够实现中国的社会主义现代化，把中国建设成为现代化的社会主义强国的。

关于生产力布局问题[*]

　　生产力布局问题，确实"是基本建设中具有长远性质的问题，是一个带有战略意义的问题"。生产力布局如果不合理，在基本建设投资绝大部分形成固定资产和生产能力之后，生产和经营的经济效益仍然要长期受到严重影响。因此，生产力布局问题，不仅仅是基本建设中的问题，它会给今后的生产、经营和经济建设带来深远的影响。

一　工业生产力的布局问题

　　工业生产力的布局问题，是伴随着大生产的发展而突出起来的重大问题。当然，在工场手工业时代也出现过。前几年报载一个考古消息说：古时候河南洛阳附近，炼铁工业比较发达。当时用木炭炼铁，是利用当地古森林资源。但是，木炭炼铁工场规模

---

　　[*] 本文是作者 1980 年 8 月在国家经委企业管理研究班上的报告纪要，其后作者又为生产力布局问题写了一系列的论文，对"左"倾路线下被长期忽视的生产力布局这门科学多次加以阐述。

发展过大，烧光了地区性的森林之后，就走向没落衰亡。在欧洲历史上这种情况也多次发生过。在现代化大生产条件下，随着生产的集中和高度的分工协作，生产力布局问题就更加重要了。

我们布置大工业，特别是现代化大工业，必须注意资源条件、市场条件、能源条件、运输条件等等，如果这些基本条件解决不好，那么一旦工业生产力形成后，再改动就很困难了。所以，布置大工业，组织大生产，要密切注意"就"资源、"就"市场、"就"能源、"就"运输条件、"就"富裕劳动力、"就"技术基础、"就"其他有利的经济条件。一般说，新的工业生产力总要求布置到同这些现成的有利条件越近越好。当然，能源条件、运输条件往往是需要先行布置的生产力，不一定会那么现成，它们要先走一步，还要有一定的富裕力量，才会成为有利于布置新工业生产力的现成条件。如果这七个有利条件不能求全，也可按照趋利避害的布局原则，进行分析比较，求得利多害少的具体布局方案，在几个可行方案中选优办事。这个问题说起来简单，做起来却不容易。因为决策立项之前，一开头就要对这些条件做够做好综合性的调查研究。

为了叙述方便，我们用一些国内外的实际例子，来说明生产力的布局必须作为一个战略问题来对待。

政治是经济的集中表现，政治又会对经济起不可忽视的反作用。不同的社会制度，往往有不同的生产力布局原则。比如，帝国主义迫使殖民地尽可能发展有利于宗主国进行掠夺的单一经济，在布局上也迫使殖民地丧失政治上求独立解放的可能性。英国曾迫使澳大利亚成为羊毛的供应基地和富铁矿的开采基地，直到现在，澳大利亚的经济畸形仍然存在，没有形成强大的完整的工业体系。法国曾迫使阿尔及利亚成为石油开发基地和大的炼油基地，法国发展高速公路，也发展现代工业，靠阿尔及利亚输送石油。这样做的结果，法国很繁荣，而阿尔及利亚的经济则畸形而落后。

宗主国自己，凡是具有均衡发展条件的，他们总是力求在工业和农业的布局上匀称发展。如法国气候、水文等自然条件好，它的工业、农业就穿插安排，把工农业生产力安排得适宜于均衡发展。又如美国的工业布局，最先在东北地区建设大的工业基地。随后两次西进，经过一百多年，向旧金山、洛杉矶等太平洋沿岸的西部地区发展。搞了几十年以后，现在又向南部阳光地带和海湾地区发展。美国东北的工业基地比较老了，也比较拥挤，50年代以后经过设备更新和老城市改造，才有很大的变化。南部工业基地则是新的，技术结构、产品结构都比较先进，投资效益也好。再如国土狭小、资源贫乏的日本，从田中义一首相上奏折策划"满蒙政策"，到20年代日本军阀、财阀发动侵华战争，一直追求的是"农业中国，工业日本"的布局。侵华战争失败后，他们投靠美国，换取马歇尔计划的支持，在几乎不承担任何国防费用开支的情况下，追求在经济上的发展。在布局问题上，他们鉴于资源缺乏，把主要的工业生产力放在沿海，专靠海运，便于就外来资源和国际市场。

半殖民地半封建的旧中国，工业生产力布局深深打上了任人宰割的烙印。这是半殖民地型的工业体系。帝国主义在上海等沿海港口配置了"滩头阵地"和若干工厂，从内地搜刮原料，到沿海去精加工，精加工的产品再返销到内地去，棉纺织工业如此，卷烟工业如此，其他轻工业也如此。再如，过去日本在山东开采铝矾土，提炼后运到抚顺去炼铝锭，再弄到日本去压延铝材，发展飞机工业等等。他们不把重工业布置在半殖民地国家，典型地说明了帝国主义在处理半殖民地的工业生产力布局上，是要以符合帝国主义利益为原则的。

那么，我国 30 年来有哪些经验呢？

1. 从 156 项工程到《论十大关系》的发表，实践证明新工业基地的开辟要慎重，要谋定后动。

全国解放后，特别是在第一个五年计划时期，我们在生产力的战略布局上，力求改变旧中国重工业主要集中于东北地区、轻工业集中于沿海一带的畸形状态，搞了以 156 项为中心的 674 个项目。最初是在东北改建和扩建了一批采掘工业、电力工业、冶金工业和机电制造工业的老企业。往后，就把要上的新项目多半配置到京广铁路以西。这样做，一是为了国防安全；二是为了有效地利用内地的人力、物力资源；三是为了改进城乡关系、工农关系、民族关系，逐步缩小三大差别，力求生产力布局的合理与均衡。以钢铁工业为例，除了鞍钢和北满钢厂以外，重点进行了武钢、包钢、太钢的建设，并力求把有关配套工程包括水、电、煤、运、城市建设和服务网点，尽一切可能保证配合上。从京广铁路再往西，则重点布置了西北的几个工业基地，在兰州、西安一带，有计划地发展了石油、化工、机械、机电、纺织等工业区。例如，当时在开辟兰州西固石油化工区之前，共选了 19 个厂址，最后进行比较选择，定在西固区。又如在决定把西安布置成为一个机电工业中心时，下的工夫也不少。为什么要花这么大的力气来选择厂址呢？因为一次布局安排几个工业基地，同时要上好几十个项目。大量的铁路要配套，公路要配套，电力网要配套，上下水设施要配套，需要的原料、材料、燃料要配套，地方上的砖瓦砂石也要配套，否则锣齐鼓不齐，必将招致被动。当时，陈云、李富春、薄一波等同志几乎对每个大工业基地或大项目都一一组织审核。一个项目建成以后，究竟投资效益如何？确定这个产品方案，究竟对国民经济起什么作用？确定这个设计方案，选用这个类型的关键性设备，布置这样一个工业基地，到底有无条件上？技术上的问题可以了，经济效益也一定要弄清楚，配套工程、服务网点也要考虑配合。这种做法是比较慎重的。可是由于地区辽阔，交通不便，农业落后，工业缺乏基础，社会上应有的配套行业贫乏，有些工业基地过分孤立，被迫自办社会服务行业。这个问题发现较早。许多地方领导机关下了很大工夫，希望把国家布置的重点建设项目搞起来。只是由于一些问题都是在沿海布点时没有碰到过的，没有这方面的经验。究竟是由社会来办企业，还是由企业来办社会？既然把这么多新的工业设备交给工厂去管理，是让工厂集中精力去管生产呢，还是分散精力去管那些应该是属于地方上、社会上管的事情呢？这是一个大问题。基建投资收效太差，生产管理分散精力，市场需要的商品的品种与数量更不大了解。这些都是在内地建设中没能同时克服的先天性缺陷。我们在建国以后的 8 年间，经济建设获得了巨大的成功。但是过多过早地集中庞大的财政支出，用于新区的基本建设，不能不是一个缺陷。与此同时，对沿海工业基地照顾得比较少，更新、改造、扩建安排得差，一些经济事业中的内在联系注意得不够。几个老城市如上海、天津，在第一个五年计划时期，安排得差些。毛泽东同志在 1956 年总结了社会主义经济建设中的十大关系，其中涉及许多社会主义社会生产力的布局原则。实践证明，《论十大关系》正是反映了社会主义经济规律的。

2. 从到处布点到挤向沿海老城市，实践证明布点要科学，对老工业基地的利用也要合理。

1958 年，我们在破除迷信的口号下，追求"万马奔腾"的局面。在生产力布局方面，小型项目无数，"星星点点"，形不成持续稳定的生产能力。脱离实际的浮夸宣传，把"遍地开花"说成已经解决了"大中小型企业并举"的合理布局。于是，厂址不进行选择和比较了，大量排放"三废"的工厂设在水源地和城市的上风向，甚至"插花"进居民区。城市规划、区域规划更是可有可无。这一偏向，20多年来都没能有效地纠正过来，形成了多年积欠的陈账。这种随意布点，缺乏科学根据，实质上是用管理小生产的习惯来对待大工业生产，教训是很深刻的。选择厂址是有前提条件的，要先考虑经济区域规划和城市规划。这个先规划再选址的问题，第一个五年计划期间来不及抓好，"大跃进"又给冲乱了。例如苏南一带，由于工业布局不当，生产技术管理很差，"三废"没有妥善解决，使鱼虾减产，太湖边缘也受到污染。上海市区，有些居民区和工厂"插花"，像下围棋似的互相包围，关系紧张，甚至引起群众间的冲突。

在工业生产力布局中，"遍地开花"是一个偏向；另一个偏向是过分向沿海工业基地靠拢，这使沿海几个大城市原来就紧张的基础设施更加失调。这个问题最突出的是上海。它远离原料、燃料资源和广大内地市场，一百多年来形成了一个工业基地和科技基地，形成了具有有利于发展国际贸易的优良港口。解放后，经过20多年的努力，发展很快，中央各部都到上海来办厂，条条下达，条条缺乏应有的综合平衡。现在上海市已建设了12个卫星城，但市区人口过分集中，非常拥挤，想疏散也很困难。所以说太集中和太分散都是偏向。到1978年，上海轻重工业的比例关系已接近1：1，而且若干重工业大型项目上去之后，往后的发展还可能发生更大的变化。向沿海大城市"挤"的这一倾向，反映出不少同志以为继续向大城市靠拢，仍然可以取得明显的经济效益，误认为这样的生产力布局和这样的经济结构是符合经济规律的。我们认为，这样的生产力布局显然是不合理的，这是片面地发展特大型的城市经济。因为生产力还在上升，这就提醒我们，要把社会主义社会生产力布局搞好，应该有计划地利用沿海工业经济的优势力量，并且创造合理改造沿海老工业城市的条件。不然的话，一串新的矛盾就会接踵而来，例如很可能就需要更多的投资来补偿过分紧张的城市基础设施。因此，布点不宜过分集中，要让它经济合理地在老工业基地的周围一轮一轮辐射开去。在内地有条件的大城市也要这样做。

3. 大中小型企业要有机地结合起来，实践证明技术经济工作还要做，而且要越做越细。

在大中小型企业相结合的问题上，我们许多小型企业的技术政策、技术路线是否正确，还值得研究。过去提出土法上马、土洋结合，先土后洋。那么由土变洋怎么变呢？国外许多国家包括美国和日本，他们那里大型工业的优势很明显，市场竞争很激烈，但是大量中小型企业能够存在，关键在哪里？这些中小型企业有一些共性：第一是产品精致，小而精；第二，它们多半是在协作条件下的专业化，如制造录音磁带、录像磁带，水平不低，小而专；第三，固定资产的负担小，技术进步了就改，"船小好调头"，小而多变，生命力很强，能和大工业挂钩的就挂钩，成为大工业的分公司、承包工厂或协作工厂。这些中小型企业如果不改造，技术一落后，很容易被打垮、倒闭；第四，从60年代大闹"公害"之后，小厂和大厂一样，很注意资源综合利用，净化"三废"，保护环境，小而洁。即使因此要增加点投资、影响成本，还是不致亏损。总之，他们的中小型企业有生命力是因为小而精、小而专、小而变、小而洁，结果是能小而赚。我们的五小工业，上马前后，很少讲究技术路线，也得不到确有成效的帮助、改造，产品粗制滥造，小而粗；其次是被迫搞小而全；还有设备、产品多少年不动，"十年一贯制"，"二十年一贯制"，小而僵；再就是多年来劳动保护、环境保护的欠账太多，小而劣。这样小而粗、小而全、小而僵、小而劣，其结果是只能小而亏。到了70年代，许多小钢铁厂、小化肥厂，每年还要国家大量补贴。国外也有小化肥厂，他们一般从大厂搞来化工原料产品，按照地区性的需要加工成化肥成品。他们的化肥与地区性土壤分析的成分相结合，与地区性农作物的需要相结合，与地区性的气候条件、灌溉条件相结合，适合土壤和农作物生长的需要，肥料长效、分解慢，真正能为农业增产服务。我们的化肥很多是速效性、易分解的小氮肥。拿碳酸氢铵来说，含氮量本来就少，如果包装不好，要分解；搬运、储存过程中还要分解；施肥以后到达植物根系之前还会有损失，最后被植物根系吸收的究竟有百分之几？我们对全过程缺乏严格的科学分析。化肥质量不大好，说是支农，实际上不完全是那么回事。小钢铁收效更差，所以在布置工业生产力的时候，这一类问题要好好解决。上马时要同时考虑如何改造，不要安于落后的技术，安于落后的流程，安于落后的产品。

4. 大、小三线怎样建设得好？

60 年代中期开始，我们加快了大三线、小三线的建设。这种建设实质上是在生产力布局上不管建设条件好坏，一概大干。在第一个五年计划时期，我们在西北开辟新工业区时，已开始感到这样的布局会带来不少问题，会影响投资效益。现在，问题更明显了。后来又由于林彪一伙的捣乱、破坏，用反动的唯意志论和极"左"路线，对待这种建设战略后方的严肃任务，渲染要什么"靠山、分散、进洞"，增加了大、小三线建设中的不少困难。有些同志说，仅仅凭着权力在手，"越野汽车转一圈"，便超高速地定下十几个工厂的厂址。有些同志说，一些完整的工厂被拆得七零八落，摆布在相距很远的山沟里，工厂内部联系的铁路、公路长达百余公里，出现了世界上少有的生产力配置模式。有的工厂被摆在洪水淹没区和滑坡下，花了大量投资去搞防洪护坡工程，还难保生产区和生活区的安全。其后果是，使不少基建项目的投资不断突破预算，损失惊人。同时，建设周期从三四年拉长到十多年，还形不成综合性的生产能力。有的工厂在投产以后，内外协作困难，运营费用昂贵，对繁荣地方经济很少有好处。这些违反自然规律、技术发展规律和经济规律的错误，不能不加以长期的调整、改造。

5. 制定正确的自然资源开发政策。

我国的能源工业落后于国民经济发展的要求。可是号称煤炭蕴藏量占全国 1/3 的山西，30 年来分得的煤炭工业投资有限，1978 年山西煤炭产量已达 1 亿吨。但是 1966～1977 年却集中了全国 40%的煤田地质勘探力量到江南贫煤区，花了大量投资，到 1978 年才换取到很少煤炭产量。苏南地区平均每吨煤投资比山西高五六倍。为了批判"江南无煤论"，在宏观分析和微观分析都没有做够的情况下，就下了煤炭生产力布局的决心，一心想扭转"北煤南运"的局面。对于石油和天然气的可采储量的复杂性也曾估计过低，以致过早下决心铺设一些远距离的油气管道，购置油轮、码头等等，影响数以百计的工厂锅炉来回改装。这样引起的损失也不小。至于铁矿、磷矿，不管品位怎样低、运距怎样远，只要认为有需要就开采，搞长距离运输；对于一些不过是中等资源的有色金属矿，则选择了过大的开采规模，势将引起矿区过早报废。这些都是违反生产力布局的原则和不顾经济效益的。

由于上面讲的这几个方面的偏差，特别是林彪、"四人帮"极"左"路线的破坏、捣乱，30 年来，全国性的投资真正形成生产能力、形成固定资产的低于 75%。许多国内外的历史性资料，都值得我们认真研究，从中探讨适合于我国国情的工业生产力布局的方针原则。现在看，比较合理的工业生产力布局的方针原则，很可能是：既要注意沿海和内地的关系，又要注意依靠若干现有的工业基地，波浪式推开，辐射式推开，经过长期努力，逐步在全国各地求得比较合理的、均衡发展的工业生产力。先在全国范围内形成一个完整的、独立的工业经济体系，先求各个经济区域建成具有各自特色的、各有侧重的、能发扬地方优势的、而又能互通有无、协调发展的地区经济体系，在几个五年计划、甚至十几个五年计划之后，在全国范围内形成几个比较完整的工业经济体系。这是因为，各省区经济发展的基础是不平衡的，应该允许发挥各自的地区优势、照顾各自的制约条件、参差地前进，而不要强求在生产力布局上齐头并进、过早追求建成各自完整的独立工业体系。在先行性的建设方面，则过早追求各个省市都建成不能回收投资的铁路网、电力网、高速公路网。我们要承认不平衡发展的客观规律，从不平衡发展中经过长期艰苦的有效劳动，去求国民经济持续的平衡发展。

二 农业生产力布局和工业生产力布局的关系

马克思在《资本论》第二卷中指出："经济的再生产过程，不管它的特殊的社会性质如何，在这个部门（农业）内，总是同一个自然的再生产过程交织在一起。"农业生产力的布局既要按照经济规律办事，也要按照自然规律办事。对于土壤、气候、水文、地貌等地区性的特点，对于农业技术的发展条件和工业为农业服务的条件，如果不全面考察，不从当地的实际出发，也不考虑自然生态平衡而又近似"无形的"后果，就很难安排好农、林、牧、副、渔的大生产和科学的专业化分工协作。农业现代化大生产，要注意生产关系的变革，但又不能光在生产关系上做文章。从生产关系上说，现在已经实行公社化，但是生产力的发展是否离开了小农经济的生产形式？精耕细作、复种套种，取得高产量，同农业劳动生产率还那么低的矛盾怎样正确对待？农业生产力布局是比较复杂的，农、林、牧、副、渔，各有各的内在规律。对复杂的事物不能"一刀切"、简单化，否则，就会违背客观规律。

30 年来农业生产力布局中的突出问题，第一个是缺乏科学化、规划化，造成了农业内部农、林、牧、副、渔的经济结构大面积的不合理，比例关系严重失调，特别由于忽视林业、草业和保护环境，使自然生态平衡遭到严重破坏。如山西有些山区和黄土高原，由于不注意种草、种树，破坏了生态平衡，使地区气候条件严重恶化，每年累计雨季缩短好几天。山西有些地区抽取地下水过多，使地下水位下降好几米至几十米。又如东北小兴安岭林区森林过量采伐，已经明显地影响地区气候。四川省岷江流域由于森林过量采伐，河流含泥沙量大量增加，也已经影响到地区气候。总之，由于我们对林业、草业注意不够，全国每年水土流失严重，土壤中的氮、磷、钾也随之流失，据测算，每年达几千万吨。是否言过其实呢？可从现在有些地区出现的大面积土壤贫瘠化，土壤中有机质下降的现象中去深入观察。这些情况告诉我们，一是林业的位置摆得不好，草业更不受重视；二是基本建设战线过长，木材采伐任务重，产生过伐的现象。大家都知道，治水必须先治山，否则水土流失太多，长江也有变成第二条黄河的危险。现在长江的泥沙含量已经增加了一倍半，如果再不警惕，后果严重。我们年年植树，可是植树不成林。为什么不搞责任林？我们的森林不多，但是，有些树木，如房前屋后的，甚至是果树，也被破坏。涵养气候的森林和公路两旁的树林也没有好好管理。我们国家土地辽阔，但是森林覆盖率很低，主要分布在东北和西南；广大的农业地区覆盖率更低，分布很不平衡。别的国家如日本，地方小、资源少，但它的森林覆盖率达到 67%。加拿大西部寒带一个林区因为采伐与抚育更新并重，几十年来木材蓄积量非但不减少而且还有所增加。这些资本主义社会能做到的，我们为什么做不到？

牧业问题也一样，一是过度放牧，二是毁草原以造粮田。有些原来水草丰茂的地方，种了粮食，破坏了植被，引起草原沙化。我国43亿亩牧草地，与美国差不多。但由于产草量少，载畜量只有他们的1/6还不到。我国只统计牧畜的头数，他们是统计出栏数和产肉率。看来不搞科学畜牧不行，不在饲料上下工夫不行。牧业要解决的问题很多，一是把生产力布置好，大面积种植优良的牧草，该牧的就牧；二是不要搞违反科学的"发明创造"；三是要有积极有效的政策措施。

农业生产力布局中突出的第二个问题是公社政企不分，很少力量全面管理农业生产。在公社干部中只有极少数人真正管理农业生产，大多数人是管行政、忙开会，加上一些不良的作风，如平调风、瞎指挥风，对作物布局、耕作制度、增产措施等，普遍不搞科学研究，脱离实际。就是有心想办好事，也难摆脱瞎指挥。

农业生产力布局中突出的第三个问题，是工业对农业的服务太差，远不能满足农业生产和农产品加工的需要。美国的农业人口，一个劳动力养五十多个人，当然美国农业现代化搞了120年。但他们并不是一开头就搞机械化，而是先从财政、金融上搞了许多扶植农业的做法。直到1920年左右，才开始搞机械化。他们平原多，但不是所有的地方都种粮食；种农作物，也根据地区特点，搞灌溉、搞肥料、搞除草、杀虫，各个地区都不一样。我们怎么办？还要根据农业需要办工业。但是我国为农业服务的工业还远未上够。多年来发展了不少化肥、农药、塑料薄膜等等，品种、数量都还很不够。美国的人口大量的也在农村和小城镇，大量为农业服务的工业也在农村和小城镇。农产品加工工业也很发达，水果加工、粮食加工等等，大量的为农业服务。我们在这方面要大力发展，不论机械工业、化学工业、建筑材料工业、电力工业、电讯工业和交通运输事业，都要高质量地为农业生产服务和为农产品加工服务，都要认真从工业生产力布局、产业结构、产品结构、组织形式、管理制度等许多方面下大的工夫。为农业生产服务的工业要上去，为农产品加工服务的工业要上去，为农民生活服务的工业也要上去，所有为农业服务的工业都可以在社队工业的基础上调整、发展。当然各级政府还需要注意组织力量，在技术上加以指导。社队工业要和促进当地的农业发展紧密联系起来。这样，社队工业才能生根和发展。这是个方向性的问题。

今后随着农业现代化的逐步实现，要大规模改造和利用自然资源，建立专业化的农业地带和各种模式的农、林、牧、副、渔基地。在比较大面积的专业化分工的基础上，在总结实际经验的基础上，把农业经济搞好，保证农民既增产又增收。因此，必须做好农业生产力的布局，以农业区域规划的形式加以合理化。有的同志说，做农业区域规划，至少可达到三个目的。第一，对全国性的和区域性的自然资源和自然条件进行普查。在这个基础上，掌握土壤、气候、地貌、水文等单项资料，以便进行综合性的区域规划。第二，针对农业各部门和每种作物的生理生态特征及其要求的自然条件，划出全国性的和地区性的、适于农、林、牧、副、渔发展的，而发展程度在各地区又有所不同的农业区域。第三，根据国家和地区对各种农产品的需要，结合考虑为农业生产服务的工业和为农产品加工服务的工业及运输事业布局等情况，拟定各个农业部门、各种农作物的部门经济区域规划。选定农业专业化地带和商品基地，规定合理的范围、规模和深度，使它们成为各具特色而又能综合发展的经济区域。同时，使为农业服务的工业发展方向明确，如肥料，有的搞氮肥，有的搞磷肥，有的搞钾肥，有的搞复合肥料；如机械，哪些地区主要搞灌溉机具，哪些地区搞耕作配套机具。农业区域规划搞好了，为农业服务的工业也能配套上来。这就有可能使各个经济区域能逐步在经济结构上走向合理，在管理制度和技术路线上走向合理，这种区域规划工作量十分繁重复杂，但这是农业现代化的基本功。打好了这种区域规划工作的基本功，农业的生产力布局才能早日摆脱盲目行事而符合客观规律的要求；才能把过去以直接经验为技术基础的、商品量很小的传统农业，逐步转化为以现代农业科学为基础、以商品生产为目的的现代化农业。因此，农业区域规划也就必然成为农业经济和农业管理走向现代化的重要基础工作。这种基础工作做好了，农、林、牧、副、渔并举，速度就可以快一点，经济效益可以好一点，人民食品结构也可以逐步起变化。我们研究生产力布局，讲经济效益，拿什么做标志呢？当然最后要看农民的生活水平是不是真正提高了。这是综合性的标志。

三　研究工农业生产力布局是一门科学

研究工农业生产力布局的生产力布局学是一门科学，是经济学的一个重要分支，是生产力经济学的重要组成部分。

生产力布局既然是个战略性的问题，就要认真地调查研究。调查我国 30 年来的经验，调查工业和农业的历史和现状，还调查外国的经验，今后，在生产力布局上，要认真地分析研究，工业和农业都要根据有利条件，尽量合理分布，这是我们社会主义经济建设的理想。但是都需要很长时期的实践和科学的指导才能逐步实现。在追求合理的生产力布局时，必须从现实的经济基础和技术基础出发，按照自然规律和经济规律，规定战略步骤，才能经济合理地分布走向这个理想的布局。

方法上，要保证现有工业基地充分得到合理利用；又要根据国家在各个时期人力、物力、财力的可能和内地自然资源开发的经济条件，确定新工业基地的开辟与建设的总规模。绝不能弃旧就新，急于多铺工业的新摊子，搞得收效不佳。现在全国在建项目几年也建不完，"胡子"工程很多。今后再不要轻易布点了，要多做调查研究，多做方案比较。我们要尊重多年来各地农民积累下来的农业生产经验，绝不要推广局限性极大的典型经验；而要深入细致地调查研究，作好农业区域规划工作，按照分区试点的经验，研究农业大生产的科学布局。相应地，分批分期地建立一大批为农业服务的工业，从而逐步解决农业现代化所需要的大中小型工业的布局问题。为此，要开展生产力布局学的研究，一步一步地做好地区布局、地点布局和厂址布局的研究。

再谈中国现代化的整体论[*]
——谈谈工业现代化和生产力经济学有关问题

前　言

　　国务院前不久对正在编制中的长期规划要求它不光是经济建设的长期规划，也要求它是整个社会的长期规划。这是对长期以来把复杂的国民经济简单化的纠正；也是对长期以来"左"倾思想干扰经济建设的纠正。这个决定很重要。

　　1980 年 6 月初，我来中央党校讲过一次"中国现代化的整体论"。主要说：现代化的概念，应该包括生产力、生产关系、上层建筑的现代化，应该是整个国家、整个社会的现代化。全面衡量现代化的水平，要看社会经济的全貌，要看全体人民物质生活和文化生活的全貌。所有自然科学和社会科学的有益知识，都应该用来为整个国家、整个社会的现代化服务，使国家、社会作

---

　　[*] 本文是作者 1980 年 12 月 10 日在中共中央党校的报告纪要。作者联系我国的工业现代化，系统提出加强生产力经济学的研究。孙冶方生前曾给予较高评价，支持建立生产力经济学学科。

为一个整体来实现现代化。为此，我特别希望要有一个实际内容的、可以切实执行的、能使国民经济持续稳定的长期计划；必要时搞滚动型的长期计划，用以确保方针政策的持续性和稳定性以及对现实经济的适应性，让我们的整个国家、整个社会从当前的实际出发，经过几十年的长期努力，走中国式的道路，分阶段地逐步进入现代化的社会主义强国的历史阶段。

今天，我再讲一点中国工业现代化和生产力经济学有关的问题。

一　对中国工业现代化的研究,要求有宏观 国民经济全局的整体观

现代资本主义社会在 80 年代说的工业现代化，是指电子计算机化的、市场经济的社会化大生产。这个电子计算机化的现代化概念是六七十年代科学技术促进生产力加速度飞快发展后形成的。从 80 年代展望 2000 年，可以预见到的远景，当然还有更新颖的内容。即使是习惯于故步自封的人，只要头脑还没有僵化，一说到我们的社会主义祖国要在当代国际环境中走出中国自己的道路来实现整个国家的现代化，也会有点时代的紧迫感。

当然，我们在看到现代资本主义社会衰而不亡、生命力还强的同时，也看到了现代资本主义的护法神们处处在提倡和宣扬工作的高效率而偏偏无法摆脱经济上衰退萧条同繁荣富庶的间歇性循环，无法解救精神文明的腐朽没落同整个社会形影相随。70年代后期，纽约地下铁道中，每夜在车站上带着衣被坐等天亮的男女多达六万余人；芝加哥大学幽美的校园边，傍晚后的社会秩序，威胁着单身行路人；东京电视的特定频道上，午夜出现儿童

回避的色情节目……诸如此类，怪不得一些好心的外国朋友提醒我们对西方现代化的模式千万羡慕不得。

我们追求的工业现代化，应该是在坚持社会主义道路、坚持人民民主专政、坚持马克思列宁主义毛泽东思想、坚持共产党的领导的四项基本原则下，学习现代资本主义国家运用的自然科学、技术科学、管理科学、社会科学发展现代化工业生产力的若干方法，在我们的社会生产力加速度发展时，相应地变革生产关系和上层建筑中不适应生产力加速度发展的那些成分，经过几十年的长期努力，才能分阶段逐步实现把我国建设成为现代化的社会主义强国这一宏伟远大的目标。

我们追求工业现代化，还要注意我们当前的起步点，有一个特殊低的"零点基础"。一方面是：10亿人口的社会主义社会，从赤贫愚昧的半殖民地半封建社会脱胎出来不过三十来年的历史，在艰苦创业的社会主义经济建设中走过几次大上大下的曲折道路，对"四人帮"粉碎前夕已经濒临崩溃边缘的国民经济实行"调整、改革、整顿、提高"的艰巨任务还有待于认真实现，陈账新欠一项一项都要一步一步还……这些不利的因素纵横交错构成我们的当前起步点。另一方面是：党的十一届三中全会规定把全党全国工作的着重点放在经济建设上来；总结30年党内若干历史问题的经验教训，将帮助我们弄清"左"倾错误的危害；总结30年来经济建设的经验教训，下决心对经济实行大调整的决策，将帮助我们把易于发热的头脑冷静下来，以便于稳步前进……这些有利的背景鼓舞着我们沉着起步。

从正反经验中去认识曾被我们触犯过的客观规律，往往更能清醒我们的头脑。30年来我们确实尝过社会主义制度优越性的甜头：从1949年到1957年左右，在经济工作中从恢复到稳步前进；从1962年到1966年出现动乱之前，在工业经济领域里基本上执行了周恩来同志所说的，"符合客观规律、经过综合平衡"的调整经济计划和正确的经济政策。外国朋友也说这两段时间是我国"执行巧妙政策"和"摆脱经济危机"的黄金时期。可是，我们也确实吃过"唯意志论"、"速胜论"和"左"倾冒进的苦头：1958 年开始的一次土法冒进，1964 年开始的一次土洋结合搞三线建设（三线建设要搞，问题在于搞法，不应该一哄而上和不顾建设条件、不顾经济效益）和各省自成工业体系的冒进，加上在十年动乱破坏之后 1977 ~ 1978 年的一次洋法冒进，不顾国情地大搞大型成套设备引进。实践告诉我们，每一次把错综复杂的社会经济问题简单化、头脑发热，急于求得摆脱有长远历史背景的贫穷落后境地的时候，"左"倾错误的理论与方法就占上风，结果是每一次都要遭受客观规律的惩罚。现在我们应该能回答了：我们不能搞"一马当先、万马奔腾"的"全民大办"，不能把"先解决有无问题"加以绝对化而对综合平衡搞数字游戏。我们不能不问资源条件和能源条件，不能不重视区域经济开发和"基础结构"建设而且从事于平均主义的工业布局，不能硬搞什么"越隐蔽越好"的三线建设。我们更不能用批条子、画圈圈来取代按严肃的基本建设程序成立项目，不能不问产业政策、不讲技术政策与技术路线、不严肃进行可行性研究与建设项目评估、测算经济效益而引进大型项目的成套设备，硬要同国民经济计划"脱钩"、"大干快上"。

一个特大型钢铁工程的所谓"战略性考察"和"战略性决策"，脱离了中国社会经济的实际，超过了 30 年来国家对一个特大城市基本建设累计投资的总数，超过了国家物力、财力能承受的可能。一期工程还在进行中就使整个钢铁工业失去了回旋余地。这项特大型工程的厂址选择、港址选择、运输方案选择、引进技术的方案选择、关键技术装备的选择、基础结构建设方案的选择、一系列配套项目协调同步的安排、同本地区钢铁工业和机械工业协作配合的安排、建设期限抢进度的规定、常年运行成本的测算、国际外汇收支平衡的预测……都缺少应有的可行性分析。向中央提出要求决策的根据是不足的。在宏观经济的长期计划制定过程中，高度发扬民主，对整个工程重新做一次综合性的技术经济论证，现在看，是很必要的。即使继续动工，也掩盖不了决策中的失误。

100套综合采煤机，13套之后又加4套的大氮肥厂，好几套以30万吨乙烯为规模的石油化工成套项目，如果单打一地粗看，都对工业现代化有好处，人为的建设方案似乎都有道理，既定的建设方针似乎都难以变动。可是综观全局，这些项目的投资额，又等于一个特大型钢铁联合企业，这样"大上"会不会使国民经济业失去回旋余地？在此同时，地方自筹资金、企业自筹资金，却在国家计划之外，自找自以为对头的投资出路，于是纱锭、烟、酒等等都近乎自流地膨胀了各自的生产能力，于是积累基金加消费基金连年超过了国民收入总额，中央财政连年赤字，靠银行透支应付，经济比例依然严重失调，物价问题日益难以控制。中共十一届三中全会的正确方针贯彻不易，经济结构调整缓慢。这些使我们更加认识到宏观经济的计划指导，必须越做越深入细致，用以代替那种用一些粗糙的概念作口号的老一套，才能把搞活微观经济的工作纳入正确轨道。当前干部思想、认识参差不齐，更使我们感到认真学习陈云、小平同志对财政工作一系列的指导思想，认真搞好财政、物资、信贷三大平衡的重要性。特别对"大干快上"洋法冒进的大型项目只能采取断然的调整措施，借此带动各地方煞住小型项目的盲目建设。

由此也可见，要研究工业现代化，必须把宏观国民经济的整体，如实地看成是不容许加以简单化的复杂事物。为什么说，当前经济工作中调整是关键、是中心，调整要为改革创造条件，改革要服从于调整，有利于调整，而几年内重点是调整呢？这个现实经济中的核心问题，《人民日报》12 月 2 日《全面实行和坚决贯彻调整方针》的社论说得很透辟："调整国民经济"，压缩基本建设规模，反对盲目建设，以小挤大，以落后封锁先进等等，"除了采取各种有效的经济手段以外，还必须进行必要的行政干预"，"要通过国家计划和颁布政令、法令，切实解决国民经济按比例发展的问题。在社会化大生产条件下，完全排除集中统一的行政领导，也就没有计划经济。没有计划经济，也就没有社会主义。"因此我们要再一次看到，研究工业现代化问题，要有宏观国民经济全局的整体观，向远处看要有明确的目标，从近处看要有清醒的起步点。

概括起来说，工业现代化，大致有五个方面的含义：

1. 机械化、电气化、化学化、自动化。按照正确的战略方针和战略步骤，运用现代的科学技术进行社会化大生产，以达到劳动生产率高、成本低、质量高、品种多，适合国内和国际市场多变的需要。然后，再进而实现电子计算机化的高级目标。这样办，并不排斥在"第三产业部门"，在某些轻工、手工业行业内，在一定的历史阶段发展必要的劳动密集型企业。

2. 使工业能为农业的工业化、现代化服务，能为国民经济各部门的现代化服务，使生产、分配、交换、消费各个领域都实现现代化。

3. 使工业能为国家的整体现代化服务，使教育、文化、卫生……社会的各个领域都实现现代化。

4. 管理现代化。这涉及合理组织生产力，逐步完善生产关系，稳步调整上层建筑，以求适应生产力发展的需要。为此，要：（1）选择准确的战略目标，制定正确的战略步骤；（2）开展科学的组织工作；（3）做好人才资源的开发、培养和使用；
（4）做到高效率的行政管理。

5. 按照社会主义的经济规律办事。主要的规律是：（1）生
产关系符合生产力发展规律；（2）社会主义的基本经济规
律——恰当地用在高度技术的基础上使社会主义生产不断增长和
不断完善的办法，来保证最大限度地满足整个社会经常增长的物
质生活和文化生活的需要。当然，"恰当"是指根据一定经济发
展水平选择"恰当"的技术经济政策。（3）国民经济按比例发
展规律。计划必须是综合平衡的。（4）价值规律。（5）按劳分
配的社会主义原则。

在这五个方面努力工作，都为的是发扬社会主义制度的优越
性，达到运用现阶段有限度的物力、财力、人力，准确地做出战
略决策，有计划地运用现代科学、技术、工程、经济、政治、管
理等等的知识，取得最大的社会经济效益，最有利于提高全国人
民的物质生活和文化生活。

二　政治经济学要联系着上层建筑和生产
力来研究生产关系；生产力经济学要
联系着上层建筑和生产关系来研究生
产力——建立工业现代化的理论体系，
对实现国家现代化有现实意义

千头万绪的现实经济问题，向国家现代化进军的长远规划
问题，要求我们处理得最多和最难于处理的是习惯上叫做"技
术经济"、"工程经济"……的形形色色课题。这类课题，既不
能直接依靠以研究生产关系为对象的政治经济学理论来解决，也
不能直接依靠技术科学理论来解决。可是这类课题，在我国经济

学研究领域中多年来很少人重视，在我国社会主义经济建设的实际工作中近乎是还缺乏理论与方法可供运用。30 年来经济建设中的盲目性，"左"倾错误的严重性，提醒我们要建立马克思主义的"生产力经济学"，用以系统地正确处理这类"技术经济"、"工程经济"、"城乡建设经济"、"区域经济"、"环境经济"等等的现实问题和理论问题。为此，需要探索的是：

（一）从正反面经验中弄清楚建立生产力经济学对实现国家现代化的意义

社会物质资料的生产与再生产是在生产力与生产关系的统一中实现的，在这个矛盾统一体中，生产力是主要的、第一位的，这是一条历史唯物主义的基本原理。《矛盾论》阐明过这个理论命题，实践也证明它是完全正确的。可是 30 年来我国的重要理论著述中，近乎是用教条主义的态度来对待它的。在社会主义历史阶段，"左"倾思想还把生产力这个居于主要地位的、"最活跃、最革命"的要素，看成是个被动的因素，似乎生产关系不变动，生产力动不了；生产力自身既没有内在矛盾产生的动力，也没有自身发展、变化的规律可循，以至于要依靠、要等待生产关系变革来给生产力以"第一次推动力"。在这种"左"倾理论思想的指导下，年年、月月、日日打主意变革生产关系，进行上层建筑的"不断革命"。50 年代在工业还没被注意到的时候，这种错误搞法先对农业下了工夫，土改后的农村经过互助组，到 1955 年大多数建立了初级农业生产合作社。这本来和当时农业生产力水平是基本适应的。刚过 1 年，农业生产力能前进多少呢？却马上就要求初级社向高级社过渡，全面实现农业合作化。结果，1956 年农业生产出现了增长速度下降、牲畜减少的征兆。实践已经提出了问题。可是对此全然不顾，到 1958 年花了几个月时间就敲锣打鼓实现了"公社化"。有的地方甚至办起了"县联社"，似乎马上就要乘"天梯"，进"天堂"了。结果，接踵而来的是农业生产力的严重破坏，农业生产三年大幅度下降。这一历史教训告诉我们：不认真研究生产力，就不可能真正尊重生产关系必须适应生产力发展的客观规律。这样不断变革生产关系，使生产关系超越生产力发展的要求，除了破坏、摧残农业生产力，挫伤农民的生产积极性，是没有任何积极作用可言的。

再看工业为农业服务的问题，也就是农业实现工业化、现代化的问题。这中间包含非常复杂的生产力经济学问题，多年来没有去展开研究，光靠"农业的出路在于机械化"这句话过日子。结果提供给农村的拖拉机，地不分南北东西，不是东方红—75型，便是铁牛—50型，都是从苏联转手来的美国30年代前设计的旧货，以后才增加了点手扶拖拉机。对农业现代化生产力体系建立的复杂性认识不足，既缺乏足够的估计，又没有做好各项准备工作。在这种条件下，又贸然提出"1980年基本实现农业机械化"的口号，而且要求各地自成工业体系、自力更生。结果是一百多个拖拉机厂、农机具厂，雨后春笋般出现了，花了几亿元投资，生产出来不少质次、价高甚至没有使用价值的东西。有的积压在库，势将变成废铁。农业机械的修配网和备品配件的供应网如何建立，没有工商结合的妥善安排。南方水田插秧、除草、收割如何经济合理地解决"三弯腰"问题，没有当做生产力经济学的问题组织综合性研究。农村社队工业如何为当地农业过关服务的问题，更是没有作为生产力的发展方向来研究。

化学肥料的生产与供应，问题更大。多年来只知道大搞"氮肥"，而磷肥和钾肥则处于自流状态，少得可怜。一个人要健康地活下去，还得按比例地摄取淀粉、脂肪、蛋白质、维生素和各种微量元素，耕地上的农作物绝不可能偏食"氮肥"就行。

搞氮肥，着意追求的又是"吨位"，而不问肥效。占全国氮肥产量一半以上的是容易分解的碳酸氢铵，本来理论含氮量才17%，经过储运中转损失，施到地里能发生肥效的才百分之几。为了这样的化肥，一年几十万人奔忙，消耗千百万吨煤炭，国家财政还得补贴几亿元。就说高效氮肥的尿素吧，大量尿素下地，在有些地区的土壤少磷缺钾的条件下肥效如何，也可以深入调查研究。搞磷肥，办法很少，甚至是借口"调动各省的积极性"，让千里外的一些省自派卡车去云贵高原的矿山中运品位很低的磷矿石。因为不选不炼，就带着百分之几十的废石一同运出，多半加上对耕地有害无益的硫酸，制成普通过磷酸钙，便算解决了"有无问题"，至于肥效低、成本高，就顾不上了。钾肥是多年不搞，老让农民靠草木灰过日子。有人对山东小化肥调查后，算了一笔粗账：由于能源紧张，分配给农民和小城镇居民的生活用煤本来很少，小化肥等五小工业大发展，就靠挤这一点点农村生活用煤，农民为了烧熟三顿饭（有时一天只做一两顿饭，其余就"冷食"了），只得烧秸秆、铲草皮、扒树皮，这就造成燃料、饲料、肥料"三料"矛盾的恶性循环。为了取得只有百分之几肥效的无机肥料，却丧失了大量有机肥料，影响林业、牧业，破坏生态平衡。这种账，到底合算不合算，得大于失、还是得不偿失？这些不都明显是生产力经济学问题吗？

再看工业生产与建设方面的经验教训。从1958年起，我们就提出了大中小型并举、土洋结合等两条腿走路的方针。其实美国、日本等工业发达国家并没有这么提，但从企业规模看，却也是大中小型并存，而且从企业个数看，又以中小型企业居多。日本大型企业占0.6%，小型企业占99.4%，美国小型企业占全部厂商的97%。从技术装备看，各种技术水平的装备也是并存的。他们的小型企业多数是小而专、小而精、小而变、小而新、小而赚。除了部分独立企业外，多数是组织到大型企业、大公司、企业集团的网络系统内，发挥小型企业的特长与优势。而我们的小型企业，特别是小钢铁、小化肥、小农机，许多是小而全、小而粗、小而僵、小而旧、小而赔。问题出在哪里呢？在于他们虽然没有提出"并举"的口号，但对"规模经济"这个生产力经济学问题，从定性到定量却都研究过，根据不同产业部门与产品的生产力的特性，有区别地选择了企业规模，还经常保护生产力向前运动，维护、更新、改造都很及时。我们尽管早就有一个大中小型并举的口号，由于没有扎实的科学研究，内囊空虚，缺乏科学根据，提口号时打的是如意算盘，贯彻执行时就满不是那么回事，往往违反客观规律。我们是让适宜采用大型设备的钢铁工业、基础化学工业办了许多小型企业；让适宜搞专业化、协作化、联合化的机械加工、电子工业、日用化工、轻工业等办了不少全能厂。这样的历史教训正说明：生产力经济学是急需建立和发展的学科，是能直接为社会主义现代化建设服务的，是有广阔前景的学科。

生产力经济学，如同政治经济学一样，也正是为了反映种种"不以人们的意志为转移的经济发展过程的客观规律"，"发现这些规律，认识它们，依靠它们，利用它们以利于社会，把某些规律的破坏作用引导到另一方向，限制它们发生作用的范围，给予其他正在为自己开辟道理的规律以发生作用的广阔场所"。①

（二）生产力经济学的研究对象及其直接为社会生产力的现代化服务

要建立一个现代化的社会主义强国，必须要求生产力、生产

---

① 见《斯大林文选》（1934～1952年），第573页。

关系和上层建筑全面现代化。具体说，社会生产力要现代化；国家管理、经济管理要现代化；政治生活要现代化；文化精神生活也要现代化。

小平同志在 1980 年 1 月 16 日讲话中说得很清楚，三中全会决议中也说得很清楚。

这就是说，国家的现代化，要作为一个整体来实现，要从各个方面来实现。各个方面的现代化是相辅相成的，是同步前进的，难以设想，其他方面在慢悠悠踱着方步而某一方面却能孤军深入地实现现代化的。而实现各个方面的现代化，都需要有自己的理论基础。例如，有人说，为了文化精神生活现代化，要求发展哲学、教育学、伦理学、行为心理学、人才学等；政治生活现代化，要求发展政治学、法学、社会学等；为了管理现代化，要求发展政治经济学、现代管理学、行政学等；而为了社会生产力的现代化，除了自然科学、技术科学的发展外，其直接的理论基础正是生产力经济学。当然，各门科学，又是密切联系，又是互相渗透的。

这里有必要专门说说生产力经济学和政治经济学两者的关系。

说到这个问题，还得联系到两起经济学领域里值得注意的论争。

一起是 28 年前斯大林对雅罗申柯的批评。雅罗申柯认为：在社会主义制度下"人们的生产关系包括在生产力的组织中"，因而可以用"社会生产中生产力组织的科学理论"取代社会主义政治经济学。[①] 斯大林严厉批评和否定了这个观点，现在看来，斯大林这个批评还是对的。但接下去，斯大林又说到："生

---

① 见《苏联社会主义经济问题》1961 年中译本，第 47 页。

产力合理组织问题、国民经济计划化的问题等等，并不是政治经济学的对象，而是领导机关经济政策的对象。"① 应该探讨的是：生产力合理组织问题，不是政治经济学的研究对象，不等于不能构成经济学其他分支学科的研究对象。生产力合理组织问题，确实是社会主义经济领导机关必须回答的问题，但这种回答必须有坚实、正确的理论为基础，否则必然陷入那种主观随意性办事的多年习惯，而马克思主义的生产力经济学正是这个理论基础。这些年我们在工业布局上，忽而遍地开花，忽而"靠山、分散、进洞"，忽而挤向大城市；在项目规模和技术政策上忽而愈小愈土愈好，忽而越大越洋越好；在能源政策上忽而指令烧煤锅炉改烧油，忽而下令重新改回来烧煤等等，把生产力简单化的例证不少都从反面证明了生产力经济学的研究对国家制定各项技术经济政策的重要性。斯大林把自己对雅罗申柯的批评，向前推进了"多余的一步"，对马克思主义的生产力经济学的发展起了窒息作用。

另一起是平心同志在 60 年代写了好几篇论生产力问题的文章，反对当时那股"把生产关系绝对化、把生产力简单化"的"左"倾思潮。后来平心竟被打成"上海三家村"、受批斗而"死在封建的、法西斯的文化专制主义之下"②。

这两起经济学的论争，启发我们对政治经济学和生产力经济学的研究对象，要重新探究。我认为政治经济学的研究对象，还是尊重马克思主义经典作家的规定，是"研究人类各种社会进行生产和交换并相应地进行产品分配的条件和形式的科学"③。

----

① 见《苏联社会主义经济问题》1961 年中译本，第 58 页。

② 见平心《论生产力问题》和孙冶方同志 1979 年 10 月为该书写的序言《政治经济学也要研究生产力》，三联书店 1980 年版。

③ 见恩格斯《反杜林论》1970 年版，第 147 页。

即研究社会生产关系的科学。当然政治经济学对社会生产关系的研究是紧密结合社会生产力而进行的。毛泽东同志在政治经济学学习笔记中曾说："政治经济学是研究生产关系的，但是要联系着上层建筑和生产力来研究。"我看，说得对。冶方同志说，这也是他主张"政治经济学也要研究生产力"的道理；他也是赞成发展生产力经济学这门学科的。我看，实际上生产力经济学的内容非常纷繁，在政治经济学内不一定都包容得了，也有必要另外形成经济学的一个分支。而生产力经济学的研究对象是生产力自身的矛盾及其运动的规律，当然这种研究也要紧密结合生产关系和上层建筑而进行的。马克思主义的生产力经济学和政治经济学，两者有密切联系，必然互相渗透，但不能互相取代；如同当前我们关于经济结构和经济管理体制的研究，有密切联系，要互相渗透，而又不能互相取代一样。

（三）生产力经济学的主要内容与研究方法及其在现实经济中的应用

生产力经济学的研究，我看可以有两条主要途径与方法。一是对生产力诸要素分别研究；二是对生产力诸要素综合研究。

对生产力诸要素进行分别研究：

（1）劳动力。劳动力是社会生产力中最活跃的因素。我国10亿人口，如何使劳动力资源丰富的潜在优势变成现实优势，是大有文章可做的。

首先是现有劳动力如何充分合理利用的问题。人口增长与经济发展要保持恰当的比例关系。过去否定这个比例关系，人口增长失掉控制。现在抓计划生育，只能限制今后人口的增长，无法压缩现有人口。面对10亿现有人口、4亿多的劳动力，如果没有正确的政策，每年新增加几百万的待业人口，不仅会成为纯粹的消费者，而且将成为社会不安定的因素，那么人多就会成为国家和社会的包袱，优势可能转化为劣势。而现在的状况恰恰是：许多人无事干，许多事又无人干。这就要求调整产业结构，提高某些轻工业、手工业、建筑业、交通运输业（包括市内运输、搬运业）、造林业、种草业、饲料业、畜牧业、养殖业、各种服务事业等劳动密集型行业的比重，使我们的产业结构适应人口众多、劳动力丰富的特点，同时也需要改革劳动管理制度，力求组织合理、指挥恰当、作业协调、效果显著。

其次是提高劳动力质量的问题。现在从社会劳动力资源的数量看，是供过于求，而从对具有专门技艺、专门知识的劳动力的需求看，则是远远供不应求。现实的情况告诉我们，并不是任何劳动力都能成为社会生产力中最活跃的因素，如果说在手工劳动的建筑工地、农田水利工地上，一个壮劳力可以顶几个下放的技术员，那么在一台自动化装置面前，十个壮劳力不一定顶得了一个熟练技术员。教育，正是在提高劳动力质量这个意义上成为社会生产力的重要因素，而且随着社会生产力的现代化，教育的作用也将越来越显著。目前我国青少年中的文盲有增无减的趋势值得注意。社会科学院农业经济研究所有同志到无锡郊区调查，像这种经济、文化一向比较发达的地区，文盲竟将近 1/4，内地和边疆地区的比重就更高了。扫盲教育问题不逐步解决，现代化势必成为一句空话。发展教育不是简单地多办几个学校，还有教育结构、教育制度、教育内容，都有及时更新等问题。现在每年 700 多万高中毕业生中只有 27 万人，即 4% 能升入大学，其余的都要就业，而现在绝大部分"标准化"的普通高中是城乡一个样，农区、林区、牧区、渔区、矿区一个样，经过"十年寒窗"培养出来的学生，分到农场、林场、牧场、渔场和矿山，有许多仍然不能适应农、林、牧、渔、矿的劳动技术的需要。这是说中等教育的教材内容不能"一刀切",在基础课之外,应该有一点因地制宜的技术课或者办点中专和职业学校。此外,现在很多大学,据说守着无形的框框,生怕影响教育质量而不收走读生,大量的教师却闲着无事干。如果换换做法,许可走读,开点夜课,如同一些教育发达的国家那样办,大专学生的数量,在保证教育质量的情况下,至少还可以扩大好几倍,当然也可能带来些新问题,但总能找到解决的办法。对这个问题,不妨进行些试点。

在职职工和成年人的教育也是个大问题。1979年年底我们在山西调查,听说不少进口的综合采煤机"趴窝"了,有些使用效率也只能达到设计能力的40%多。有的同志下煤矿一了解,原来掌子面上操作的矿工,许多是半文盲,还有不少是文盲。对综合采煤机为什么"趴窝",至少找到了一个重要原因。扫盲还构成了生产准备的一个内容。多年来提的口号是"革命加拼命"、"大干了还要大干",靠延长劳动时间,搞拼体力,不重视智力开发,实际是提倡蛮干。现在许多工厂、单位人浮于事,三个人的活儿五个人干。到底是大家泡蘑菇好?还是三个人的活三个人干,抽出两个人轮流学习培训好?

(2)劳动资料。马克思对劳动资料有狭义与广义两种解释。狭义的解释是:"劳动者置于自己和劳动对象之间,用来把自己的活动传导到劳动对象上去的物或物的综合体。"广义的解释是:"除了那些把劳动的作用传达到劳动对象、因而以这种或那种方式充当活动的传导体的物以外,劳动过程的进行所需要的一切物质条件都算作劳动过程的资料。"① 除了在手工劳动时,人以自身的肢体和器官作为生产工具和劳动手段外,绝大多数的生产工具和劳动手段,都是经过人类劳动加工、被"制造出来的

① 见《资本论》第1卷,《马克思恩格斯全集》第23卷,第203页。

生产力"。① 如何充分有效地利用已经"制造出来的生产力"？如
何经济有效地"制造出"新的生产力？是很值得研究的两大问
题。也就是生产和建设如何取得最佳经济效益的问题。

1979 年底我们的 40 万个工交企业，已经拥有 4000 多亿元
的固定资产。有一部分利用效果好，相当大的一部分利用效果不
很好，甚至有一部分利用效果很不好。突出的问题：

一是："超期服役"。这包括从旧中国接收下来的部分工厂
和设备，以及我们在第一个五年计划时期建设的、以 156 项为中
心的一大批工厂与设备，距今最短的也有二十几年，长期没有更
新、改造，一贯带病作业、超期服役。有的只靠多次大修来复制
古董，钱没有少花，技术性能不得改进，造成能耗高、原料材料
单耗高、产品质量低、品种规格几十年始终一个样。以工业锅炉
为例，现在全国近 17 万台工业锅炉，几乎年年由用户搞锅炉大
修、"改造"，"豆腐早已盘成肉价钱了"，但技术落后面貌并未
改观。有的同志计算过，如果把现在一些中压电站锅炉改成高
温、高压锅炉，不用几年时间，节约的燃料费，就可以把投资收
回了，而现在这些中压锅炉仍在超负荷运行。中国老百姓生活艰
苦朴素惯了，对穿着来说，有句话叫做"新三年、旧三年、缝
缝补补又三年"。这种办法搬到机器设备上来用，恐怕会拣了芝
麻、丢了西瓜。

现在对 40 万个现有企业不明确看成是我们搞工业现代化的
前进根据地。有几年是惯于对付着维持生产，批"潜力到顶
论"，想方设法挖潜力，似乎"潜力无穷论"总比按科学办事
好，"左"总比右好；不给条件而能背着任务回去的就是听话的
好干部。这种"左"的影响至今还有余波，其极端便是守着烂

① 见马克思《机器 自然力和科学的应用》1978 年版，第 5～6 页。

摊子拼设备。

二是"简易投产"。这是 1958 年以后冒出来的问题。为了提前报喜，尽快取得"宣传价值"，许多工程按设计规定还没有完工就移交生产，美其名曰简易投产。电站还未并网送电，先亮一下灯泡，算是象征性发电。设备还未成套联动运转，也可用外来的中间产品先出一点成品，算是象征性投产。这些发一则新闻，就能抢先立功。对这种缺胳膊少腿的早产畸形儿，工厂是很头疼的，生产无法正常进行，还得擦"基建"的屁股。有的工程十几年擦不完，还有的工程老验收不了就吃"老基建"。

一句话，对于这种勉强形成的生产能力，如何让它先天补足，后天协调起来，上级机关不能是"铁路警察，各管一段"，需要全面弄清情况，分步骤解决。

问题更多的是如何经济有效地"制造出"新的生产力。机械工业部门出产的机器设备，要根据经济合理的工厂设计，通过建筑安装、进行基本建设，才能变成"劳动资料"。这方面我们花的冤枉钱多得惊人。基本建设系统有一笔总账：从 1952 年到 1978 年，全国基本建设投资中形成固定资产的只占投资额的 68%，已经建设银行核销的亏赔、报废等损失就达 11%。同一时期，工业投资平均回收期十年，比日本的三年、美国的四年、苏联的五年都长。从"一五"以后，我们的投资效益明显下降。以建设周期看，"一五"时期大、中型建设项目的平均周期为 6 年，"四五"时期以来平均为十一年半，延长了近一倍。工程造价，也普遍提高了近一倍。如吨钢综合能力投资，"四五"时期比"一五"时期就增加了 85%；同期吨煤投资也增加了 112%；每公里新建铁路造价增加了 238% 等。为了扭转上述情况，提高基本建设投资效益，就需要对基本建设计划、项目分析、勘查设计、施工准备、建设施工、设备安装、生产准备直至竣工验收、试生产，整个劳动资料形成的全过程进行生产力经济学的研究。

（3）劳动对象。概括地说有两大类。一是没有经过劳动过滤的自然物；一是经过加工的，实际即各种中间产品。现在着重谈谈前者。过去一直说中国地大物博，严格讲，这样说是不精确的。以煤、锑、锡、稀土等而论，确实是丰富的；但铁矿储量不算多，而且贫矿居多，难选的赤铁矿也不少；石油、天然气还缺少丰富的后备基地；而像钾盐、铬矿、金刚石等则至今还是短线、缺门品种。以森林覆盖率和木材蓄积量而论，按人口平均少得可怜，在世界各国中是倒数第几名；草场资源数量有40多亿亩，但质量差，产草量和载畜量低。在现代化建设中，如何勘探、开发、利用、保护资源，保证正常的采储比、采掘比等，为国家制定资源政策提供科学依据，是生产力经济学的一项重要任务。

"生产力里面也包括科学在内。"① 自然科学、技术科学的成就，通过劳动资料的改进、劳动对象范围的扩大，凝结与物化于生产资料中，并通过教育，提高劳动力的技能与效率；管理科学则通过完善生产过程的社会结合，促进社会生产力的发展。有必要指出，科学这种知识形态上的生产力，要转化为现实的生产力，总要通过上述这种或那种中介环节，这样说不是低估了科学技术的作用，而是为了使它更好地转化为直接生产力。重视科学作为生产力的这个特点，才能使我们在科学研究中，注意安排好基础理论、应用基础理论和应用技术各方面的比例关系；同时注意模拟试验和工业性试验，避免把工厂和建设工地当做放大试验基地而带来重大损失。

对生产力诸要素进行综合研究：

---

① 见马克思《政治经济学批判大纲（稿）》第3分册，1963年中译本，第350页。

生产力诸要素，如果相互分割并不能形成现实生产力；诸要素之间如综合不完善，也会严重妨碍社会生产力的形成与发展，生产力经济学的一项重要任务，正在于寻求生产力诸要素之间的最佳结合。最佳结合，存在于宏观领域，也存在于微观领域。宏观与微观相接，组成一个复杂的、动态的社会生产力系统。这样一个巨系统，大致包括几个层次的分支系统：

（1）国民经济产业结构与社会生产力系统。

（2）各部门结构与生产力系统。这里的部门划分不按行政隶属系统而按其在社会再生产中的职能划分：能源——动力系统；各种矿产资源系统；各种生物资源系统（包括天然动物、植物和饲养、栽培的动物、植物资源）；原料、材料工业系统；机械设备与技术装备系统；其他中间产品系统；消费品生产系统；勘察、设计、建设系统；运输、通讯、信息等基础结构系统；商品流通和金融系统；教育系统；科学研究和技术服务系统；人口、劳动力控制和调配系统。

（3）以大、中、小经济中心为轴心的地区和区域经济综合体系统，即全国和各地区生产力的布局。

（4）企业及其内部的生产经营系统。

由上述各个部分系统组成的是一个多层次、纵横交错、经纬交织的、时间空间结合的有机系统整体。生产力经济学的总目标是寻求这个系统整体，即整个国民经济总体的最佳状态。为此，既要防止集中过多、统得过死，宏观比例失调，微观不拨不动，宏观效益与微观效益都差的情况；也要防止放松宏观控制，各分支系统微观效益相互抵消的情况。这是生产力经济学以现有生产力作为研究对象，开展在国民经济诸领域中多层次的应用。

（四）还要建立生产力经济学的分支学科

生产力经济学更以正在变化中的、正在"制造"中的或者说正在建设中的新生产力作为研究对象，而且是联系现有生产力进行综合研究，开展在国民经济特定的基本建设领域中多层次的应用。为此，它还需要建立如下的分支学科：

（1）技术经济学——研究各个发展阶段的、各个不同经济部门的、各个不同经济地区的产业政策、技术政策和技术路线。

（2）工程经济学——研究某一发展阶段准备新建设的项目，进行项目分析；也研究正在建设中的项目，特别对建设周期长的大型"在建项目"要滚动地分析论证，这些就是所谓建设项目和在建项目的可行性研究或可行性分析。

（3）生产力布局学——研究多层次的区域经济规划、城镇建设的经济规划和厂址选择的经济分析。

（4）环境经济学——研究环境的开拓与保护和生产力相互间的经济关系。

所有这些生产力经济学的分支学科，都是为了同一个目的，即"投入"有限度的人力、物力、财力，"产出"最大的经济效益，为人民谋福利。

我想只要坚持一切从实际出发，把深入分析和高度综合两者紧密结合，马克思主义的生产力经济学一定能在政治经济学的指导下扎扎实实发展起来，对我们搞好国民经济的"调整、改革、整顿、提高"，对我们实现国家现代化的长远规划，都会做出贡献的。

谈经济发展战略 [*]

一　为什么要研究经济发展战略

毛泽东同志在《中国革命战争的战略问题》中概括地说明了战略学与战役学、战术学的任务及它们的区别与关联。经济规律同军事规律不一样，可是借助于战略和其有关联的概念却使我们得到启发。按照毛泽东同志对战略学的定义，我们可以说，经济发展战略是研究经济发展全局的规律性的东西的，它要照顾各个阶段，各个局部之间与带关联性的内在规律。所谓经济发展全局是相对而言的。在研究世界经济发展的规律时，我们把世界经济的发展作为一全局。在研究一国国民经济的发展规律时，我们把国民经济的发展作为一全局。一个经济领域，如生产领域、流通领域、建设领域；一个经济部门，如冶金工业、石油化学工业、机械制造工业、纺织工业、轻工业；一个经济区域，如把江

　　* 本文是作者 1981 年 9 月在北京技术经济与管理现代化研究会和基本建设投资效果学术讨论会上的报告纪要，曾对研究经济发展战略的必要性和方法论作了系统的说明与澄清，足证要建立一个新概念是十分不易的。

西省这么一个行政区域作为一个经济区域来考察，如把上海市这么一个大都市作为一个经济中心来考察；一个江河的流域，如把长江流域作为一个经济区域来考察，这个经济领域、经济部门、经济区域或经济中心，乃至江河的流域，都可以是经济发展中的一个全局。一个联合企业，如石油化工—化学纤维—塑料—合成橡胶的联合企业；一个网状经济组织，如电力网或商业网，我们也可以把它作为经济发展中的一个全局来研究。经济发展战略的研究就是这样多层次地研究宏观经济的全局性的东西，找出内在联系，分析外部条件，发现和运用客观存在的规律来指导我们的经济活动，形成一套理论与方法，就可以在经济发展中减少盲目性，避免大错误，做到像恩格斯所说的从"必然王国"走向"自由王国"，取得行动的"自由"。这样，社会主义优越性才能真正发挥出来。

有的同志把发展战略看成是决策者的事情。我们不是决策者，那么，有没有必要来了解战略性问题呢？我看是有必要的。我们在一定的岗位上执行政策，应该根据科学的理论与实践的经验，发表自己的意见，发扬社会主义民主，通过恰当的方式，针对新情况、提出新问题、探讨新方案，做出新建议，反映到各级决策层那里去，使经济发展战略的决策更完善、更恰当。对于避免或纠正某些重大失误，是能起到重要作用的。古人说，"不在其位，不谋其政"；现在看，我们为了关心全局、照顾大局，对党对人民负责，恰恰应该多关心经济发展战略。

毛泽东在说明"要求战役指挥员和战术指挥员了解某种程度的战略上的规律，何以成为必要"这个问题时，有一段话说得十分精辟。他说："……懂得了全局性的东西，就更会使用局部性的东西，因为局部性的东西是隶属于全局性的东西的。说战略胜利取决于战术胜利的这种意见是错误的，因为这种意见没有看见战争的胜败的主要和首先的问题，是对于全局和各阶段的关照得好或关照得不好。如果全局和各阶段的关照有了重要的缺点或错误，那个战争是一定要失败的。说'一着不慎，满盘皆输'乃是说的带全局性的，即对全局有决定意义的一着，而不是那种带局部性的即对全局无决定意义的一着。下棋如此，战争也是如此。"① 我想，经济发展中也有十分相似的情况。

即使技术条件很好，工作效率很高，如果经济发展的战略决策不当乃至发生大失误，仍会导致全局的失败。美国、日本的汽车，一小时开一百来公里，只要有好司机、有高速公路，该是好办到的，但是大都市交通堵塞，往往一小时跑 20 公里也难。这就提醒我们，除了关心微观经济效益以外，还要关心宏观经济效益。除了注意战术问题以外，还要注意战略问题。

32 年来社会主义经济建设的经验告诉我们，每当经济发展战略决策正确，就出现社会主义经济欣欣向荣的"黄金时代"，宏观经济效益确实良好。开国初期，仅仅用 3 年时间就把旧社会留下的破烂摊子收拾到经济复苏，又用了 4 年时间基本完成了社会主义改造并开始进行有计划的社会主义经济建设，便是最好的明证。60 年代初期，执行以调整为中心的八字方针，对三年"大跃进"以后的国民经济实行"调整、巩固、充实、提高"，使 1962～1966 年克服了比例失调，经济稳步好转，再一次证明了社会主义经济确实有客观存在的宏观经济规律可循。只要能够实事求是地制定经济计划，使计划符合当时的客观情况和国民经济按比例发展的要求，搞好关照全局的综合平衡，就是说，只要经济发展的战略能基本符合于社会主义的经济规律，我们就能取得良好的宏观经济效益，从而保证社会经济走向兴旺发达。

① 见《毛泽东选集》，1951 年版，第 172～173 页。

如果社会主义计划经济不重视宏观全局、微观基层，不善于搞好综合平衡，甚至少谋武断，鲁莽从事，就会导致另一种结果。我们已经亲身经历的几次弯路，都证明了只要经济发展战略出差错，宏观经济效益就必然好不了，微观经济效益也必然上下动荡。"大跃进"便是一例，它违背了自然规律和技术发展规律，更违背了社会经济规律。"文化大革命"是又一例，它是对社会主义各种客观规律的破坏，也是严重影响各个经济领域的一场大灾难；1978年的"洋跃进"又是一例，当时在粉碎"四人帮"之后两年，国民经济早已比例严重失调到"濒临崩溃的边缘"、急需大调整，但是却要"大干快上"，对外抢签了那么多引进大型成套设备的协议与合同，到现在还难于"善后"。

《关于建国以来党的若干历史问题的决议》之所以公开地展开批评与自我批评，当然是为了全面总结历史性的正反两面的经验，拨乱反正，指明前进的方向。《决议》表明了我们党对建设社会主义经济、促进整个国家实现社会主义现代化的伟大事业充满了坚强的信心。至今为止，世界上还没有任何一个政党敢于像我们党这样科学而深刻的自我批评。这样开展批评与自我批评，也可以教育全体党员和全国人民千万要实事求是，慎于战略决策。现在我们正在又一次实行八字方针，对国民经济进行"调整、改革、整顿、提高"。我相信，只要在经济发展的战略和战略的各个方面都有正确的决策，社会主义制度的优越性是一定能发挥出来的。

前不久，我们有一个代表团访问挪威，了解过挪威的经济发展战略。这是一个四百零几万人口的资本主义小国，第二次世界大战后36年中社会主义的工党执政了30年，推行福利主义。工党政府利用挪威的丰富资源和传统的渔业、林业、水力，发展电业、远洋航运和造船业，采用扩张经济的政策，使国民生产总值每人平均达到 11000 多美元。在此同时，工党政府又把国民收入的 50%再分配给全社会，通过各种形式的价格补贴，使农民、渔民同工人的收入几乎相近。大学里的高级教授和低级教授工资相差不大；政府机关工作人员分为 36 级，而最高工资只为最低工资的 4 倍。他们享受了资本主义世界 60 年代的繁荣与发展，表面看，三大差别也小了。可是一碰到 1974 年的石油危机，挪威经济就动荡了好几年。直到英国在挪威的北海大陆架上开发出油、气田，把石油和天然气用管道送到英国，挪威靠抽取资源税和所得税，其总数相当于 4000 万吨石油产值的 75%，才渡过了经济危机，维持住福利政策的开支，可见，在一个国家之内，光靠社会民主主义的经济发展战略并不能消除资本主义的基本矛盾和经济危机的因素。

我们自己的几次经济起伏，是严重的战略决策失误造成的，是急于求成的"左"倾指导思想带来的，也是违反了社会主义经济发展规律的。即使如此，光从这里也无论如何得不出什么社会主义不如资本主义优越的荒谬结论来。60 年代中期，当第一次八字方针明显见效时，周总理几次总结"调整、巩固、充实、提高"的经验说，一靠尊重科学规律，二靠搞好综合平衡，社会主义经济就能摆脱困境、纠正错误、走向光明的未来。我们也可以说，最要紧的是宏观经济发展战略要正确决策。只要经济的全局活了，以企业为标志的微观经济就能有条件欣欣向荣了。

由此可见，研究、制定和执行正确的经济发展战略是一件十分重要的事情。

二 经济发展战略的一般性问题

这些问题应该是关照经济发展全局的问题，因而是考虑经济发展战略的基础。比较重要的问题有：

（一）对国际国内经济形势的估量

进入 80 年代之后资本主义世界经济将是相当长时期的滞胀。这是在六七十年代他们有过一阵发展之后的滞胀。日本官厅经济学派的一些代表性人物认为要摆脱这种滞胀困境绝非三两年能办到的事情。因此他们说："60 年代日本经济起飞是千载难逢的好机会，是靠朝鲜战争和越南战争发了横财，取得了美国让给日本的轻重工业的国际市场。但是时机一过，国际市场的容量毕竟是有限的，无非是在激烈竞争中挤，除了能源之外，谁也想多卖一点，少买一点，谁也想搞些保护政策，因此只能想方设法挤，即便挤，能挤到手的也有限。"这是他们对国际经济形势的估量和对外贸易的方针。我们人口多、底子薄，在多年多次遭受帝国主义侵略之后，解放后还顶住了两次帝国主义强加给我们的战争——抗美援朝和援越抗美。再加上长期闭关锁国，现在看，对外贸易出路大的，一是能源，二是劳动密集型的产品和技术密集型的机电产品出口。至于引进外资和引进技术，则吃亏已不少，关键在于对国际市场信息欠灵，判断欠准，决策根据不充分，管理制度有缺陷，工作效率低，总结经验之后认真改好需要一个过程。因此，我们应该学会冷静分析变化多端的国际经济形势，着眼于有组织地进入国际市场，先让有传统对外贸易基础的沿海经济中心进一步扩大对外贸易，多得外汇，支援进口，带动后方的内地。

对国际经济形势的估量是同对国际政治形势的估量分不开的。在战争与和平问题上，估量是否恰当，往往使国内经济工作受到极大的影响。为此我们一定要保持头脑清醒。一方面我们看到毛泽东、周恩来同志执行革命外交政策，反对霸权主义，对于推迟第三次世界大战的危险，确实起了很大的作用。另一方面我们也执行过林彪之流的"钻山钻洞术"，这反映了我们没能摆脱他那种军事失败主义，夸大并照搬越南战争中消极防空经验的指导思想影响。乃至把许多迁建工程项目执行鸵鸟政策，投入多、产出少或者有投入、无产出，使国家遭受很大损失。为了改变有关现状，我们还得采取大量补救措施。

对国内经济形势的估量，必须坚持从实际情况出发，把深入分析和高度综合的方法紧密结合起来，多谋善断。"大跃进"的起因，在于错认农业已过了粮食关，以为"腾出手来"动员全国丰富的人力资源大搞土法炼焦、炼铁、炼钢，就能迅速解决钢铁材料这个短线，就能带动各项现代化工业全面发展。也在于同脱离生产实际，蔑视科学技术和经济规律的思想方法有关的。至于"文化大革命"中的混淆敌我，颠倒是非等等的极"左"路线，已有了历史结论，更不用多说了。不然，32 年经济建设的巨大成就还会大得多。无怪乎有的同志说，每当经济形势好转，我们便在生产关系上搞"不断革命"，使社会主义经济遭受严重灾害。这样以革命代替建设的教训，是重复了又重复，问题首先在于对形势估量错了。这样的"审势"错误便导致战略失误，实在不能再犯了。

（二）对国情的分析方法

反映经济的实际情况要有足够的科学数据。经济发展要看自然条件，也要看经济条件。说自然条件，我们不能只停留在中国"地大物博"的总概念上。全国 960 万平方公里的土地，要分析清楚：多少是高寒荒漠开发较难的地区，多少是可利用的山水林田而又要区别对待的地区，多少是人口过于密集需要合理调整、科学地安排的地区。同样是宜农的耕地，要按土壤、气候条件，安排不同的作物，并根据土壤分析，缺氮补氮，缺磷补磷，缺钾补钾，缺微量元素补微量元素，缺有机质补有机质，缺什么补什么，避免单打一地施肥与经营。同样是常年干旱的北方17个省区，水资源的实际情况到底怎样才能保持恰当的动态平衡，是周恩来同志生前最关心的问题之一，要分区规划，有一个科学的解答。地下矿产资源的分布总是不平衡的，我国拥有优势的矿藏，大致有煤、钨、锑、钒、钛，若干稀有金属与稀土金属等等。那些有"特殊战略价值"而有的国家正在大搞"战略储备"的矿产品，该怎样考虑正确的出口政策并加快实现精加工后再出口以取得较高价格，值得认真研究。现有已探明储量的铁矿中，贫矿多，难选矿多，该怎样办？石油、天然气还缺少大规模后备基地，海上大陆架的石油资源要开发到手，还得花几年建设过程。钾盐、铬矿、金刚石等要解决短线缺门，该怎么办？都得正确对待。对于一些宝贵的资源，在没有做够勘探工作之前，盲目决定扩大开发规模，有矿就猛开，竭泽而渔，只能招致不可弥补的浪费与损失。地面上可再生资源，包括森林、牧草都不应过伐超载，必须合理规划，科学地抚育更新，力求扩大覆盖率。对于各地工农业的生产、建设、流通、金融、财政、教育、卫生、服务等领域的动态，城市集镇的分布，都应该调查清楚，做到"心中有数"。人口，既是劳动力的资源，又是生活消费的市场条件，平均生活水平和需求的地区差异与民族差异，都得具体调查分析，弄清不同历史时期的特点。总之，我们这样一个社会主义大国，只有逐步加强和健全调查、勘测、勘探、统计、规划的各个环节与体系，才能做到科学地深入了解国情，据以制定区域规划，全面考虑经济开发的战略。任何盲目布局、破坏资源、破坏环境、破坏生态平衡的经济开发，只能导致付出了巨大代价而得不到应有的经济效益。这样，非但得不偿失，而且带来灾难性的后果。只有深入了解国情，才能做出趋利避害的经济发展战略决策。在这里，方法对头的调查研究是基本功。

（三）经济发展战略目标的选择

我们社会主义的社会制度，各民族悠久的历史传统和 32 年来社会主义经济建设的丰富经验，幅员辽阔又因地而异的自然地理和经济地理所构成的国情，以及对现实的经济形势的正确估量等等，决定我们要科学地制定经济发展战略和正确地选择计划目标。我们要有所作为，必须解放思想，但思想解放不等于唯意志论；必须有远大目标，但目标远大又应该切实可行；必须深谋远虑，但深谋远虑绝不是顾虑多端。"大跃进"时期，我们议论钢铁的中长期指标，一说"解放思想"、"风格要高"便一天一个数，三天内从 4000 万吨一直抬到 1 亿吨。1978 年议论中长期计划目标，一说"四个一点"，便想搞二十来个鞍钢同十来个大庆油田配套。另外一个极端是一说"压缩规模、综合平衡"便是老一套水平法，大家打七折，再讨论还价，连国民经济的薄弱环节也同等待遇，顾不上深入考虑逐步调整投资方向、以求经济结构合理。诚然，经济发展战略问题是十分复杂的，而问题往往是首先集中在经济的比例关系、发展速度、建设规模、投资方向、生产力布局等等宏观经济方面。但是，不同的发展阶段，变化了的形势和国情，都要求选择不同的经济发展战略和不同的目标和实施步骤，也就是有个道路问题。如果说建国初期，我们"优先发展重工业"是必要的，那么 1956 年《论十大关系》中决定调整重工业同轻工业和农业之间的关系也是必要的。同样，在以调整为中心的第六个五年计划期间，就该综合性地对这些战略问题考虑得更复杂一点才能照顾好当前的全局，特别是要讲究社会经济效益、有效积累社会主义的建设资金、有效提高人民物质生活与文化生活的水平。

（四）技术经济政策要成套、要可行

一个骨干企业的工程设计，一个城市集镇的规划与发展，一个经济区域的发展规划与分阶段治理，一个国家的社会经济长期计划的实施，都要考虑成套的技术经济政策，组织综合性的技术经济论证，提出同工业发达国家相似的可行性研究。提高劳动生产率同增加就业率的关系，提高资源综合利用的深度同增加技术装备投资的关系，诸如此类都要瞻前顾后，配套研究，而且引进一个巨型项目的技术装备，对地区经济的关系，对部门经济的关系，对国民经济的关系，确实要全面衡量"天时、地利、人和"的相互关联。对于一个工业发达的资本主义国家是可行的企业规模、电子计算机网络化的装备、取诸于国际市场的原料、在现代化管理条件下的高利润生产情况，对于我们是否都可行，这些是很值得认真分析的。到了设计定局了，设备到货了，现场设施成形了，再来扭转被动情况，是十分困难的。为此，我们一定要有一支高水平的、善于进行技术的、技术经济的、综合经济分析的骨干队伍，组成高级权威性的方案论证和设计审核机构，一定要把前几年决策在前、论证在后的工作方法改变为论证在前、决策在后，这样尽量深谋远虑，才能变得主动一些。至于城镇规划、经济区域的开辟，更得从经济发展战略出发，谋定后动，分批建设，做到分期收益，逐步完成照顾全局的经济建设。

三 经济调整时期经济发展战略的特殊性问题

（一）怎样处理消费和积累的关系，效益和速度的关系？

我们长期搞高积累、追求高速度，可是为什么人民生活提高了而又不那么快、不那么理想呢？问题在于在高积累、高速度的

掩盖下，缺乏高效益。许多工程项目，在建设过程中，当然是要"在较长时间内取走劳动力和生产资料，而在这个时间内不提供任何有效用的产品；……"① 因此从宏观经济看，建设规模是受经济发展水平制约而又是有一定限度的。我们的问题出在哪里呢？往往在于超出了这个限度。例如，在建项目多了，在建周期长了，在建规模大了，在这段时间投入多而产出少，在某些领域内几乎只有投入没有什么产出。建设项目不配套，建设计划进度不同步，形不成综合性生产能力，不能按计划配套投产"提供生活资料和生产资料"，不少项目见不到受益的效果。在上述情况下，大量投入资金，大量投入建设项目需要的机电设备，大量投入为建设所需要的土木建筑劳动量，但却没有真能扩大"生产"的能力，不能导致经济的良性循环，时期长了，即难以为继。我们多年来取得的高速度，是对人民生活实惠不够多的高速度。在探讨积累率以多高为宜时，有些同志举第一个五年计划时期的情况来比，我也认为可以参考。可是有些日本经济学者以60年代的日本为例，认为更高积累在适当条件下是可以办到的，是有好处的。我看实质上不如探讨在高积累时能否保证取得高效益。如果高积累而没有高效益，那么，这样的高速度并不是我们所需要的。在调整经济时期，轻纺工业要上去，基本建设压缩了，因而机电工业任务不足，薄弱环节的能源和交通运输勉强应付了当前的局面，两相消长，速度低了一些。但往远处看，为了加强能源和交通运输等薄弱环节，仍得多搞若干周期较长的基本建设项目，把它们需要的设备、设计和建设及早安排五六年甚至七八年，那么机电工业也能上去一些，国民经济发展速度才能持续稳定而略高一些。如果投资效益好，把这些薄弱环节补足了，

---

① 见《马克思恩格斯全集》第2卷，第396页。

国民经济中的农、轻、重才能按比例发展，速度才能再高一点。因此，在确定积累率时，要认真考虑经济效益问题。应该说这些问题是可以解决的。

（二）怎样加强薄弱环节、调整经济结构？

比例失调严重，是在"左"的错误影响下又受到林彪、"四人帮"之流干扰、破坏，长期没有搞好综合平衡，违反国民经济按比例发展规律的结果。能源工业落后，材料工业和制造工业孤立发展而且能耗过多，其综合性的影响便是不能充分发挥现有企业的生产能力。运输上则沿用了苏联大陆运输靠铁路的方式，不把沿海沿江的地带作为一个经济区域，靠水运来统筹安排，而且农村要求的短途运输任务也大量压在铁路上。现在是在一定程度上高能耗工业让路，轻纺工业上升了。可是能源工业、交通运输事业等等薄弱环节要加强到适应国民经济全面协调发展的需要，要有一个过程，而前些年在这些方面的安排是不足的，事实上有些地区性的能源危机出现后在短时期内很难妥善解决，有些还在潜伏着，如果建设领域内投资方向不作政策性的改变，国民经济结构要作根本性调整在几年之内也不容易办到。要完成这样的任务，需要一个较长过程。当然，我们要努力缩短这个过程。有重点就有政策，靠政策才能解决问题。我们应学会冷静地对待物质生产要求按比例进行的这一数量性规律，更要十分重视时间这个因素，要抓紧时间在调整中尽早加强薄弱环节。否则需要重工业再迅速上去的时候，轻重工业同时挤能源、挤运输的现象又会出现。

（三）集中资金多搞新建项目为好，还是在工业改组、企业联合的基础之上对现有企业有计划、有重点地多搞技术改造为好？

从经济建设的理论与方法上讲，这就是要处理好搞外延性的

"基本建设"来扩大再生产与搞内涵性的"技术改造"来扩大再生产的相互关系问题。50 年代时期，开始社会主义建设时，基本上没有什么工业基础，所以想方设法集中资金搞"基本建设"还是正确、可行的。那时"基本建设"的内容是包括恢复、改建、扩建、新建，而以新建为主。"一五"时期以后，工业基础越来越大了，有的同志就感到对老企业的改造照顾太少，长此下去，企业之间会形成新的新、老的老的局面。折旧率本来就低，折旧基金又统统上缴，统一分配，挤出来多搞基本建设，而"基本建设"又不过是铺新摊子的代名词。不可否认，老企业在几种情况下潜力不小，一是管理落后，工作效率太低，需要整顿、改革；二是外部条件所限，任务不足，需要调整；三是设计落后，需要把"卡脖子"处捅开来；四是建设不配套，需要填平补齐；五是超龄服役的设备需要更新；六是过时的工艺流程需要改造；七是过时的产品需要换代。现实的情况是：具体问题应该具体分析，搞针对性的具体措施。现有 40 万个企业总起来说，应该成为我们实现工业现代化的前进根据地。对它们早该有计划地实行设备更新、技术改造、产品换代，或者填平补齐，搞内涵性的扩大再生产。过去我们规定新建、改建、扩建、恢复都属于基本建设；开发新技术、新工艺、新产品、设备更新、技术改造都属于技术设施。实际上两者划分不清，而过去的习惯是利用多种渠道来的资金搞基本建设。时间长了，设备老不更新，技术老不改造，产品老不换代，现有企业陷于抱残守缺、能源消耗大、原料消耗多、品种规格质量问题不得解决的困难境地。同时，为扩大再生产服务的机电工业，却因为压缩基本建设规模，技术改造又无具体安排而接不到足够的生产任务。轻纺工业、耐用消费品工业上去了而机电工业、冶金工业等基础重工业速度慢下来了。这种局面必须改变。因此，对能源工业、交通运输事业等薄

弱环节要靠基本建设来加强，这些方面的建设项目该续建的要续
建，该新上的要新上。对节约能源（如锅炉改造、压缩烧油）、
提高出口竞争能力的技术改造应该在有关行业合理的改组、有关
企业合理的联合的基础上，有计划有重点地进行。要使轻纺工
业、耐用消费品工业和机电、冶金、重化工、建筑材料等基础重
工业两头搞活，为经济的良性循环创造条件，国民经济发展的速
度就可能安排得更好。

（四）在开发新区和老企业技术改造中如何合理调整生产力布局？

对于内地和沿海的关系，要按照《论十大关系》的原则考
虑。对于遍地开花，不就原料，不就市场，不就运输条件，不就
技术基础，不就协作关系的布局，实在不能再搞而应调整。对于
不顾大局，垄断地方的原料，以小挤大，以落后挤先进的盲目建
设，应该继续加以纠正。一个大国的经济发展，在地区上总是不
平衡的，应该在充分考虑自然条件和历史条件的基础上科学地划
分经济区域，很好地发挥各个经济区域内各个传统的和确实具备
条件的经济中心的作用，因势利导，逐步发展下去。从老企业改
造到新点布局，都要求"以最小的耗费换取最大的效益"。

（五）如何在调整中同时改进环境保护与生态平衡？

污染环境与破坏生态平衡，大都是由生产力布局不合理，资
源与能源不能综合利用，三废不能科学治理，开发缺乏"国家
利益的经济分析"等等带来的问题。不搞应搞的措施，贪图一
时的方便，忽视了长期的利益，往往因小失大，遗患无穷。不少
工厂影响了城市水源，不少市区内办起了因陋就简的街道工厂，
盲目砍伐森林与盲目开垦草原而加剧水土流失，建水坝而无视航

运和鱼类回游，过量开发地下水源而不搞循环利用和污水处理。如此等等，都是需要在调整中采取措施解决的问题。我们绝不能怕工作量太大而不着手改进。不然，将给子孙后代带来祸害，当然，有时对环境保护与生态环境作补救和改造是要多花些投资的，但不一定就是赔本的事，这里也要认真做好宏观经济分析同时结合做好微观经济分析，努力提高经济效益。

（六）怎样处理提高经济效益同时加强思想工作的关系？

技术水平、教育文化水平和管理水平同经济效益有直接关联，这是大家都了解的。日本 60 年代经济"起飞"，有适逢其会的国际条件，有比较实用的经济发展战略，更有通过教育，通过管理刺激艰苦奋斗、逞强好胜的民族传统的一套调动内在动力的做法。他们提的口号是带有浓厚家族主义气息的，是带有调和劳资阶级矛盾性质的。挪威在二次世界大战后，工党政府推行福利主义 30 年，用经济模式来预测经济发展战略中各种变量的关系和调整其失误，有些工会却习惯于讨价还价、追求平均主义地提高福利待遇，社会上出现了懒散现象，失去了追求真理的斗志。我们在调整经济时期中，常遇见几种思想倾向。一是不相信经济调整确有必要，总想着上马比下马好，总想着宏观经济该服从微观经济，一说搞活，就越活越好，不理解我们的经济起步点既低、又受过长期"左"倾指导思想的扰乱与林彪、"四人帮"之流的破坏。即使是在停建、缓建状态之中也准备着伺机而上。二是不相信经济调整能搞好，总认为那么多的困难克服不了，焦灼不耐烦，甚至丧失信心，不去探索以人之长，补己之短，便说什么"社会主义不如资本主义"。三是知道了"四人帮"粉碎前夕，国民经济已濒临崩溃的边缘，却不理解要调整好严重失调的经济全局，没有全国人民十年八载符合客观规律的艰苦奋斗，发奋努力，是不可能解决问题的。我们要走向繁荣昌盛的社会主义，只有按照《关于建国以来党的若干历史问题的决议》的精神，深入开展批评与自我批评，大力改变领导软弱无能和涣散无力的思想状态，团结合作，奋发图强，按照社会主义经济规律办事，按照正确的经济发展战略，走"调整与改革之路"。要在经济调整的同时，稳步进行经济管理体制的改革，认定目标，分阶段前进，才能把调整与改革的任务尽快完成好。为此，在方法论上，我们还要提倡技术经济学、可行性研究、投入产出分析、系统工程学、预测学、决策论等等，吸收国外数量经济学的各项成果，在马克思主义政治经济学指导下，加强生产力经济学各个分支的研究，并且开展经济区域规划的工作，为长期计划打好基础这些都是在经济管理体制稳步改进与改革中为社会主义经济建设取得宏观经济效益和微观经济效益所应该推广的理论与方法。

区域经济规划是社会主义建设
战略的基础工作[*]

一 区域经济规划对社会主义的战略意义

32 年来社会主义经济建设的实践使我们深深感到：对全国的经济建设，必须按照各地区的自然地理和经济地理的特点与差异，进行区域性的规划来配置工农业生产力和安排经济文化领域里的社会活动。这样，才能从各个地区历史的和现实的实际情况出发，统筹全局，有计划地与最实惠地发展社会主义经济。也只有这样，才能按照社会主义经济规律，制定全国的长期社会主义经济发展计划，有目的、分步骤而按比例地进行经济建设，在保证提高社会主义经济效益的前提下，取得最高的速度，全面开创社会主义建设的新局面。

我们这样一个有 10 亿人口、960 万平方公里土地的社会主

* 本文是作者 1981 年 11 月在中国生产力经济学研究会首届年会上的书面发言。开展多层次的区域经济规划，到现在还有现实意义。本文的观点已在实践中受到许多地方的重视。

义大国，不论地形、地貌、气候、水文、土壤、资源，不论民族、人口、社会、经济、文化，从东南到西北，都是千差万别的，不能等同对待。复杂的经济建设问题，更不能简单化对待。即使按照行政区域，把全国分为 30 个省、市、自治区（包括台湾省），不从经济区域的科学划分和分别进行区域经济规划入手，要搞好全国性的社会主义经济发展的长期计划，工作基础也不会踏实的。我们在社会主义建设中，要使"全国一盘棋"下得满盘皆活，必须统筹全局和兼顾各个局部（静态和动态），正确处理全局与局部的关系，做到全局照顾局部，局部服从全局，做到局部与局部之间取长补短，协调发展，才能发扬社会主义的优势。只有深入开展区域经济规划工作，才能使全国的和各个地区的经济发展，不但从战略意义上，而且从战役与战术意义上，都做到有计划性、有科学性、有现实性、有可行性。这一工作，在理论与实践上，虽然还有待我们多方面探索和开拓，可是其重要性却早已越来越为我们所认识。

这里说的"区域经济规划"这个概念，我在东京、箱根和札幌与日本综合开发研究机构的学者、专家交换过意见。他们表示只要我所说的区域经济规划是全国性的，目的是在全国范围内分区域进行规划（与治理），那么就和他们所提倡的"国土整治"在实质上是一致的。从理论与方法上说，从目标与步骤上说，我个人的认识是，特别对一个社会主义大国来说，区域规划正是全面开展国土整治的第一步，正是根据深入的调查研究开展国土整治的战略部署，正是社会主义建设战略的基础工作。

这样的区域性"国土整治"，在资本主义工业发达的日本，几十年来规划过 21 个地区，实际上比较得益的有 5 个地区，即基本成功率约为 23.8%。这正是资本主义社会制度所赋予它的局限性。在我们社会主义制度下，可以取得计划经济应该取得的经济效益，为开创社会主义现代化的新局面打下扎实的基础。

现在有些同志看到"国土整治"这么一个名词，就说这是从日本引进的；看到"区域经济规划"或"经济区域规划"这么一个名词，又说这是从苏联引进的。其实，中国经济学界很早就注意到了一个幅员辽阔的国家规划区域经济的重要意义。但在全国解放以前，由于多年侵略与反侵略、革命与反革命的战争，中国自己的经济区域如何划分、如何规划，都没有条件研究，只好利用当时的条件，研究别国经济区域的划分问题或我国历代封建王朝企图建立的"基本经济区"问题。最早在国际学术界发表的科学成果，有陈翰笙同志 40 年代写的《印度和巴基斯坦经济区域》和冀朝鼎同志 30 年代的博士论文《中国历史上的基本经济区与水利事业的发展》。陈翰笙同志在南亚次大陆实地调查了两年，还根据英国"皇家印度农业调查团"14 巨册的证词和许多重要材料，写了 30 多万字的专著。他以农业区为单位，对自然地形、农田水利、耕地方法和农作制度、土地制度与当地一般经济发展概况，做了实地考察，以此作为划分经济区域的 5 项标准。据此，他把南亚次大陆划分为 21 个经济区域，其中印度为 16 个经济区域，巴基斯坦为 5 个经济区域，后来独立的东巴基斯坦，就成为孟加拉国，实际上，它只是其中的一个经济区域。这一著作，当时受到了许多外国学者的重视，直到 1959 年10 月始由商务印书馆译成中文在国内出版。可是到 1982 年，原书的英文稿加上一大本南亚次大陆划分经济区域的地图，又在新德里付印了。可见印、巴、孟三国分别独立后，经济情况尽管有不小的变化，而这本书仍有很好的参考价值。冀朝鼎同志利用美国哥伦比亚大学的图书，阅览了 27 种中国的历代史书和中外许多参考书，写了 12 万字的论文。他观察到"中国历史上的每一个时期，有一些地区总是比其他地区受到更多的重视。这种受到特殊重视的地区是在牺牲其他地区利益的条件下发展起来的，这种地区就是统治者想要建立和维护的所谓基本经济区"。"利用基本经济区这一概念，就有可能剖析它在对附属经济区进行政治控制时成为支撑点的经济基地的作用"。他说，这就能清晰地说明中国历代王朝"政权同中国地理区划之间的关系"，如"一地区何以能一再地控制住另一地区"。这一论文，直到1981年6月，始由中国社会科学出版社译成中文在国内出版。陈翰笙、冀朝鼎的两篇专著在三四十年代能在国外写出来，的确是难能可贵的。

近几十年来，国际学术界，出版了不少研究区域经济的著作。区域经济学实质上已经发展成为一门学科。这门学科具有存在价值，正因为不同的经济区域里客观存在各具特点而需要人们认真对待的经济发展规律。具体说，治理干旱的沙荒地区，当然不同于开发潮湿的河网地区；治理水土流失的丘陵地带，也不同于调理人烟稠密的平原沃野。这是一般的常识。还有，就全国来说的农轻重比例关系，对鞍山—本溪地区却不能笼统套用。因为大型钢铁联合企业主宰那里城乡经济的命脉，影响着本国向现代化进军的基础材料工业，人们在那里势必日常研究钢铁工业的生产建设和技术改造。又如，煤矿特别丰富的山西，如何既能成为国家的能源基地，又能把省内的经济全面搞上去？条件的有利方面和制约方面应该如何综合分析？需要深入调查研究，才既能照顾重点开发能源的方案，又能全面搞好区域经济中工农商业的综合发展。再如，对江西，如何能在作为国家的粮食生产基地的同时，发展农林牧副渔俱全，储藏、加工、运输、销售都能协调办事，把地方经济搞得欣欣向荣，也需要在一个省内再分地区规划促进其上升。同在一个省内，工业已粗具规模的城市群地区，和基本上以农林牧为主的丘陵山区，由于经济结构不同，应有不同的经济发展部署。这些都是常见的实际工作问题。如果习惯于用"一刀切"的办法来对待我们这个大国的国民经济，不善于区别对待各具特点的地方经济，那么，必然在工作中带来一些不应有的损失。

外国人研究中国的自然地理，经济地理和资源开发的情况，特别在鸦片战争以来，为了推行帝国主义的侵略政策，是十分卖力的。日本军阀、财阀发动侵华战争，追求的是"农业中国、工业日本"的经济布局。新中国成立后，发现他们的南满铁路株式会社等机构为了布置掠夺性开发，以牟取暴利，煞费苦心调查研究过东北、华北、华东等地区经济。他们费的工作量不小。从煤、铁、铝矾土的储藏量到江湖滩地芦苇的蓄积量等等，所积累的资料已带有系统性。当然，这些资料要应用于我们的社会主义建设，则不仅目的不同，而且要求作为经济计划的科学根据也远远不够。

到了开始全面建设社会主义、实行计划经济的50年代，研究中国自己经济区域的划分和因地制宜的区域规划，已成为现实的需要。在当时，我们曾搬来过一部分苏联搞经济区域规划的做法。但问题在于旧社会遗留下的科学文化遗产和经济统计资料太少，而按照搬来的办法开展经济区域规划，要从全国性的大地测量、地质矿产勘探等基本功练起，要从整个社会面貌和经济结构的深入调查等基础工作做起，这些都需要比较长的工作过程，当然远水不解近渴。而且实际工作中，有时锣齐鼓不齐，要全面开展经济区域规划，客观上条件还不那么齐备，困难实在太多。为此，必须找出适合于我国国情的一套工作方法来。本来学习苏联的经济建设经验时，党中央经常提醒我们不要照搬照抄，主张"走中国式的道路"。在我们还没有经济区域规划为依据的情况下，以 156 项为中心的成批新建项目需要选择厂址、开辟新工业区和相应规划城市建设。因此，我们不得不变通从经济区域规划、城市规划，到工业区规划和厂址选择的程序。具体说，这种程序要反其道而行之，多次在选定厂址的同时开展工业区规划和城市规划，再多少考虑补做一点经济区域规划有关的事情。这样，工作可以灵活一些，但是其前提是对一个大区域的经济情况，事前的调查研究要尽可能周到一些，轮廓性的认识要尽可能搞清楚一些；对建设的决策要尽可能慎重一些，多做方案比较。这在 1953～1954 年以西安电工城和以兰州化工区为中心的工业区开辟中就都是这样办的。在吉林、洛阳、太原、包头、武汉、石家庄、郑州等工业区开辟时，也是这样办的。

可是，紧跟着第一个五年计划的提前顺利完成，就来了个"大跃进"，连这一套变通的程序也被抛弃了。"小土群"遍地开花，既宣告了经济区域规划的夭折，又宣告了城市建设规划的暂停，厂址选择与工业区开辟的主观随意性就大大膨胀。从 50 年代后期开始，农业，尽管那时已经搞过一次全国性的农业区域规划，但是在"以粮为纲"压倒一切的政策性偏差下，也不顾自然规律和经济规律了，只热衷于搞单打一的生产运动来发展粮食生产。"规划、规划、墙上挂挂，今年过去，明年再画"。城乡面貌的变化，就不再需要蓝图参考了。到了 60 年代中期，在国际战争威胁的形势下，又盲目执行过林彪"靠山、分散、进洞"的三线布局方针和追求过各省自成工业体系的均衡布局。到了70 年代后期，在"大干快上"中，又来了一次引进巨型项目向一些建设条件不尽合理的地点任意布局，至今难以善后。由此可见我国各地区域经济的发展早在二十来年前就离开了科学规划的轨道。到了 80 年代的今天，只有在执行"调整、改革、整顿、提高"的八字方针期间来补课了。补课的目的和步骤，首先要对过去长期不合理的工农业生产力布局和经济结构实行必要的调整，特别要对工业和人口过分密集、交通运输过分紧张、都市出现过度膨胀的关键性地区实行重点规划，重点整治。并且要对森林破坏、水土流失严重，容易带来洪灾的地区继续实行大面积的规划与整治。为此，还要逐步开展全国性的跨部门、跨地区、跨学科的区域经济规划工作，为适应我国社会经济发展的国土整治工作建立一套有目标、有步骤的发展战略方案。当然，为了适应全面建设社会主义，开展向现代化进军的新局面，这种区域规划工作，必须从军事、政治、经济、社会、文化等各个方面统一筹划，从上到下，组织起来缜密地行动。这绝不是那种孤立的、小生产习惯所能应付得了的。但是，目标既已明确，我们就得探讨向前迈进之道。

二 开展区域经济规划,在当前已经 具备了现实条件

（一）已有一支相当水平的科学技术力量

我们在经济区域规划工作上虽然走过了多年弯路，可是从 50 年代开始，我们在全国范围内建立的许多科学调查研究和设计的机构，毕竟都已系统地壮大起来，现在，已经成为一支有相当水平的科学技术力量。这些是当前开展全国性区域经济规划已经具备现实条件的首要依据。我们应该说 80 万科学研究工作人员和 30 万工程设计人员以及同他们配套活动的队伍，已是我国一支有相当雄厚知识力量的队伍。这种"人才"的财富在世界发展中国家里是不多见的。例如：

1. 中国科学院系统内，以我国的自然资源为调查研究对象的研究机构，就有自然资源综合考察委员会、地理研究所、土壤

研究所、地球物理研究所、地球化学研究所等等。

2. 地质、煤炭、石油、冶金、电力等等工业系统内，有各具专长的矿产地质、水文地质、工程地质的调查研究、科学试验机构与工程项目的勘察设计力量等等。

3. 农业、林业、畜牧业、水产业等等系统内，有各种专业的科学试验、调查研究、规划设计的力量。

4. 水利系统建立了长江流域、黄河流域、珠江流域等各大水系的流域规划和综合治理的科学技术队伍。

5. 铁路、水运、公路、航空等系统也都建立了勘测、调查、规划、设计和管理的队伍。

6. 国家在大地测量、地震观察、气象观察、城市建设规划、建筑业和建筑材料工业、环境保护与治理等等方面，也建立了各自的科学研究、规划设计队伍。

7. 各大专院校内还有一大批优秀的自然科学和社会科学的教学队伍，也是进行各项专业科学研究和设计技术工作的重要力量。

（二）已经积累了大量的调查资料

32 年来，依靠这些智力机构，实际上搞了许多大范围的经济调查工作，为开展经济区域规划工作积累了大量实际资料。这些资料，有待于进一步综合分析、综合研究和综合应用。这是当前开展全国性经济区域规划的现实工作基础。例如：

1. 1953～1955 年、1963～1966 年，我国两次开展过全国性的农业区域规划。这是按照各地农业当时的发展条件和今后的发展方向进行分区规划，把农业系统各部门各行业在千差万别的自然条件和经济条件下加以综合分析，科学地整理成一个个区域性的系统，因地制宜地规划生产力的配置。这一项工作，大致有三个层次：（1）对全国性和区域性的自然资源和自然条件进行普查，掌握土壤、气候、地貌、水文等单项条件的资料，为综合性的区域规划做准备。（2）针对农业各部门和每一作物的生理、生态特征及其要求的自然条件，划分全国专业性的和地区性的，适合于农林牧副渔各部门的经济发展，而且发展程度在各地区又各有差别各具特点的农业区域。（3）根据全国和各地区对各种农产品的需要，结合考虑为农业生产服务和为农产品加工服务的工业及交通运输业的布局、结构、规模等情况，拟定各个农业部门、各种农作物的部门经济区域规划，再选定农业专业化地带和农产品的商品生产基地，确定合理的范围、规模和深度，使它们成为各具特色而又能综合协调发展的农业经济区域。农业区域规划以及为农业服务的工业配套布局搞得好，就能有助于使各个经济区域逐步在经济结构上走向合理化。平常所说的宜农则农，宜林则林，宜牧则牧，宜渔则渔，也就是统筹全局、以粮为纲、多种经营、农林牧副渔、各有侧重、协调发展的具体化。现在有这一项农业区域规划，尽管深度有限，但不失为已有了良好的初步基础。可惜十年动乱，使这项工作没能继续开展。粉碎"四人帮"以后，这项工作才逐步摆到工作日程上来。

2. 长江大河的流域规划。以"千年害河"的黄河为例，黄河流域内水旱灾害频繁，历代常闹决口改道。解放后由于较全面掌握了黄河河情，重视河防，30多年来没有出现过十分严重的灾害。在上游峡谷中建成了刘家峡等好多座大型高坝水电站。这些都是大成绩。可是，中游的三门峡水利枢纽工程由于当时在苏联做的模型试验不好，我们提供的设计数据不当，方案规模过大，经济效益测算失实，在60年代不得不由中国自己的工程专家在孤立无援的国际条件下进行返工改建。下游的黑龙港工程，由于片面强调排洪的指导思想，对调济旱涝规划不周，要补救善后，问题不小。1981 年天津市缺水，不得不引黄济津，而调到天津的水量既少成本又高昂。以后才改为引滦济津而解决了问题。当然，这些有大面积影响的流域规划，必须在全面总结治理黄河的历史经验的基础上，正确拟定战略步骤和适合国情的技术政策，以逐步改善河情，进而全面整治黄河。要贯彻防洪治水先要造林治山，治黄河下游更要着重治黄河上游的长远科学规划原则，当然工作量十分巨大，现实的要求是需要进行既治标又治本的黄河流域总体治理设计，相应地安排黄河流域的城乡经济。至于长江流域、珠江流域等的规划，不论是对上游、中游丰富的水力能源开发，还是对中游、下游防洪、航运与渔业的安排等，都关系到国计民生，也都需要总结经验，整理、提高，力求妥善与安全，做到投入少、产出多，为国力所能承受，尽量节约投资、提高社会经济效益。

3. 全国矿产地质和能源勘探工作，32 年来，成就显著。大型煤矿藏，山西、内蒙古、陕西、宁夏、河南、河北、两淮、贵州等地的储量都很可观。石油的储量，在甩掉"贫油"帽子之后，能稳住一亿吨年产量，是一件大事，加上在大陆架上打探井的新发现，远景良好。在钨、锑、锡之外，铜、镍、钼、钒、钛、铝矾土、稀土金属、稀有金属等，也发现了少见的矿产资源优势。在纠正了高指标等"左"的错误之后，从我国的资源实际出发，规划好工矿区的生产力布局和相应的城镇建设应该是办得到而且做得好的。

4. 1953～1957 年和 1962～1964 年，搞过几次比较慎重的工业生产力布局和相应的城市规划。在京广线上及其以西地区，按规划建设了像兰州、西安、太原、洛阳，武汉、郑州、石家庄、包头等工业基地和新兴大城市。问题在于当年经验不足，对城市建设规划，缺乏经济的和技术的方案对比和社会效益评价，未能在经济管理体制上保证统一征地、节约用地；统一规划、分区开发；统一建设、计划分配，因而宏观经济效益不够理想，60年代中期就议论纷纷。但是城市建设比工业项目、工程项目的建设，需要跨部门、跨学科综合考虑的问题更为复杂。后来由于停止了城市规划，任意布置工厂，对城市生产与生活的环境、生态平衡等方面带来的危害与损失，更为严重。沿海大城市因为失去了对规模的控制，挤进去了许多污染环境的工厂，像上海这样的大都市也出现了臌胀病。在建设条件艰巨的内地，由于六七十年代"左"的历史背景，不惜大量投资，在没有统盘筹划，没有配套工程和城镇基础设施的情况下，便主观地决策，配置了许多形不成综合性生产能力的工业项目，造成投入多、产出少甚至只投入、不产出的后果。以上正反两方面的经验，都是当前开展经济区域规划中应该认真注意的。

三　在调整与改革中结合社会经济发展的长期计划，区域经济规划工作要同时开展，并争取先走一步

党中央、国务院一再指出我国的经济要"走调整与改革之路"，为此决定往后相当长的一个时期要继续贯彻执行"调整、改革、整顿、提高"的八字方针。中央书记处1981年在关于"搞好我国国土整治"的决定中指出："建委的任务不能只管基建项目，而且应该管土地利用、土地开发、综合开发、地区开发、整治环境、大河流开发。要搞立法，搞规划"这是在调整、改革时期把我国社会主义经济建设引上健康发展轨道的一项重要原则。为此，结合拟定我国社会经济发展的长期计划，同时开展

区域经济规划，把各项有关国土整治的基础工作做深，是十分必要的。实际上也只有区域经济规划做得深，社会经济发展的长期计划才有充分根据。如果经过几年的努力，争取区域经济规划能早走一步，早打基础，那就更好了。

为了搞好这项区域经济规划工作，我认为要分地区做好综合性的调查研究工作，分地区做好综合性的规划设计工作，然后才能在各个经济区域内开展综合性的开发治理工作。大体上说，有八个方面的事情要有步骤地做好：

1. 综合考察。对每个省市区、每个江河流域，组织一批专业齐全的科技和经济工作人员，弄清楚大面积的和关键性区域的自然地理条件和经济地理条件，弄清楚地区性生产力布局和地区性经济结构的历史与现状，弄清楚地区性的人民文化水平、生活水平和消费结构的动态变化，弄清楚城市、集镇、农村的形式与分布，弄清楚一个地区的经济结构、同其他地区之间的经济协作关系和货物集散流通方向，然后结合全国性各专业部门经济的发展动态、判断每个地区经济结构的发展方向和调整经济结构目标的合理化。当然，还要结合当前我们这个社会主义大国，在军事上、政治上、社会文化上的需要，全面考虑。根据综合考察的资料，要求对每个地区经济得出接近实际的轮廓性认识，以便从这个轮廓性的感性认识出发，一方面安排深入的资源勘探与利用技术的研究，另一方面探索跨越行政区划的经济区域划分和做出相应的经济规划。同时，在一个行政区划之内还得多层次地划分经济区域和做出分别的经济规划。具体说，一条大河的流域总是跨省区的，有必要跨省区来规划其开发、治理与协调发展经济，而在一个省内，山区、平原、水域、大中小城市，都需要分别规划各别的工农业生产力配置和商业流通网络。这样，才能反复验证经济区域的划分是否合理。

2．综合勘探与综合勘测。对矿产资源，在普查的基础上进行重点详查，掌握和审定一个地区内多种矿产的储量。经过 32 年大量的地质工作，我国很多地区的矿产资源勘探已取得十分巨大的成就，不少地区已是扩大成果、需要补充工作量的问题。当然还有许多交通不便的地区有大量工作要做，也可安排在往后有了需要再加深工作。对水资源，在北方 17 个干旱省区，认真弄清楚重点开发地区内，地面水和地下水之间的动态关系和合理的开采方法；在南方水力能源丰富的省区，认真弄清楚重点地区梯级开发的条件和储蓄量。对可更新的资源，包括各种植物资源和动物资源，要分地区掌握和审定其蕴藏量和可开发量。对山水林田的分布面积，各种土壤的分析资料和加强地力、需要（有机与无机）肥料的配比资料等等都要做到心中有数。对水陆空交通运输需要适应经济发展而进行的工程建设要综合考虑必要的地形勘测。勘探和勘测，是规划各个地区开发治理的一项基本功，只有综合地进行才能加强计划性，才能对一个地区的自然条件和经济条件做出比较全面的评价。

3．综合利用。对一个经济地区各种资源实行综合利用、深度加工、回收联产品，以取得最佳经济效益，应该列入当前提高社会主义物质基础的经济技术政策。为此，要组织必要的科学试验和技术开发，分批分期、有计划地解决专业化生产与工业化生产的有关课题。为了珍惜自然资源，特别对于原油、共生矿物、木材等，必须反对对森林滥采滥伐，无视抚育更新；对矿物吃"富"弃"贫"、吃"主"弃"次"；对原油宝贵的一部分分馏成分由于多种原因而任其放空燃烧；对动物资源的全面加工利用；暴殄天物的破坏性生产技术路线，乃至任令弃置的"三废"破坏区域性的生态平衡、污染大面积的城乡环境。

4．综合开发。对区域开发，要综合考虑开发方案的合理性。为此要打破过去由于部门分工带来的片面性。江河拦坝截流，要考虑水力发电、航运、水生动物回游、农田灌溉、防洪防涝等各方面的利益。土地利用，要考虑宜农区的林茂粮丰和宜牧区的林茂草盛，保持水土，限制工厂、道路与城市用地，保护有限的耕地与林区牧坡，工矿区开发，要考虑建田还田、保护水源、严禁污染环境与破坏生态平衡。靠山吃山，靠水吃水，靠环境生存。任何区域的开发，千万不能搞一哄而上的大规模小生产来代替科学的社会化大生产。

5．综合规划。根据综合考察，综合勘探，综合勘测，综合利用，综合开发的方针方法，结合长远经济发展的战略，划分全国为若干个历史形成的经济区域，根据社会的需要与国力的可能，在宏观计划指导下，综合规划各个经济区域内部的经济结构、发展速度、投资方向、建设规模、生产力布局。综合规划的目标是：在对内协调比例，对外加强协作的情况下，合理发扬各个经济区域内在的优势，取得最实惠的经济效益。当前综合规划区域经济要服从调整与改革的任务，着重注意：（1）首先对现有企业实行整顿，进行恰当的改组与联合，适当调整生产力布局与生产规模，改善经营管理，再有重点地通过技术改造来提高技术水平、产品质量，在降低成本、提高社会经济效益时扩大生产能力。对于确需新建的大中型项目，不论由哪一个资金渠道安排，一律纳入国家计划，避免盲目性。（2）在沪宁铁路沿线的城市群乃至以上海为中心的长江三角洲，在辽中辽南工矿基地，在京津唐工业集中地区，乃至深圳、珠海等待开发的经济特区，以及在全国范围来说发生重大影响的十多个"基本经济区"，都要以现有城市为经济中心，在工业生产力布局上多做厂址方案对比，多做交通运输方案对比，多做中心城市建设方案对比，多做区域规划方案对比，必要时多做小区开发的设计方案，优选分期投资开发、分期收益的可行方案，避免那种规模过大的基础设施投资，避免那种并无实效的区域开发投资。甚至对于杭州的西湖，无锡的太湖、九江的庐山、桂林的漓江等等风景旅游区的开发也一样要做像这样的综合规划，求得经济实效。（3）对于为当地农业生产服务和为农产品加工服务的新行业，对于利用当地资源优势，在全国产需平衡前提下，发展轻纺工业、消费品工业、能源、交通运输、建材等生产事业，只要方向准确，应尽力扶持、认真规划。

6. 综合经济分析。从建设项目、工业区规划、城市规划，到区域规划，都要求从微观到宏观的结合，做好技术的、技术经济的、经济的方案对比和社会经济效益的评价。限额以上的项目都要编制可行性研究报告。社会主义建设资金积累来之不易，一定要对人民负责，力求避免决策失误，减少因此造成的浪费损失。

7. 综合设计。对于区域性的经济建设规划，适于开展跨行业、跨部门的综合性设计工作，要求从项目投资效益方面、从地区经济方面、从有关部门经济方面、从国民经济全局方面，进行多层次分析，都是合理的、可行的。一般讲，大都市的调整改造与扩建、地区的开发与整治、大河流的开发与整治，都是综合性的特大型工程，还需要分解为若干专项工程进行设计。

8. 综合评价与分项审核。经济区域规划，涉及社会经济的全局和各个局部地区，政策性很强。对于这样的规划方案和设计文件，其任务往往超过一个大型工程项目。因此，需要在国务院或其综合归口的委员会的直接领导下，组织综合评价与分项审核。这样的审核和机构的权威性，还决定于它能拥有或组织到权威的综合经济分析专家和各部门、各行业、各专业的权威技术专家，发扬经济民主、技术民主，举行多阶段、多层次的反复论证，对各种可行性研究文件和设计文件进行科学、公正而可信任的审核评定或补充修改。

经过这样一系列的综合性的科学工作，取得了各个经济区域静态的、动态的科学数据和可以据以实施的分区经济建设"蓝图"，以此作为国家社会经济发展的长期计划的基础文件，对于提高我国社会经济发展的长期计划的质量，指导我国社会主义建设工作，将是十分有益的。

整治国土、改造河山是宏伟的事业。为此，我们所熟悉的工作，有些需要重新开始；我们所不熟悉的工作，许多需要从头学习；我们过去所习惯而现在已不适用的工作方法，需要改变。我们必须胸有国家社会经济发展的全局，远看十年二十年的长期计划目标，近看五年八载的经济调整与改革的实际，才能着手从调查研究开始，组织建设起一支能担当区域经济规划这项新工作的队伍来。

为了摸索一些经济区域规划的工作经验，做法上不妨先搞几次范围较小的规划。例如，在经济调整为中心的"六五"期间，（1）在一个省区之内，要考虑先规划一个省区的中心地带，还是先规划一些边远山区，有较多的经济意义？（2）考虑先规划一个省区内的重点农业区域，还是先规划重点工矿区域较有现实意义？或者先规划一个跨省区的、以城市群为主的工、商、交通的关键性地区？（3）先规划重点污染的水域、保护环境以应急需呢？还是先规划重点水土流失的山区，采取适当工程并育林种草以应急需呢？（4）先规划一个大都市为中心的发展蓝图为好呢？还是从现有经济中心出发、规划一个经济区域为好？既然是区域性的经济规划，还不仅是生产力范围的问题，必然会联系到生产关系和上层建筑方面的问题。因此，必须综合性开展研究工作，针对新情况，提出新问题，探索新方法，拟定新方案，谋定后动，才能有利于规划的实施，即按照国力的可能，有计划地解决有关区域规划范围内的国土整治问题。

从生产和建设看降低成本[*]

当前，工业企业和建设部门的成本管理中，关键是提高经济效益。提高经济效益的出路，在于努力降低企业产品成本。从这个意义上看，要着重研究几个问题。

一　要明确成本构成的范围

在工业生产领域内，成本高、浪费大、经济效益差，是当前我国工业企业成本管理方面存在的突出问题。这个问题，已经在很大程度上影响着我国国民经济的调整和发展，因此，有必要认真研究和分析。

产品成本构成具有严格的理论范围。根据马克思主义的政治经济学原理，无论每一个单个产品或者社会总产品，其价值量或价值总量都可以分解为三个组成部分，即 C、V、M。所谓产品的生产成本，就是 C＋V 的货币表现，也就是物化劳动消耗与活劳动消耗中社会必要劳动部分之和。这就是我们所说产品成本的范围。在

＊　本文是作者 1981 年 12 月在中国价格学会和中国成本研究会的报告纪要。

这里，C 表示生产过程中消耗的劳动对象和劳动工具的价值，即物化劳动的消耗。V 则表示劳动者在生产过程中创造的相当于自己的劳动耗费的那一部分价值，即活劳动的消耗。在构成成本的 C＋V 之外的 M，是劳动者为社会创造的价值，即纯收入部分的价值。可见产品价值的三个组成部分之间，应该是界限分明的。

在实际经济活动中，产品的成本构成包括四个方面的内容。一是原料、材料、燃料和动力的直接消耗费用；二是为补偿机器设备、厂房仓库、公用设施等固定资产的磨损和消耗而提取的折旧费用和大修理费用；三是生产劳动者的工资支出，即再生产劳动力所需的生活资料费用；四是生产经营管理费用。在产品成本之外，应该是为社会提供的利润、税金等。

现在的问题首先出在一些企业把本来不应列入产品成本的大量开支也巧立各种名目打进了产品成本。例如，"厂内外延型"的固定资产投资，企业办社会事业的开支，污染环境的赔偿费，劳动对象和劳动工具的损失浪费，不合理的经营管理造成的其他损失浪费等等，往往都被摊入了产品成本。对这样的混乱现象，熟视无睹，习以为常，就使企业的经济核算和经济效益的分析不能正常开展。这也从一个侧面反映出长期以来"左"倾错误的影响在企业经营管理中尚未被彻底清除。因此，我们必须首先搞清究竟什么是成本，不要再把成本范围以外的费用开支继续强加入成本，否则，整顿企业，降低成本，增加利润，就无从谈起。

二　从节约直接消耗的生产资料入手来降低成本，大有可为

随着国民经济的发展，工业总产值总是在不断增加的，这样，工业产品的总成本在绝对量上也必然逐步增加。但是，假定

在总产值不变而且生产技术条件和工资也暂时不变的条件下，单独考察某一单个产品的价值，那么，C 的部分增加，就意味着 M 这一纯收入部分相应减少；反之，C 的部分减少，就意味着 M 的部分相应增加。就是说，产品的成本状况和经济效益的好坏，与 C 的部分如何变化密切相关。因此，这就说明了我们有可能从节约生产资料的消耗入手来降低成本。

在我国，由于生产过程中的直接消耗费用，即原料、材料、燃料和动力的消耗费用，大体上占工业产品成本的 65% ~ 70%，因而降低原料、材料、燃料和动力的消耗，对于降低成本就具有很大作用。本来生产同一种类、数量和质量的产品，原料、材料、燃料和动力的消耗定额应当是很相近的。可是我国同一行业、同一种类产品的生产中，原料、材料、燃料和动力的消耗水平，差别是很大的。以我国钢铁工业为例，1980 年生铁产量为 3800 多万吨，炼铁入炉焦比，先进企业为 400 多公斤，一般为 540 公斤，而有的企业却高达 800 ~ 900 公斤。缩小这个差距，对于降低钢铁部门的生产成本具有重要意义。再以我国化肥工业为例，当前年产合成氨 1360 万吨，其中小氮肥厂的产量占 54%。全国现在共有 1500 多个小氮肥厂，其中有 100 多个小厂生产 1 吨合成氨的煤耗超过 4000 公斤，电力消耗超过 2000 千瓦时。这与同类小厂全国的平均消耗水平对比，煤耗高 1700 公斤，电耗高 500 千瓦时。显然，努力降低煤耗与电耗，是这些小氮肥厂降低成本的必由之路。

如果把生产资料的直接消耗，同国外先进指标相比，更可以看出我国工业生产水平之落后和降低成本的潜力之大。以火力发电为例，1979 年全国 6000 千瓦以上电站的煤耗为每千瓦时 457 克，而一些工业发达国家只有 307 克。我们全国火电站燃料折合标准燃料为 1.1 亿多吨，占全国燃料消耗的 21.5%。如果能达到国外先进指标，每年可以节约几千万吨标准燃料。当然，在短期内要达到国外先进水平还无法办到；但是，从近期看，先把那些落后的低压、中压锅炉电站，分批实行技术改造，是可行的。从长远看，逐步开发西南、中南地区丰富的水电，并将这部分电能远距离输送到缺煤缺电的地区以代替火电也是应该考虑的。

三　提高劳动生产率、提高固定资产利用率、提高技术装备水平、提高企业经营管理水平，都是降低成本的重要途径

目前，工资的支出大体上只占我国工业产品成本的 10%。在劳动工资政策方面，长期以来，实行低工资、多就业的方针，是由我国国情所决定的。但是，由于种种原因，出现了人浮于事，劳动质量差，劳动生产率低，从而增加了生产成本。不少行业在正常开工的情况下，抽走 10% 以上的劳动力，实行带工资的技术培训、文化补课，然后让提高了素质的劳动力重返岗位，这条"智力投资"的路子看来是可行的。这样的轮训搞它几年，对于提高劳动生产率，将会大有好处。

对于提高固定资产利用率，我们缺乏科学的调查研究和合理的全面规划。过去盲目发展的若干落后企业，当然应该关停并转，妥善安排新的出路。对于正在发展中的一些耐用消费品工业企业，有的可以靠提高固定资产中的设备利用率来扩大产量、降低成本和适当安排多就业。比如说，把一班制改为两班制，或把两班制改为三班制。这种做法，棉纺织工业已有四班三运转的成功经验，可以向耐用消费品工业推广。

对于固定资产折旧费的提取和使用，长期以来经济界议论很

多。目前我国煤炭工业部门的综合折旧率为 1.5%，钢铁工业部门为 2.3%～2.9%，各种机械工业部门参差不齐，一般为 2%～5%，惟有石油工业部门达到 12%。可见多数部门的折旧率明显偏低，这不利于现有企业的设备更新、技术改造和产品换代。何况过去提取的折旧基金，又大部分投入外延型的扩大再生产，很少用来更新和改造设备。如果将企业提取的折旧基金主要用来更新和改造现有企业的技术装备，以利于对劳动对象实行深度加工，综合利用，这对于降低成本、增加利润，是会大有益处的。因此，对现有 40 万个工交企业有计划地分期分批地实行设备更新、技术改造和产品换代，是一件促使国民经济走向现代化、不容忽视的大事。

如何压缩产品成本中当前达 18%～20% 的生产管理费用，以利于降低成本，这涉及整顿企业、全面提高企业管理水平和改革经济管理体制，调整国民经济结构，进一步加强综合平衡等等许多课题。我们要进一步实行"调整、改革、整顿、提高"的战略方针并制定实施这项八字方针的总体设计，要在加强宏观控制的前提下发挥企业在质量管理、定额管理、成本管理、财务管理中的能动作用。

四 关于在工业生产领域中降低产品成本的 几个方针政策性问题

工业企业的成本管理水平，是受多方面因素制约的。除了受企业内部诸因素的影响外，也受企业外部条件，特别是宏观经济管理政策的影响。因此，我们不仅要从微观方面出发分析企业内部的经济活动，还必须研究妨碍相对减少产品总成本的宏观方面的原因，以便采取针对性的措施加以解决。当前需要在这方面认真解决的问题，主要有以下几个：

1. 指导思想问题。要切实改变单纯从"先解决有无问题"出发，不惜工本，不讲经济效益的指导思想。例如，在全国范围内，超越合理的运距去调运不经洗选的矿石和本来应能在本地区内求平衡的长线原料、材料，任意进行成本过高的加工。这是"大跃进"以后，经济建设中长期违反技术发展规律和经济规律的一种余波。今后我们考虑一切经济问题，必须把根本出发点放在提高经济效益上。

2. 生产目的问题。过去，一些企业不是为了满足社会需求而是靠统收统支、统购统销过日子，以至年年增产长线产品，增加不合理的库存。社会主义的商品生产能不能在必要的库存周转量之外，以完成商品交换的数量为计算产值和速度的依据，是值得研究的。这至少有助于压缩过于庞大的物资库存量和过多占用工业流动资金。日本年产钢1亿多吨而库存量仅500多万吨，虽说国情不同，这一情况却可以借鉴。

3. 高利润下的高浪费问题。在有些产品的价格严重背离价值的情况下，一些企业的浪费现象被由于产品价格不合理而取得的高利润所掩盖。对此，可采取收缴资源税和按国际价格核算成本等措施来促使企业制止浪费。此外，奖金不宜简单地同企业利润挂钩而要同时以如实检查生产中的浪费损失来评价企业的经营水平。对回收投资较快的一些企业，特别要注意是否存在着高利润下隐藏的高浪费问题。

4. 工资政策中的问题。用"铁饭碗"、吃"大锅饭"、平均主义地发放奖金等等，不利于增产节约和鼓励先进。有的企业，生产任务不足，周转不灵的，也能借此来搞物质刺激。如何实事求是地执行按劳分配的社会主义分配原则，需要深入实际研究。

5. 企业经营管理中的基本要求问题。目前不少工业企业的质量管理、消耗定额管理，还不及 50 年代中期的水平。应当执行全面质量管理，把次品和废品消灭在生产过程中。另外，应当协助企业做好最起码的消耗定额管理，如用仪表控制生产用水，把径流水改变为循环水等等。

6. 价格制订中的问题。我们在一部分企业中，长期实行过"成本加法定利润"的价格形成原则。不论是规定 2.5% 或 5% 的利润率，都必然导致成本愈高，利润就愈多。这种鼓励落后的价格制订政策近年来已经有所改变，但是至今还或多或少留下影响，不利于改善企业经营管理。

7. 重复收税问题，过去我们不分成品还是半成品，一律实行出一次厂纳一次税的税收制度。从而人为地造成在条件基本相同的同行企业之间，"大而全"和"小而全"的企业产品成本低于专业化协作生产的企业。显然，这对于工业的改组和企业的联合为企业集团极为不利，是一种保护落后的税收制度，需要研究改革。

8. 对亏损企业的补贴政策问题。多年来我们对一些亏损企业实行国家补贴政策。多亏多补，少亏少补，不亏不补。据调查，在我国现有的 1500 多个小氮肥厂中经营亏损的达 1000 多个；历年亏损接近投资总数的 60%。在这种补贴政策之下，还出现过向小氮肥厂乱摊费用和把一些质次价高的生产资料硬性给小氮肥厂使用的怪事。近几年，有的省市实行"定额包干、超亏不补、节约归厂"的办法，才实现了成本降低，大大减少亏损或扭亏为盈。当然，要推行经济责任制，还必须不断改进这些办法。

五　关于在建设领域中降低产品成本的几个方针政策性问题

一个建设项目的建设方针和有关政策对于工业企业建成投

产后的产品成本具有先天性影响。如果在建设项目的决策阶段和设计阶段发生了失误，则必须千方百计地及时消除，以避免长期给企业造成消耗大、成本高的不良后果。

对于任何新建项目来说，厂址选择、资源选择、企业规模选择、工艺流程选择、设备选择、运输方案选择、产品方案和产品设计选择等等，这些纵横交织在一起的、技术性、技术经济性和经济性的综合活动，需要多种学科密切配合，必须从微观到宏观、再从宏观到微观，反复进行对比、论证，才有可能优选出最合理的方案，进行决策。对于大型骨干项目的建设方案，尤其应该谨慎从事。此外，工程建设要配套，计划投资要同步，物资供应要及时，建筑施工要有组织、有节奏，生产准备要充分，依托城镇或合理规划的生活设施要及时，才有可能缩短建设周期，尽早建成投产，形成综合性生产能力，尽快在运行中回收投入的资金。在此，也应该着重探讨几个问题：

1. 关于生产力布局。按照陈云同志的说法，这是经济建设中"具有长远性质和全面性质的问题，是一个带有战略意义的问题"。如果在生产力布局不合理的条件下选定了厂址，到绝大部分投资形成固定资产和生产能力之后，生产经营的经济效益必然要长期受到严重影响。有一个现在经营得比较好的大型企业，经过测算，由于当初厂址选择考虑不周，在铁路、公路、桥梁、码头、管道等厂外工程上多花了几亿元，相当于厂内固定资产总值的一半。只是因为利润高，这一厂址才对产品成本影响不够明显，但不等于不受影响。另一个大型企业，问题更加突出，因此，将使产品成本大大超过同行业的水平，如再不降低、将比国家调拨价格高出 1/2。

2. 关于技术政策。我们的技术政策是越"土"越好，还是越"洋"越好？怎样才算恰当的"土洋结合"？我们在 1978 年

"引进世界最先进的成套技术装置"的一阵风中吃过亏之后，在技术政策上是否改为采用"适用技术"？"适用"这个概念，可以为迁就落后技术开路；也可以根据我们的国情，把自己的试验成果，经过技术开发，应用到流程设计、设备设计和工程设计上去，把科学技术知识的潜在生产力转化为现实生产力。为了避免迁就落后，我看今后骨干企业的技术政策，还是应该明确为"采用比较先进而又为国内设计和设备制造上有条件办得到的技术"为好。

3. 关于企业规模。企业的规模是越小越好，还是越大越好？怎样才是大中小型企业相结合的、恰当的企业结构？随着技术发展水平的提高，现代工业每个行业都各有特殊的企业经济规模。一般来说，生产"大路货"的原料、材料、燃料和动力工业，企业的经济规模以较大为好；而生产小批量、多规格、深度加工产品的工业，企业的经济规模以较小为好。我们常常会遇到这种情况，对于工业发达国家来说恰当的经济规模，对于发展中国家就可能不一定是合适的。反之，中小型企业诚然便于发展，但即使是高利润的石油化工行业，有些中间原料和初级加工产品的生产还是采用大中型规模为有利，如果到处发展小型企业，还不一定有什么优势。如果今天能够发展得快一些而明天就必须多并转、多改造，也未必是好办法。这是需要具体分析的。

4. 关于产需平衡关系与市场预测。产需平衡和市场预测，即使不够精确，也要争取八九不离十，做到心中有数。不久前一些地方工业出现盲目发展的现象，同实行财政分灶吃饭的管理体制有关，也同缺少应有的宏观经济指导有关。在国际市场上，无论是大宗抛售或是大宗收购的产品，更需要敏锐地分析供求矛盾，力求根据准确的信息，正确判断多变的市场形势，恰当地发展外销产品的生产力。

5. 关于现有企业的技术改造。改造现有企业，有利于国民经济技术装备水平的提高和生产成本的降低；有利于机械工业、材料工业与建筑业在装备和改造国民经济各部门的同时多改造和提高它们自己，从而促进国民经济的良性循环。但是，现有企业的技术改造又必须建立在合理的工业改组和企业联合为企业集团的基础之上，必须分行、分业、分地区而有规划、有重点、有步骤地进行。这样，才能发扬社会主义计划经济的优越性；避免一谈现有企业的技术改造又来一个不分缓急主次地一拥而上。有的加工工业，全国的生产能力已超过当前生产任务两三倍，而每吨原料能创造的产值在上海为武汉、重庆、广州的一倍，为其他城市的五六倍。这样的案例告诉我们，对现有企业实行技术改造，也要冷静对待。既要避免生产能力过多膨胀，又要避免投资效益下降。如果搞得生产能力过多而设备利用率过低，影响产品成本，那么这样的技术改造宁可搞得慢一点，看准了再动手。

6. 关于工业区、城市集镇的建设。要实行统一规划，统一征地，统一设计，小区开发，统一施工，分期受益，逐步推开，以求得良好的经济效益与社会效益，这一做法已成为国内外经济区域开发的经验所证明。在经济调整时期，更需要稳步前进，避免多开缺口、大上大下。当然，这中间既包含有降低建设成本，也包含有降低投产企业的产品生产成本的问题。与此相反，三线建设中，有些建设项目，由于受过林彪"进山钻洞术"的影响，技术工作、技术经济工作与经济工作，进行得不恰当，造成的问题是建设成本和产品生产成本都高出全国平均水平约一倍或一倍以上，因而不得不长期调整改造。现在大家看得都很清楚了，至于如何改善这些企业的前途、采取恰当的补救措施，却仍然是值得继续研究的课题。

六 深入实际、调查研究,多从案例中发现规律性的东西,改进企业经营管理,努力降低成本,是提高企业经济效益的好办法

降低成本,是一个综合性的问题,需要纵向分解,从各个方面,如从降低生产资料的直接消耗定额,提高设备利用率,提高劳动生产率等方面分析研究。成本管理,又是企业经营管理的一个组成部分,需要横向联系,同其他组成部分,如同计划管理、技术管理、产品质量管理、设备管理、物资管理、劳动管理、经营管理、财务管理等联系起来综合研究。这些纵横交织的问题,其性质是技术性、技术经济性、经济性的,需要微观与宏观相结合,多层次地反复考察。为了取得综合性治理的效果,使工业生产的产品成本全面降低,使工业企业经营管理全面得到整顿和提高,我们应该针对当前各个方面、各种性质的问题,制定一个全面解决问题的行业性总体设计,规定明确的目标和前进的步骤。确定了目标,就能坚定信心而不致迷失方向;分清步骤,就可以区别难易,对症下药,顺次着手解决问题。

1981年5月,我参观了加拿大的几家多国公司,发现其中一家在沙尼亚的高分子化工公司建立了自己命名的"整体计划经营管理体系"。这一套管理体系最重要的特点就是让各部门各级管理人员统统参与研究、制定、执行和修改这个公司全面的战略性发展计划和各方面的战术性行动计划。这样,就避免了计划只是在计划部门和计划工作人员中间打转转的计划,从而也就避免了各个方面、各种职能的各级管理人员盲目执行计划的现象。销售部门可以向生产管理部门提出新要求以适应市场变化的需

要，生产管理部门可以向供应部门提出新要求以适应技术改进的需要，所有业务部门都可以向人事部门和计划部门提出新要求以加强人事配备和协调工作安排。同时各个部门之间又可以彼此检查与考核工作质量。最后在公司领导层掌握住的是一套纵横交织的"整体化计划经营管理体系"。经过好几年的实践和改进，证明这套"整体化计划经营管理体系"的方法是成功的。这个公司取得了全面改善企业经营管理，明确规定各个管理岗位上的责任的良好经验，提高了计划的质量和执行计划的效率，从而在这个"整体化计划经营管理"的基础上，完成了降低成本、增加利润的任务。我想，虽然社会制度不一样，这也是值得我们参考的一个实例。

32年来，我们在经济计划工作方面和经济经营管理工作方面，正反两面的经验是十分丰富的。因此，我们更应该深入实际，调查研究，要善于从千百种案例中去发现规律性的东西，改进我们在成本管理中的工作方法，发展成本管理的经济理论，对社会主义的经济建设事业多做贡献。

中等城市经济发展战略的若干问题[*]

近几年来，关于城市问题和城市在国民经济发展中的地位和作用问题，在我国引起了人们愈来愈多的注意和研究，相对说来，我们这几年对大城市的问题研究得多一些，对中等城市的研究则少一些。1983 年 11 月，在安徽省合肥市召开的中等城市经济发展战略讨论会，从理论和实践的结合上，探讨了中等城市及其经济发展的一些特点和规律。

中等城市的特点及其在国民经济
发展中的作用

有的同志把中等城市的特点和优点概括为大、中、小三个字，即作用较大，规模适中，矛盾较小。这是正确的。中等城市的最大特点和优点就在于它的规模适中。正由于规模适中，一方面它不同于大城市，没有大城市那么多矛盾；另一方面又不同于

---

　　[*] 本文是根据 1983 年 11 月作者在"中等城市发展战略讨论会"总结性发言写的。1984 年 3 月 9 日在《人民日报》理论版与林森木、程选联名发表。

小城市，能够充分利用它所依托的地区和自身所拥有的一定实力，把发挥地区优势和合理的综合发展结合起来，对整个社会的经济、技术发展能起较大的作用。

城市，一般说来，是一个以获取聚集经济效益为目的的集约人口、集约经济、集约科学技术的空间地域系统。聚集经济效益的产生是有条件的，聚集的人口规模增大到一定程度后所带来的非经济性后果就要超过聚集所带来的利益。因此，各个城市都有一个合理规模的问题。城市的规模究竟多大为宜呢？美国的一位系统工程专家 J. E. 吉布森在分析了不同规模城镇带来的效益与发生的问题以后，认为 3 万～5 万人可以获得"惬意的生活环境"，这时随人口规模的增长，经济效益呈上升趋势；当人口规模达到 25 万时，生活环境不如过去，但就业机会增多，城市所能提供的教育、文化、医疗条件更完善，经济效益有了明显的提高；当人口规模达到 100 万时，缺点就变得非常突出了，如住房非常紧张，交通极为拥挤，环境污染严重，失业人口增多，社会犯罪率提高等等。在发达资本主义国家，他的见解是反映了现实的。英国、法国、联邦德国、日本、苏联等国的许多学者通过大量的定性分析和对大量数理统计资料的定量分析，倾向于推荐 15 万～45 万人口这样一个规模幅度。他们认为在这个范围内，经济效益与社会效益能够获得较好的统一。问题的复杂就在于追求的目标函数不是单一的，社会、经济、环境三者的最佳效益通常不在同一规模上出现。因此，只能大致地划出一个幅度范围。

我国的情况如何呢？我国 20 万～50 万人口的中等城市共有 70 个，它们的经济效益明显地优于小城市，与大城市相比也不逊色。1980 年每百元固定资产提供的工业产值和利润高于 50 万～200 万人口的大城市，1982 年每个职工平均工业产值（80 年不变价）也高于 50 万～200 万人口的大城市。中等城市虽然也存在类似大城市中的某些问题，如住宅和交通紧张等问题，但解决起来，上海、天津、沈阳等大城市显然没有中等城市简便。就业问题更是如此，1982 年不存在待业现象的 28 个城市中，有 17 个是中等城市，占 60% 以上。在发展空间上，多数中等城市较之大城市有更多的余地。在水资源供给方面，中等城市也更有保证。

总之，城市经济效益随着人口规模相对增大而增长，随着过分庞大而减小，这是一条我们应予充分研究并自觉执行的规律。而我们的中等城市大致地处于这个合理范围以内，这是我们应认识的第一个特点。

其次，我国的中等城市在地域分布上比较均匀。除个别省份外，绝大部分省区都拥有几个，它们更接近我国内地的资源，更接近我国的不发达地区。我国经济的总体布局，从战略上考虑，是要逐步西移，力求逐步均衡的。这些均衡分布的中等城市，显然是接受新企业和新技术的最好点。特别是当前面临全球性新的技术革命，将在我国生产力分布格局上带来巨大的变动，大、中城市的企业结构、部门结构也会发生转移和重新组合，中等城市将在这场变动中得到新的武装。在不发达地区，中等城市将作为区域性的"生长点"带动这些地区的经济发展。因此，中等城市在全国各地区社会、经济均衡发展中占有极为重要的地位。

由上述两个特点，决定了中等城市在数量上和质量上将会以较快的速度有明显改观，它们的经济在整个国民经济中所占比重将会有较大幅度的增长。这是第三个特点。世界上许多国家都有这样的经历，在大城市已过度膨胀而不宜再发展之后，涌现出了相当一批实力可观的中等城市。我国也已出现了这样的势头。几年来，全国有十几个中等人口规模的"明星城市"脱颖而出，引人注目，它们代表着中等城市的潜能与活力。这是客观存在的城市经济发展规律的表现。此外，作为社会主义国家，在计划经济体制下，完全可以有意识地适应这种规律，制定出适当的方针、政策来促进这一进程。

上述特点的分析表明，在我国社会经济发展中，中等城市的战略地位是极为重要的。在当前的城镇体系中，它们是承上启下的中间环节；而在未来，它们是带动全国各地区经济振兴的"前沿阵地"；它们是我国城市体系中最有潜能和活力的组成部分。在一定意义上，可以说，中等城市的发展孕育着我国现代化的前途。

要树立城市—区域的观点

我们制定城市的发展战略，首先要考虑的就是要明确城市的性质与规模。这里有两个原则：一是要考虑全国生产力总体布局对城市及其所在地区提出的要求；二是要根据本地区经济条件、资源条件、交通运输条件，在此基础上来制定城市的发展方向与规模。这个工作在第一个五年计划时期以后一直没有做好，造成许多城市盲目发展，带来重大浪费。究其原因，就是上面缺乏一个全国性的总体布局蓝图，而下面又缺乏城市——区域概念。按照理想的规划程序，最好是先有全国性的战略划分，即大的经济区划，进而搞出总体布局规划和各大区的区域规划，最后是以城市为中心的小经济区规划。这样，城市发展战略的制定就有了明确的依据。而要这样按部就班地规划，不扎扎实实下8年、10年工夫是拿不出来的。我们已经失去了几十年时间，现在又面临经济要大发展，城市问题迫在眉睫的现实，时不我待，只好从一个一个局部做起，"先点、后线、再面"。这样做，工作就更难，要求就更高，所以更要慎重。在没有区域规划为依据的情况下，一定要搞深入的区域分析，对区域内的政治、经济、社会、文化等各方面情况认真调查研究，以减少我们在决策上的失误。

区域，具体构成一个城市的经济环境，是城市赖以存在和发展的空间和物质基础。区域内的土地资源（面积与肥力），制约着城乡土地利用结构；水资源及其他资源，制约着城市内部门经济结构和规模；农业发展水平，制约着非农业人口比重；农村小城镇的建设和社队企业的发展，又影响着农业人口对城市形成的压力，影响着城市人口规模的控制……所以，对城市发展战略的研究，显然要把所在地的区域经济作为重要内容。对中等城市说来，尤其如此。因为中等城市一般都是省内一定区域范围的经济中心，与所处区域经济上是紧密联系在一起的，而大城市多是面向全国、全省，与所处区域经济联系相对较少。以往城市规划研究，多半是就城市论城市。这样无疑缺乏科学依据，在实践中也无法保持规划的严肃性。不少城市一再变动原规划的经济发展方向，人口规模一再突破规划规模，就说明了这个问题。

中等城市的规模如何控制在合理规模幅度内，也要从区域着眼来解决。必须完整准确地执行中央关于"控制大城市规模，合理发展中等城市，积极发展小城市"的方针。这个方针是三位一体的，是一个完整的概念。只有真正把小城镇建设好，在每个大、中城市所处的区域范围内建立起若干"反磁力中心"和星罗棋布的"蓄水池"，才能避免农村人口对大、中城市的冲击，否则控制规模就只是一句空话。我们是社会主义国家，有条件制定并执行这样一个"三位一体"的方针，那就是各大、中城市都要积极扶持和发展自己所在区域的小城镇的建设和发展，这是大、中城市应尽的义务，实行了"市管县"的城市，更有义不容辞的责任。

现在所进行的"市管县"的行政体制改革，是社会化大生产的发展，农村商品经济的发展和城市经济发展提出的要求。这一改革将使城乡经济融合在一起，改变过去城乡分割的局面。城市经济工作者、城市规划工作者要认清这一改革所反映的"城市—区域"一体化发展的趋势，把过去囿于城市的眼光扩展到区域，把"城市—区域"作为一个完整的区域经济综合体来考虑，建设成各具特色不同规模的城市经济区。中等城市也只有在这种经济区中，才能获得更大的发展。

要加强不同类型中等城市特性的研究

中等城市有许多共同的特点。共性的研究无疑是有意义的。但各地的资源组合，经济发展状况千差万别，绝不可能套用同一模式，搬用相同结构。要使每个中等城市的发展战略适应国情、省情、市情，必须加强不同类型城市特性的研究。拿安徽省的中等城市来说，就很值得注意两种类型。（1）依靠开发利用附近地下矿产资源的城市，如马鞍山、铜陵、淮南、淮北；（2）依靠周围地区地表农业资源进行加工的城市，如蚌埠、芜湖等。这两类城市就有明显的不同之处。

作为工矿城市制定自己的发展战略，要研究矿产资源的质和量、储藏条件和如何合理开采，眼光要长远些，如果几十年后矿产资源枯竭，这座工矿城市如何转向？一个几十万人口的城市转向是非常难的。在国外，有的工矿城市，在掠夺性开采之后，一下子萧条下来，剩下一座衰败得不可收拾的"鬼城"，这在我们社会主义条件下是不应该出现，也是不允许存在的。此外，作为工矿城市，需要研究的有别于其他城市的特殊性问题还有：如何搞好辅助工业；如何开展深度加工；如何安排好城市男女公民的就业比例；如何既完成好国家赋予自己承担的专业化地域分工职能，又把区域经济搞活……这些显然都是工矿城市所面临的特殊问题，一定要合理规划。

蚌埠、芜湖一类城市，中央企业少，地方经济比较主动灵活。全国这样的中等城市也比较多。问题是这类城市真正的优势何在，以及在地域分工中所承担的职能如何，不易明确。许多这类城市多次变更发展方向和苦于找不到产品方向，搞不好，容易出现更多的盲目建设与盲目生产。因此，这类城市制定发展战略考虑的因素要更多些，考虑未来的发展也要长远一些。

拿蚌埠来说，现在可以背靠当地和淮北地区地表资源发展食品工业。但多少年后，淮北不会单一产煤，农村多种经营也会发展起来，阜阳也很可能与蚌埠基本上以同一模式发展成中等城市，那么，原料会不会出现问题呢？"市场容量又会怎样呢"？当然，也许不成问题，这么说，只是强调考虑问题要深远一些。在区域条件差别不大，产品方向容易雷同，产生不必要重复的城市之间，绝对的优劣势往往不易分辨，这时应该考虑根据"比较利益原则"进行分工。按照这个原则，可以带来社会劳动的节约。在西方，这往往通过市场作用来形成，而在我国社会主义条件下，应该而且能够在认清规律之后，有意识地形成科学的劳动地域分工和同一区域内的城市分工。这也是社会化大生产的客观要求。

中等城市经济发展要与城市基础设施的建设协调进行或同步进行

许多大城市之所以发生问题，往往是因为大规模经济建设中，基础设施配不上套。中等城市要先行考虑到这个问题。现在提出这个问题尤为重要。国家的一些重点项目布点在中等城市，还有一些项目本身就要形成一座新的城市。三十多年来，我国基本建设工作的一条宝贵经验，就是项目建设与城市基础设施建设要协调。"两张皮"的做法使我们吃了许多苦头。本来，基础设施的建设应该先行一步，现在许多城市都是倒过来，项目建成了，道路、上下水、供电、供热再来"后补"，使得建成的项目不能及时发挥作用，以至造成大量损失。福建三明市在这方面搞得比较好。可惜的是许多老的中等城市在这个问题上觉悟得晚了些。亡羊补牢，犹未为晚。"破坏了规律才知道规律是客观存在的"。

一定要下决心大批培养人才，为实现国家现代化做准备

人才问题，当前在大、中、小城市都存在，特别使人痛感十年动乱使社会受到损失之重。但中等城市相对其地位、作用来说，更显得突出一些。没有一个与城市经济结构配合得很好的智力结构，没有一个与其地位、作用相适应的社会文化素质，是难于向现代化前进的。现在大家比较普遍地意识到了这个问题。"智力开发"这个词，我们是从日本转译过来的。"开发"具有"开辟"与"发展"双重含义，"开发"的对象，也可以指客观上存在而我们还没有利用起来的资源。而人才在我们中等城市不是一"开发"就能出来的，需要老老实实地培养，从小学、中学的教育质量抓起，这才有助于提高整个社会的文化素质，这是根本。在这个基础上再抓高等教育，每个中等城市尽可能办一所高等院校，才能适应经济发展的需要。当然，在十年浩劫之后，我们也要注意成人业余教育，如实行职工轮训制等。古话说："十年树木，百年树人"，工作特别扎实，也许不需要一百年，但起码也要二三十年，我们现在就该扎扎实实做起。在智力发展

中切不可"重理轻文",孙冶方同志去世前曾语重心长地谈到这个问题。我们说起人才问题,往往想到的是理工科人才,这是片面的。社会、经济、城市、企业的管理人才,我们尤其缺乏。管理也是一门科学,而且是一门跨学科、多学科的综合性科学,忽视了政治经济人才,就很难搞出科学的经济发展战略,也就很难把先进的科学技术成果转化为现实的生产力;没有一套科学的组织管理,更不能把一个城市搞成具有良性循环的、高效率的生产综合体。所以一定要文理并重,学会组织多学科的人才一起来研究问题,制定合理的对策。例如,在新的技术革命的浪潮中,我们如何合理选择适合我国国情、省情、市情的技术政策、经济政策,全面规划各自的城市的发展战略,这就需要各个学科的自然科学家同社会科学家共同努力,共同研究,找出共同语言,提出建设性的意见来。

城市经济发展战略与城市规划*

工程建设（内涵型与外延型的扩大再生产）、城市规划和建设、环境保护和建设是我国社会主义建设经济领域的三大内容，应该有机地结合，系统地处理。发挥城市的作用，以经济较发达的城市为中心，带动周围农村，统一组织生产和流通，逐步形成以城市为依托的各种规模和各种类型的经济区。这是我国国民经济发展的重要战略决策，也是我国经济体制改革的重要发展方向。大、中、小城市都应有经济发展战略规划，城市和乡镇也应该在各自的经济区内进行规划。当前，从中央到地方对这一工作都给于高度重视，取得一些成绩；有关部门和科研单位也纷纷举办各种规模的学术交流会、座谈会，总结经验，进行理论探讨。现在，我就多次讨论会上同志们比较注意的几点谈谈个人的看法。

第一点，在我们这样的社会主义国家里，所有城市，不论大、中、小都应该有社会经济发展战略。

我们是在公有制的基础上，实行计划经济，同时发挥市场调

---

* 本文是作者 1983 年 11 月在全国中等城市发展战略讨论会上的大会发言纪要，可与本集中《中等城市经济发展战略的若干问题》一文相参照。

节的辅助作用。我们要认识到每一个城市都是在一定经济区域内完整的社会实体，都应该按照这项原则办事。在每个城市里，我们要根据生产力在运动中发展的要求，善于运用客观存在的规律，理顺社会经济，使社会主义的生产关系逐步改革到更有利于生产力的发展，更有利于扩大再生产，即进行内涵型的企业改造和外延型的基本建设。不论哪一种类型的扩大再生产，都应该包含必需的工程项目建设、城市的建设、环境的保护与建设。以城市为一个经济区域的中心来组织这个经济区域内的城乡建设和社会生活，这是时代的要求。这是一种千头万绪的综合性工作，需要照顾以这个"城市—经济区域"为全局的各个方面发展中的动态。各个城市如果没有正确的战略目标，如果没有明确的战略步骤，十分易于为日常事务所纠缠，忙乱到抓尾不抓头，辛辛苦苦而效果不一定好。因此，经济发展战略对每个城市都是工作的必需，都不是可有可无的。

各个城市与其所在经济区域，都需要从当前的实际情况出发，要有灿烂光明的远景战略目标，要有实现这个远景的切实可行的战略步骤。党的"十二大"提出，要在不断提高经济效益的前提下，力争从 1980 年到 2000 年实现全国工农业的年总产值翻两番，使全国人民生活达到小康水平。我们要认识这个目标首先是针对全国说的。至于对各地方来说，自然条件和经济基础，从东南到西北，千差万别，这就应该根据国情、省情、市情，深入调查局部和全局、局部和局部之间的关系，正确地对待，具体选定各个局部的目标。其次，"翻两番"是要有前提条件的。这个条件就是要"提高经济效益"。在提高经济效益的基础之上来"翻两番"才是有现实意义的。有了正确的发展观点，有了切实可行的工作计划，制定科学的城市经济发展战略，才能据此制定科学的城市规划，以此指导城市的建设与管理、相应环境的保护与建设。这种科学的城市规划，如果纳入国民经济长期发展计划和中长期发展计划中去，应该是经济实惠、富国利民的。在这个"以城市为中心的经济区域"内，工农业协调发展的速度，如果条件好也许不止"翻两番"，如果制约条件多也许到不了"翻两番"，要千方百计努力，也要实事求是。这样全国统扯起来，总目标是能达到乃至超过的。

50 年代，我国第一个五年计划中布置建设了 156 个大型骨干项目。当前我国对计划经济建设，还没有多少经验。这些建设项目的总体布局实质性问题是经过反复考虑的；事后看，有些考虑还是有历史局限性。那时，有关城市规划基本是同步布置的；也有些是先定建设项目，后补城市规划的。当时中央和地方，对于这些工作配合得比较好，跟着 156 项定点，大型骨干项目比较集中的 8 大城市很快搞了城市规划。于是，城市建设工作，环境保护工作，也有了具体方针可循。50 年代末，我们觉得从苏联搬来的基本建设规章制度过于繁琐，想闯出一套符合我们国情的路子来。出发点未尝不好，但头脑太热了，于是生产力布局要"遍地开花"了，以为凡事"一窝蜂"的方式都可取胜。那时城市规划工作只能停止，小工厂也可在居民密集区内"见缝插针"，环境的污染与破坏也到了惊人的程度。现在看，这是开始走弯路的一个方面。一些大城市其后出现的问题更多，想改造与调整也更难，这同缺乏城市规划的总体设计，或者有了总体规划也不遵循，关系很大。当年的城市规划有历史局限性，事后检查也可说质量本来不高，如果以此为基础而加以改进乃至改革，亦可对工作有利，后来却因噎废食，干脆不搞城市规划了。这种从一个极端走向另一个极端的形而上学作风，对当前搞经济体制改革，还有鉴戒意义。

80 年代，大中城市都在搞规划了，说明工作有此需要，但是正反面的经验都得记取。

大城市的建设，有的近乎所谓"摊大饼式"，向周围郊区铺开；有的城乡快连片了，忙于搞卫星城，指望把城市中心区疏散开一点；有的在城郊各小区间，保持一二十公里间隔，道路相通而城乡运输却过于繁忙。总之，城市规模愈大，城市建设、城市管理中的问题愈多。当然，城市大、人才集中，问题多、办法也多。我们是在社会主义国家里，完全应该改变凭经验决策的老习惯，尽快进入科学决策的新时期，这才是能确保社会经济效益的好办法。所以，我们在研究城市的发展时，如果想以大取胜、以大为荣、离开城市经济发展战略来搞城市建设规划、离开城市的自然条件和经济基础所形成的制约因素，凭意志决定城市的人口规模和有关的环境政策，实在是不可取的。因此，以正确的经济发展战略作为城市规划的指导方针，对每个城市，不论大、中、小都是重要的。

第二点，城市的社会经济发展战略，要考虑地区性地面资源、地下资源、能源、其他各种自然资源、交通条件，要考虑全国性工农业生产力布局等一系列问题。

不能不顾周围客观条件去孤立设想一个经济区域内一个大城市的发展问题，更必须正确对待局部和全局，局部和局部之间的关系。孤立设想，毛病太大。当然，也不能按"本本主义"，等待全国生产力布局有了蓝图之后，再开始这个那个地区和城市的经济规划工作。十年动乱后，许多工作得从头开始，而城市经济规划和城市建设规划往往需要按照从小区域到大区域，从局部到全局的工作顺序来进行。这种顺序很不方便，也使工作难度增加。这就要求各个城市，在制定经济发展战略中，对国情、省情、市情和有关客观条件考虑得尽可能周到些。

比如，很多城市规划中都说到当地山水风景好。山水风景是

一种自然资源，因此都想发展旅游业。对外发展旅游业，是
"风景出口"，对创汇特别有好处，这就不同于国内财富的再分
配，当然该提倡。但是，对外开放的旅游业一定要有配套发展的
工商业、手工业、饮食旅馆服务业、交通电讯业等，让外国旅客
能享受到美感、舒适感、生活方便，能购买到便于远途携带而有
各个旅游区所独具特色的艺术纪念品。东西方的生活习惯、旅游
习惯、审美习惯、享受习惯，大不相同。中国有中国的特点，当
然不必为此降格迁就。但外国人从云端上乘飞机到中国来，看
"日出"也平常，不必一定要上"日观峰"；从森林茂密、水土
涵养好的地方，看雨中瀑布、彩色喷泉也平常，我们的天然景色
更需艺术的加工建设（艺术加工绝不同于人工雕凿、胡乱夸
张）。对旅游胜地的宣传导游，我们就要有清新的高风格，要改
变不适应对外接待的老一套。我们也要理解有些西方人旅游，在
游山玩水之外，要有格外丰富的饮食，要有消遣良宵的音乐舞
蹈，要有各种享受。美国夏威夷群岛是世界最发达的旅游点之
一，可是由于旅游者云集、喧宾夺主的结果，土著居民的淳朴传
统全消失了。我们发展对外开放的旅游业，应以此为鉴，同时要
考虑保持我国优良的革命传统，各地的民族习惯，社会主义精神
文明的建设。当然，先从发展对内旅游业开始，逐步积累了经
验，配套设施比较好了，再考虑对外开放的旅游业也是可以的。
为此，要开创中国的"旅游学"学科，要科学地规划各地的旅
游区。不一定游山就必需缆车索道送到山顶；不一定玩水就必需
轮船汽艇处处通达。会牺牲天然景色之美，会短期收不回投资之
事，都轻易不要干。这也是"旅游经济"的要诀。

现在我们正在安徽开会，就以安徽这样的中等城市社会经济
发展战略为例。这些城市大致说可以分为几种类型：

第一种类型是工矿性城市，以工矿业为主要的支柱产业，如

马鞍山、铜陵、淮南、淮北。工矿业的采掘规模和加工规模，决定于地质矿产储量和合理加快开采的条件。我们要有恰当的经济政策和技术政策，既不能大储量、小开采，绝对化地"细水长流"，也不能竭泽而渔、过量开采，以至引起"短命城市、集体搬家"的问题。对开采出来的矿产、尽可能考虑就地深度加工。重工业就近原料资源、缩短运距、压缩运量、节约能源，对社会有利。在同一个以工矿型城市为中心的经济区域内，宜合理配置轻工业，以照顾男女工就业比例，以带动地方经济协调上升。这对社会的安定也有益。

第二种类型是以食品工业为主要支柱产品的农产品加工型城市，如蚌埠、芜湖是以食品工业闻名，其他工商业如造船业、机械业、纺织业等部门很多。现在单说农产品加工中的食品工业规模吧，它决定于地区性种植业与养殖业提供的地面资源和加工技术与经营管理。蚌埠地区和淮北地区的地面资源现在主要供应蚌埠，但将来阜阳会不会按蚌埠的城市经济模型来发展为中等城市呢？现在就需预见到这两个地区地面资源的合理分配，加工技术与经营管理的经验传播等等。芜湖也得考虑皖南地区地面资源和发展中的兄弟城市有无相似特点。就利用水面发展水生动植物而言，安徽巢湖等地区都大有可为。而各地为了养殖业而发展饲料业，在城乡都可因地制宜，发挥特长。总之，合理发展有关工业规模，这对城乡物资交流、工农互助，都有好处。

第三种类型是以石油化工和轻纺工业为主要经济基础的城市，如安庆。安庆市还选择了发展城市集体所有制经济的道路，找到了积累社会资金，经营集体企业的好经验。这是适应调整经济结构的要求，广开就业门路的好办法，有利于中等城市的合理发展，对各地都有更多参考价值。

第四种类型是安徽省会合肥。合肥是安徽省政治、科学、技术、文化、教育、交通、商业、金融、信息的中心，在郊区也可适当发展水产和家禽的养殖场、奶牛场、饲料业、文教用品业、电脑制造业等产业。省会性质的中等城市，园林绿化更要向有自己特色的花园城市发展，当然不一定成为传统工业的中心，也不应成为向大城市发展的雏形。要有利于省会统率全省各地区致富图强、在应用新技术进行企业改造与发展新行业、新产业中发挥更大作用。

第三点，大、中城市的人口规模如何控制？

这是城市规模的大问题，要求我们看得宽广一点，要能解决好同一经济区域内小城市、小乡镇和农村的发展问题，也就能同时合理控制大中城市的规模。中央的城市政策是要求"严格控制大城市，合理发展中等城市，积极发展小城市"，是有充分根据的，也该系统地理解。多少年后随着农业向大生产和专业化方向发展，多余的农村劳动力逐步集结到小乡镇、小城市去兴办因地制宜的乡镇企业、集体经济、合作经济、改变8亿农民靠种植业搞饭吃的一天总要来到。乡镇工商业兴旺了，城乡间经济渠道畅通了，商品物资交流发达了，繁荣昌盛的现代化小乡镇、小城市总有一天要建设起来，在鼓舞人心的社会政策、经济政策指引下，在信息技术、通讯网络的激励下，人民将乐于到生活舒适、环境优美的小乡镇、小城市去安居乐业，人流就不致只涌向全国现有的几十个大中城市去。对大中城市来说，环绕着的小乡镇、小城市好比无数"蓄水池"，自然会起人口流动的调节作用。这是资本主义社会内无法做到的。他们人口自流，向大城市冲击，号召疏散也不中用，这正是社会主义社会可以避免的事。1983年底，我国共有2000多个县城和1000多个建制镇，只要打好经济基础，这里便是吸引农村多余劳动力，兴办小城镇工商、科技、交通、金融、文化、教育、卫生、通讯、信息事业、繁荣农村经济，为农产品加工和为农业生产服务，建设社会主义城乡物质文明与精神文明的广阔天地。具有中国特色的社会主义城乡面貌的蓝图，轮廓大致是可以预见到的，这将是以城市为中心，带动所在地区的经济、文化向前发展的光明前景。

第四点，加强城市基础设施的建设问题。

城市基础设施，是专指群居在一个城市社会必需兴办的电源、热源、供水、排水、道路、桥梁、城市交通、通讯等公用事业。它们为千家万户服务，因为价格必须低廉，获利薄，甚至得靠城市维护建设资金做些补贴。在资本主义各国里很少财团愿意承担城市公用事业设施，因而都推给城市所在的地方政府去办，以转嫁此种负担于当地全体纳税人。在社会主义国家内，城市基础设施理该先行，或和有关工程建设项目同步进行。现在有些大城市发生的困难，多半发生在工业太集中、人口过多而城市基础设施跟不上需要。有些大城市水源、能源有限，先天条件决定其不宜扩大，而有些耗水、耗能多的工程建设项目仍往那里挤，很多大城市供电、供气、供水、排水等缆线、管道工程计划安排欠当，不得不搞《北京晚报》上阿凡提所谓"拉链式"马路，一次一次拉开路面来铺管线，造成些不必要的障碍与浪费。有的大城市从旧社会遗留下来的高等住宅区甚至缺乏合理的生活排水系统。这类问题，在发展较早的中等城市也遇见一些。破坏了规律才知道规律是客观存在的，城市建设工作中也同样如此。当然，亡羊补牢也是可以的，但这种经验教训也没有必要多去重复。福建的三明市对城市基础设施着手就早，是好的。一句话，城市基础设施的建设，要多受益，少浪费，关键在于提前规划，合理设计、超前施工。这种综合性的工程建设，如能有计划安排给各个城市去统一负责，可以免得按条条分工，计划中出现互不衔接的毛病。在基本建设体制中作相应的改革，也值得研究和加以重点解决。

第五点，下决心大批培养、合理使用人才问题。

人才问题，当前在大、中、小城市都存在。特别使人痛感十年动乱使社会受到损失之重。中等城市相对其地位、作用来说，当前人才问题显得更突出。没有一个与中等城市的地位、作用相适应的社会文化素质，是难于迎接新的技术、振兴新的产业，向现代化前进的。许多同志为人才问题呼吁，是可以理解的。解决人才问题，第一是应该社会科学和自然科学并重。城市规划工作就应该把经济工作、研究发展战略放在第一位。经济工作当然离不开政治、社会、文化、教育问题。孙冶方同志生前最反对"重理轻文"，去世前还语重心长地谈到这个问题。其实，社会、经济、城市、企业的管理人才，我们尤为缺乏。像城市经济，城市管理，更是跨学科，多学科的综合性科学，一定要文理并重，组织多种学科的自然科学工作者和社会科学工作者共同努力，找出共同语言，才能提出切实可行的建设性意见来。解决人才问题，第二是应该正规教育和干部进修教育、成人业余补习教育、职业教育、技工补习教育并重。正规教育是从幼儿园、小学、中学的教育质量抓起，在这个基础之上再抓高等教育。每个中等城市尽可能办一所高等院校，才能适应经济加快发展、体制加快改革，向现代化进军。像以上这几种类型的教育，如针对世界新的技术潮流对在职干部定期轮训，认真防止知识陈旧化，认真更新已有的知识结构，赶上时代需要，更是当务之急。在十年浩劫中教育系统饱受摧残之后，扎扎实实把这几种教育搞好"补课"，也许再过二三十年全民族的文化素质就能大大提高，建设物质文明与精神文明，向国家现代化进军，就比现在遇到的困难可以少得多了。

当前世界发达国家一些学者在议论所谓"第四次产业革命"

或"第三次浪潮"问题。他们把传统的基础工业比诸为行将没落的"夕阳产业";对电子计算机化,激光与光导纤维的应用,遗传工程在生物学、医学上的应用,海洋底部沉积矿床的开采与海水的淡化及其溶质的提取,航天技术的探索,新能源、新材料的开发等等,竭力渲染、命名为"新兴产业"。甚至幻想出现一个"奇妙的时代"来摆脱资本主义社会不可避免会出现的内在矛盾与国际互相感染的经济困境。我们经济基础落后,起点低,是事实,也是历史形成的。因此,我们对多种传统的基础工业可以采取更先进的技术加以改造与发展,我们对多种"新兴产业"可以尽量推广新技术和吸取技术经验,欢迎所谓"挑战"。以现代的科学成果丰富我们的教育内容,改进信息传递,探索社会经济系统工程在经济体制改革中的应用。总之,努力改革社会主义社会内不适应生产力向前发展的各种生产关系和有关政策,把教育体制改革和经济体制改革的试点成功经验,加快向各个以城市为中心的经济区推广开去。政策对头了,工作深入了,现有的人才才能合理使用、按劳分配了,在各个领域的实践中加快成长起来的大批新的生力军也会加快发挥其作用的。

我国地区社会经济发展战略研究中的几个问题[*]

　　全国许多省市自治区、重点城市、重点经济协作区都在进行地区社会经济发展战略研究，这实在是好现象。这种现象是社会主义中国有计划加强经济建设的一大特色。

　　各地区社会经济发展战略研究中都遇见了一个普遍性的问题，有的说是人才不足，有的说是干部体系水平较低，有的说是工作经验不够，总的说，是社会主义经济建设中长期以来所感到的教育问题。教育是基础工作，不论是中小学教育、职业教育、大专院校教育、研究生院乃至博士学位的教育、在职干部的教育等等，都要打好这个基础，才能真正规划好地区的乃至全国的社会经济发展战略，做好经济建设工作。因此，我赞成已在上海出现的研究地区文化发展战略的新动态。

　　我现在先就地区社会经济发展战略中的战略目标与战略步骤的关系等八个关键问题来说几句。

---

　　* 本文是作者 1985 年 11 月 15 日在全国地区发展战略研究工作经验交流会上的发言纪要。本文所提出的八个关键问题都有普遍意义。

一 地区社会经济发展战略中的战略目标 与战略步骤的关系

社会经济发展战略不论规划到 2000 年、2020 年或 2050 年，都得注意两点：

（一）要系统分析地区性的战略资料。明确地区经济要发展，哪些是本地区所独有，哪些是能为毗邻地区以至能为全国服务的资源；准确列举这些有战略意义资源的品种、质量（品位）、数量（可采储量，可输出量）。在全国社会经济战略中，本地区可以做出哪些贡献？为什么选择这样一个发展战略目标是可取的和可行的？我们是唯物主义者，都知道真理是具体的，要符合客观规律的。不仅要从原则出发，从好心好意的设想出发，更重要的是要从具体的实际事物出发，选定目标、制定战略，才能有说服力。如果只是一些没有确切数量和严谨战略方针的设想，从概念到概念，甚至从空谈到空谈，必将经不起推敲，经不起科学的验证，甚至蹉跎岁月，事倍功半，一事无成。

为此，也要系统分析地区性的制约因素，明确地区经济要发展，如不克服本地区所特有的制约因素，就不可能大踏步前进，不可能出现经济增长的合理速度，也不可能实现预期的战略目标。特别要根据可能克服制约因素的具体情况，来明确划分战略步骤。如果不这样分步骤向前迈步，战略目标就会成为空想。比如说，在有些地区，干旱是极难克服的制约因素，在无法解决水源，又无法改变气候的情况下，想建设高水耗工业与大中型城市是不可能的。

（二）要慎重研究本地区与全国社会经济发展战略的关系。全国的战略目标是从 1980 年到 2000 年全国工农业生产的年总值翻两番，那么，每年的增长速度大致需要 7% 才能实现这个目标。本地区怎么办才能现实地前进？如果本地区开辟一个新产业，从零开始，光从这个产业而论，计算其翻两番可能是无穷大。如果像上海那样要做到为全国经济振兴而服务，上海自己能翻多少番呢？很可能不一定能翻两番。那么，即使少翻一些也会是十分光荣的。有些地区则下了大决心以超高速度前进，45%、60%、80%……而超高速度是很难做到按比例平衡发展的。大家一哄而起，国家的物力、财力必将无以为继。据说，去年第四季度，有些银行在某些地区还竞相放贷，这种做法是不符合中央正确政策的。幸亏中央及时发觉，加强了宏观控制。如果脱离了宏观控制，不受计划指导的若干计划外经济活动积少成多，也会严重影响国民经济的正常发展。这样给企业和基层放多少权，也是不合适的。因此，还是要立足于国情、省情、市情的现实经济条件，这是选择发展战略目标与选择战略步骤的重大准则。国家是一个有机的整体，各个企业、各个地区、各个部门是整体中具有特殊功能的细胞所组成。任何一个细胞组织如果不适宜地独行其是，甚至不恰当地扩大其功能与活力，也会影响整体的正常运行。

二　重点经济建设与地区经济振兴的关系

这个问题，我是在政通人和的新形势下逐步加深认识的，其实客观上早就要求我们正确对待了。

（一）从国家集中全力以赴的重点经济建设方面观察。比如说，第一个五年计划期间的 156 项重点建设项目，方针政策都正确。但即使如此，历史经验还告诉我们，有若干重点建设项目在某个时期内，不一定都能带得动地区经济振兴的。因为 156 项建设的目标是为全国的需要服务的，在建设期间至少能增加劳动就业与带动地区供应砖瓦砂石及建筑等行业，但是其主要产业的协作面运输间距有多大呢？当时都有相当的考虑。即使如此，某个大型骨干建设项目对所在地区的经济能带动到什么程度，还可以具体分析。例如，江西的几个钨矿。这样的重点建设项目如何转向为地区经济服务，以取得更大的经济效益。相似的问题，在哈尔滨、西安、洛阳等地重点建设的大型机械制造厂时也不同程度地出现过。这是说建设项目决策时的目的性总是受时代背景局限的。

（二）从振兴地区经济方面观察。首先要看本地区 80% 的农民能否靠劳动致富起来。这涉及农业经济结构的转换。在"有粮才稳"的基础上，能否充分利用草山草坡以发展畜牧业？能否充分利用湖泊淡水以发展鱼虾等养殖业？能否利用民办公助的方式疏通乡间公路？能否利用内河航运沟通水陆的城乡物资交流？能否鼓励发展村镇合作经济在乡间公路、内河航运与交通干线的联结点设置供销合作社？能否在供销合作社的近旁设置有充分实力的国营商业网点？用这一系列的工作来振兴地方的农业、商业与必要的农产加工业，从而把地区商品经济有点有线有面地搞活，这个工作量很大，它不同于为数不多的个体经济活动。就是说，现在农村经济靠联产到户政策已有了成效，往后能否发展成为联户生产与联户供销、合作运销呢？农民要自觉自愿发展专业化的合作经济组织才能出现相当规模的农工商联合企业，我想这些都值得考虑进地区社会经济发展战略中去。

1985 年秋，我同几个朋友组成了云南经济调查组，专门走滇西公路、跨越澜沧江与怒江、穿过横断山脉，观察了经济并不发达而地上地下物产都丰富的几个少数民族自治州，总的感觉是云南不富是无天理。比云南条件好的不少省区，如果搞好地区社会经济发展战略，从转换农业经济结构，疏导乡间公路与内河航运，发展合作经济性质的供销合作社与生产合作社，加强城乡物资交流的国营商业网点，都可以大有作为的。当然，有些地区障碍劳动人民致富还在于人才，在人才不足的同时，也应该调查清楚现有人才是否已经人尽其才，用尽其学了？

三　港口建设与腹地经济的关系

港口与腹地的关系，也是实行经济开放政策后所必然出现的新问题，要求我们赶快加强对内对外的经济联合，把它们间的经济关系理顺，以适应经济发展的需要。

（一）从港口说起。14 个开放城市，都在整顿与扩建港口建设，这是大家都羡慕的。可是如何能使每个港口都有足够的货运量来转口、出口或加工呢？这就需要腹地支持。如果没有腹地源源送去运销的商品和加工的原料，就可能出现空港。

（二）从腹地说起。木材、竹子、土特产等，在交通不便的山区，货弃于地、腐朽入泥的现象现在绝迹了吗？内陆省必然要找对口协作的港口以加快发展经济。以江西为例，疏导好鄱阳湖流域的几大水系，以九江—湖口为沿江的内河港，即能下通南京的新生圩港、苏南的张家港、苏北的南通港、长江口上的上海港。以宁波的北仑港为例，水深岸线阔，可以考虑发展沿海航运。北至大连、天津、青岛，南至广州、湛江、北海，而这些港口也各有各的腹地。再可以考虑发展沿江而上的内河航运，如说南京长江大桥以东可走万吨轮，则一条万吨轮相当于 20 列货车；如说南京长江大桥以西可走 3000 吨的轮船，则两条 3000 吨轮船相当于 7~8 列货车也是好的。三十多年来，一谈运输就想修造铁路，这是不行的。在海运江运方面，宁波、上海都不妨考虑一个 T 字形经济发展战略。

当然，江西的南部，可以面向福建和广东的港口找出路，只要接通那边 200～400 公里的公路和打破人为的地区封锁，事情就好办得多。以此类推，云南、贵州可以联结广西、广东利用大部分珠江水系和一部分山区公路找货运出路。贵州还可以利用乌江直通长江流域各省。其他内地省也都各有天然渠道可以加快疏通，实行有效的内联。如果不跨省研究地区社会经济发展战略，只能是地区分割、自我封闭的延续，如果只是就一个市论一个市或就一个专区论一个专区，当然更不容易找到解决问题的方法了。

四 地区经济结构与地区建设资金积累

有的地区在社会经济发展战略中，好与邻省或经济比较发达的地区攀比增长速度。对于地区之间不同的社会经济结构和建设资金积累问题等有无可比性，研究得往往不够。有的论文中，随意搬弄欧美日本适用于资本主义国情的理论或经验，这更不妥。我们是社会主义国家，建设资金的积累，一不能像资本主义发达国家过去那样搞残酷的资本原始积累；二不能丧失国格，卑躬屈膝企求帝国主义的经济援助；三不能挖社会主义墙脚、损大公肥小公，甚至损公肥私。地区建设资金的积累问题，不能只眼睛向上，盼望国家财政支援或优惠信贷。

（一）地区经济结构应该因地而异适当选择，善于搞活地区经济，善于积累地区建设资金。

南方各省温和多雨，草山草坡是天然富源。现在"走遍千里有草场，到处不见有牛羊"。以有限的耕地，先搞粮食生产是十分重要的，可是撂荒的山坡、丰盛的牧草，为何不发展草食动物产业呢？同样，良好发育的溪涧江河湖泊，为何不发展水产和家禽产业呢？现在是要研究社会经济发展战略，有关联的科学技术便是解决战术问题的方法。战略研究与战术研究在特定情况下是完全可以统一起来，融会贯通的。

北方，尤其是西北，更有种草种树、改造风沙、改造气候、保持水土的问题。经过长期努力，使43亿亩草原恢复到"风吹草低见牛羊"的风貌应该是能办得到的。现在的劣势就是潜在的优势，人的主观能动性是大有用武之地的。

（二）地区经济结构的模式，不是简单照抄全国性经济结构模式的问题。与中央保持一致的原则是对的，但必须要考虑地区的具体情况制定适当的政策。陕北应用拖拉机开垦，每亩费用70元，但道路不先期配套，教育不发达，技术也推广不开。这些是在地区社会经济发展战略研究中首先应该扫除的"拦路虎"。

再以江西为例，萍乡—新余一带的煤矿与钢铁工业，因为能承受来自上海的技术辐射，产业经济效益较高。这里的地区经济结构排列，可以是重、轻、农。南昌市及其周围，可以多方面综合性发展，但是否就适宜于大发展钢铁工业与重化工工业，来一个"多功能、全方位"的展开呢？就得慎重研究了。鹰潭—上饶一带发展铜基地，当然可为全国服务。但在此如何发展地区经济所需要的乡镇工业，很可以另题研究。因此地区经济结构排列，也会是重、轻、农。九江—湖口一带，依靠长江与鄱阳湖水系，地区经济结构排列是否考虑贸、工、农，再加一个发展旅游业？赣南面向福建、广东，也可以考虑同那边联结起来规划，如搞贸、工、农。

（三）老根据地、少数民族地区、边远地区、穷困地区，所谓"老、少、边、穷"地区的脱贫致富，只有在社会主义体制下才能提升到地区社会主义经济发展战略上来考虑。中央有关民族政策是在一般资本主义国家内不可能出现的。可是有限的财力支援也应该用到刀刃上，不要乱撒胡椒面、帮不到点子上。发扬了建设地区经济的积极性才能减免只靠外来条件的依赖性。这一类地区经济结构往往需要深入的调查研究才能了解其特殊要求。

五　旅游经济的发展需要配套规划

只停留在有得天独厚的风景或历史文化遗存的宣传上是发展不好旅游经济，也积累不多财政收入的。需要配套规划的方面很多，具体说：

（一）饮料工业：饮料产品要可口、清洁、营养、卫生、价廉，具有地区的特殊风格。有全面水分析资料作标签的矿泉水，合乎旅游习惯要求的甘蔗汁、山楂汁、刺梨汁、鲜橘汁、菠萝汁、猕猴桃汁等等，都可以为登山越水而口渴唇焦的旅游者服务，不一定到处经营外国人所爱好的啤酒或为美国私商所专利的"可乐"。

（二）烹调工业：中国菜馆在世界上是盛誉经久而且价格比西菜低。在许多国家，民间以能在周末到中国菜馆大吃一顿作为美好的享受，这一点优势，我们应该心中有数，千万别妄自菲薄。在国内，应该整理具有地方特色的菜谱，让旅游者有个价廉物美的享受而且留下个好印象。每餐有两三个主菜就可以，改变一下过分丰盛的宴会习惯。这在社会上是个移风易俗的问题，对发展旅游业来说是个经济实惠的问题。比如宁波传统菜谱的霉干菜炖肉、臭豆腐、臭冬瓜、糟鸡、糟鸭、糟鹅；鄱阳湖与太湖的银鱼炒蛋、香菇清蒸鱼，都是有名的好菜。湖口的酥糖、切片等也是可以供应旅游者的小吃。至于广东、福建、四川的烹调，都色香味形各臻上乘，自不必细说了。应该看到中国传统烹调的这个优势而加以发扬，正不必到处创办一些西菜馆，误以为那样才能迎合外国旅游者的心理。

（三）旅游区要有艺术规划：登名山不一定要每处建设盘山公路与架空索道。凡是能破坏风景观赏、貌似现代化的豪华建筑物，也不要盲目地去追求。现在黄山风景区、庐山风景区、西安历史文化遗存、敦煌石窟等，都出现了保护自然景观、人文景观的呼吁，很值得注意。何况欣赏风景也要研究旅游者的心理。历史文化的文字说明或口头说明也要有一定的文化水平，使旅游者留下不可磨灭的印象。

（四）住宿设施：要提倡对社会主义国家有好感的旅游者一般乐于享受的中下级旅馆。不要以为外国来的人都是阔佬。外国旅游者也很会精打细算，欧洲有好坐夜车的风气，美国告诉公路旁有宜于自己开汽车旅行的方便旅店，日本也有类似的简易旅店。有鉴于此，陕北可以搞窑洞旅店，内蒙古可以搞蒙古包旅店，云南可以搞傣族式竹楼。形式特殊，但内部可有电讯、电视甚至电传设备，以方便远方来的旅游者。高层旅馆，豪华陈设，昂贵宿费的风气，到80年代后不一定再会兴旺而有利于收入了。

（五）手工艺品：要小巧玲珑，便于旅途携带馈赠。当然要宣传地区所特有的传统艺术，使旅游者有美的享受。

（六）服务质量：要注意主动礼貌、热情周到、清洁卫生、不卑不亢与善于接待的语言等。在小卖部、旅店、饭厅、浴室、洗脸间内，都不应当有不文明的事件发生。一般说，讲解员比较辛苦，有些地方可搞些精致实惠的说明书、说明牌。

我们发展旅游经济一定别学有些资本主义旅游点那种糜烂的社会生活，一定要注意旅游者见多识广，是会善于比较不同社会中的精神文明面目的。综合性发展旅游经济往往可以带动一串行业以至一个地区走向繁荣，不要以为光有了好的自然景观和历史文化遗存就可以发展旅游经济。还要做好旅游区的总体规划，宣传社会主义的精神文明。

六　乡镇工业与小型城市经济中心要因地制宜地进行规划

地区经济是一个面，乡镇与小城市之所以能形成与发展，是面上有了一定的经济基础之后出现的许多人群乐于聚居的"生长点"。单凭主观想象当然形不成。历史上由于军事争夺而形成的名城名镇，如果失去了现实经济基础也会自然衰败。我们不必提倡多推广价格昂贵、市场容量很小的商品，也不必追求低利信贷和优惠税率等等过时风尚。为此，全国几千个小城市、上万个乡镇也应该分批分期进行因地制宜的城镇规划，规划的标准千万不要脱离现实经济的实际，误以为越高越现代化越好。

七　地区经济规划需要多学科进行科学交叉

地区经济规划、部门经济规划、重点经济问题规划，都是全国社会经济规划这个巨系统中的子系统，需要从科学交叉走向交叉科学。

既然社会主义国家实行的是计划经济，就要循名责实，学习的文章正多。计划是一种控制方法，但控制不就是计划。经济计划也不是只有社会主义国家才有的。美国的许多垄断财团所掌握的大企业，内部大都应用计划方法；一些多国公司则强调在其内部实行部门管理与地区管理机构之间纵横交错、不断反馈订正的以整个公司组织为一体的整体计划，计划工作中运用的工具当然是现代化的电子计算机网络。现在以国家为单位来说，有条件协调发展社会经济到能整体平衡财力、物力、人力，使社会经济能有计划按比例发展，可能是社会主义国家达到最高速度与取得最佳经济效益、减免盲目竞争与浪费损失的惟一方法。尽管社会经济复杂多变，经济模型一经建立，许多问题也可以实现测算，事前掌握其可行的发展动态。为此，计划的实际控制作用应该能发挥得较好。要达到这种目的，就必然需要多学科进行科学交叉，经过长期实践，可以预见将形成理想的交叉科学。

八　地区社会经济发展战略规划要冲破条块分割

　　地区社会经济发展战略规划，要掌握许多地区性甚至全国性的经济信息，要敢于冲破条块分割、互相自我封闭的枷锁。这是大家都有深刻体会的事。从实例来观察，更能形象说明问题的所在：

　　（一）以广州的社会经济发展战略规划而论，就有一个屹立祖国南大门的战略地位，更有一个与深圳、珠海、汕头、潮州和将来对香港、澳门回到祖国、在"一国两制"情况下行使主权后的分工协作的区域经济问题，还有一个以江西、湖南、广西、广东等省各一部分作为腹地的问题。这就不能就广州市论广州市，把目光限制在广州市这个区域之内。当然教育要全国打好基础；技术结构与经济结构、技术政策与经济政策都要有比较好的战略部署与战略步骤；有些经济体制的改革也要按照建设与发展社会主义的原则去办事。

　　（二）以北京市与天津市的发展战略而论，就有一个同河北省共同考虑创立华北经济协作区的问题，还有一个以山西、内蒙古、宁夏、甘肃、新疆等省区作为经济技术文化辐射地带的问题。调查研究的面，当然就得宽阔一点，或者比自我封闭在小圈圈内思考问题，更能按照马克思主义的理论原则去选择成系统的科学决策。这里也有一个经济体制的改革与创新的问题。

总之，全国各地区的社会经济发展战略的研究与规划，都应该有整体观念、发展观念和系统分析观念，也要预见经济体制改革的动向。古话说："凡事预则立，不预则废"，这话在现在也是适用的。

系统工程与社会经济系统[*]

近年来，系统工程无论是在理论上，还是在实际运用上，我国都取得了很大进展。它在我国的应用领域已从国防、科学、技术等方面扩展到社会经济方面。

一　社会经济系统工程的产生是系统工程发展的必然趋势

系统工程来源于工程领域，尽管在它的发展过程中，人们曾赋予它不同的解释，但就我们所看到的文献，从 1957 年 Harry Goode 与 Machol 的第一本系统工程的书——《系统工程——大规模系统设计的介绍》到 1980 年 P. K. M. Pherson 的《系统工程：系统总体设计的一种方法》等，已经可以反映出系统工程的基本内容。由于系统工程是一门边缘学科，它的含义不是很明确的，因此，在国外，"系统分析"、"系统管理"等名词与系统工

　　* 本文发表于 1982 年《技术经济与管理研究》第 3 期，为作者与张宣三、李泊溪合写。

程这一名词仍然在同时使用。但国外有的文献（例如1968年出版的布勒克（Guy Black）所写的《系统分析对政府工作的应用》），对这些名词还是做出了区别，认为系统分析是为系统提供更广阔范围及结果的探索的综合标准，"系统工程"是"包括优化技术"的设计，而"系统管理"则用于总体过程的控制。

从科学技术的发展来看，人类对客观事物的认识，总是由简单到复杂，由低级到高级。系统工程的发展，在以工程领域作为研究对象首先取得卓越成果，这是由于在工程这一研究领域，从某种意义上来说，由于范围确定，条件比较容易控制，因而相对来说比较简单。而社会经济系统则要涉及到政治、经济、技术、宗教、文化、环境、社会行为等等。各种因素的关系不但错综复杂，难以从中找出规律性的东西，而且社会经济因素在研究过程中不能像应用自然科学规律于工程领域那样，可以进行某种条件的控制，因此社会经济系统要比工程系统更加复杂。但是随着系统工程理论与技术的发展，从60年代开始，"系统工程"就从工程领域跨进了社会经济领域。由于"工程"二字原有定义的狭隘性，对这一新涌现的学科称做"社会经济系统工程"还是称做"社会经济系统分析"尚值得进一步探讨。本文暂时使用社会经济系统工程这个名称，这不会妨碍我们对社会经济系统的研究。我们研究问题，不是从空泛的定义出发，而是从客观存在的具体事物出发。系统工程技术与方法的发展，使它逐步具备了能够解决越来越复杂的问题的可能性，因而渗入到各种新的研究领域，从而发展成新的学科分支。社会经济系统工程的产生，就是系统工程发展的这种必然趋势。

二　建立起适合我国国情的社会经济系统
工程这门学科已经成为迫切的需要

社会经济系统工程的建立不只是依赖于系统工程本身技术

的发展，而且也依赖于社会经济本身的发展。当社会经济的基础还是小生产的时候，生产在非常狭小的范围内进行，经济活动范围也只限于一个狭小的地区，也就不会产生把社会经济活动作为一个系统来研究的客观需要。大工业生产出现后，生产成为社会化的生产，随之而来的市场的扩大，金融业的发展等等，把整个社会经济活动连结在一起。从此以后，一个工厂的生产与全国甚至全世界的市场息息相关。工厂的生产活动，社会上的物质产品的分配和交换活动，与社会制度、法律、政治、文化、道德等等都是联系在一起的。社会经济的各个方面、各种因素，互相联结，互相依存，互相推动，形成一个统一的整体。在整体中进行活动，并且把整体推向前进。系统概念在社会经济领域中已经客观地形成了，把系统工程作为社会经济研究的手段也就成为客观的必要。

社会主义制度实现了生产资料公有制，消灭了私有制基础上的盲目竞争，实行有计划地管理国民经济，可以在更加自觉的基础上安排社会和经济的发展，为利用科学的方法来编制社会经济的发展计划并组织其实现创造了有利的条件。系统工程是把客观事物当成互相联系的有机的整体来进行研究的，因此系统的思想也应该成为编制计划的思想。系统工程也应该成为社会主义制度下计划经济的重要手段。

但是，要使客观的需要成为主观上的认识，往往是需要时间的。认识只能通过反复的实践，积累了许多成功的和失败的经验以后才能取得。在我国的社会和经济建设中，如何从社会经济发展的整体中来安排各个方面的工作，从国民经济的全面综合平衡中安排各个部门、各地区以及各种产品的生产，建立在现代大工业基础上的国民经济如何实现一盘棋的问题。所有这些问题都是经过长期的实践才逐步明确起来的。这种情况不但影响计划质量的提高，也影响对先进科学方法的采用。目前正处于进一步深入进行调整和改革的时期，更需要全面安排，综合治理。实行计划经济为主，市场调节为辅和全国一盘棋的政策，在对外贸易上坚持统一对外，在国内坚决纠正地区之间的经济封锁。对于当前的调整和改革来说，是一个十分重要的步骤。没有这个步骤，调整和改革就会遭到阻碍。如何使国民经济能够实现一盘棋，成为统一的整体还需要做许多工作。但是，在实现全国一盘棋的基础上，对经济的计划工作和组织工作都要求有进一步的提高，使得我们真正能够从全局出发，制定出调整和改革的规划，编制出体现国民经济协调发展的计划，有步骤地组织其实现，系统工程是大有可为的。我们应该为建立起社会经济系统工程的理论和方法，为我国的调整、改革和社会主义建设发挥作用。

三　社会经济系统工程方法论的特点

由于社会经济系统所包含的因素是多方面的，这些因素，根据各自的特点，按照各自的领域，形成许多层次的系统，形成各自的运动规律，但是他们又以各个不同的方式联结起来，互相依存，互相渗透，推动各个系统和总系统的运动。这种特点不但贯穿在大系统中，如社会经济长期计划的制定、经济结构的调整，管理体制的改革等等，对于小的系统，如工厂经营管理的决策，也都要考虑上面所说的各种情况。因此，社会经济系统本身就是综合性的，这个特点就决定了它的内容的复杂性。为了适应社会经济系统的这个特点，在研究方法上也需要有所着重。在这方面，我们考虑：

（一）定性和定量的关系，要强调定性对定量的指导作用

首先，社会经济规律发挥作用的过程与自然规律不一样，自

然规律发挥作用的条件比较容易控制，实现了所要控制的条件，就能够为人们所预期的准确地发挥作用。社会经济规律的作用是通过人和社会各种复杂因素相互影响的过程来实现的。不但有人们认识的因素，而且社会现象中偶然性也比较多，因而社会经济规律的作用往往是通过曲折和反复的过程和许多偶然性的因素表现出来的。这种情况使得我们凭知识和经验来判断现象的性质起了很重要的作用。

其次，社会经济现象是随着本身的发展而逐渐暴露的，因而对社会现象的认识常常受到很大的限制。比如，计划经济和市场调节的关系问题，30 年来在认识上经过不少曲折，现在，总的来说，对计划经济为主，市场调节起辅助作用的认识，原则上已经趋于一致。但是，如何具体化，仍然是一个要继续探索的问题，还要通过许多实践才能取得实际内容上认识的一致。在目前的情况下，不同的看法就会产生不同的认识，编出不同的模型，得出不同的结果。其他如经济上的集中与分散的问题，两大部类的关系问题以及金融财政等等都存在这个问题。如何从本质上解决定性的问题，往往是解决定量研究的一个重要前提。

我们强调定性的指导作用，不是要忽视定量的研究，客观的事物总是定性和定量的统一，特别是在经济领域里，质的关系是通过量的关系表现出来的，因而应该重视在社会经济系统工程中定量的研究。但是，在我国把定性和定量割裂开来的倾向是长期存在的。既有片面重视定量而忽视定性的情况，例如只重视按产值来计算速度，不重视产品质量和品种的发展；也有只重视定性不重视定量的问题，例如在我国生产水平还不高的情况下，就想过快地进行"过渡"。以上这两种情况，都为国民经济的发展造成重大的损失。由此可见，定性和定量的统一是十分重要的。如果过分重视定量，忽视定性，还有可能产生另外一种偏向。看不到不同的社会制度不同国家本质上的区别，产生照搬外国模型的危险。

我们的观点是定性和定量相结合，在定性的指导下定量，在考察量的变化情况下研究定性问题，即我们要在注重定性分析的同时，必须重视定量分析，使两者有机地结合起来，相辅相成，相得益彰。社会经济的决策和政策、法令等等的制定是建立在定性和定量的统一的基础上的。模型的编制既是在定性的指导下进行的，又是为定性提供定量的数据参考的。

从模型的编制来说，构成模型的要素和变量，是通过对社会经济现象的理解来确定的。它们在模型中的地位和作用，以及相互关系，是通过参数和函数关系来确立的。这些参数和函数关系虽然都是量的关系，但都是在一定的社会经济结构和管理制度以及各种政策中形成和发展的。如何估算参数和确定函数关系，本身就是对社会经济现象本质的理解和规律性的认识的结果。不但统计回归的结果要依靠人的经验去修改，统计数字本身也有一个根据实际情况进行调整和处理的问题。根据模型计算所得出的结果也要有人的判断去做出解释或者进行修改和调整。

特别是我国经济的发展，30 年来，由于政策和措施上的某些失误造成了经济上的不正常的波动，统计很难回归出符合客观规律的发展趋势。而目前又正处于经济结构调整和体制改革的时期，认识和经验的判断占有特别重要地位。应该说，编制社会经济系统模型处处都存在着定性和定量的关系问题。因而对社会经济发展的认识与远见常常是决定编制模型的水平的重要因素。这在任何时候都是正确的，对于现在，特别重要。

应该说，我们已经有了 30 多年社会经济建设中正反两方面的经验，中央对调整和改革的总的方向已定，今后的经济有可能少走或不走弯路，有了比较稳定增长的条件，对我国今后经济发展的规律性的认识也就有了条件。这是今后能够编出比较符合实际的模型的基础。

（二） 强调综合—分析—综合的方法

综合和分析是系统工程中普遍采用的方法。建立模型就是一个综合的过程。把组成系统的各种因素，按照其在系统中的地位、作用、相互联系的特点等等，综合起来，用数学的方法或者图表等等描绘和复制出来（经过简化），这就是模型。但是，综合是建立在分析的基础上的，不对组成系统的各种因素进行调查、研究和分析，判断哪些因素是系统的组成部分，哪些不是，这些因素的性质和在系统中的特点，与其他因素的相互联系的方式等等，就谈不上综合。可以说，没有分析就没有综合。模型的编制就是在不断分析的基础上不断综合的过程。

社会经济是一个包罗很广的复杂体系，当我们研究社会经济中的某一个特点问题，对组成这个问题的系统中的因素的选择和确定往往也是一个复杂的问题。有的因素具有较明显的直接的关系，但有的只有间接的关系，有的是长期起作用的，有的是暂时起作用的，有的因素从次要的上升为主要的，有的又从主要的下降为次要的。这种情况在社会经济现象中是相当普遍，而且有时表面现象掩盖了本质。例如，在农业中，相当一个时期以来，把农业机械化和兴修水利作为农业的决定性的因素，不考虑实际情况，不问实际效果，集中力量大搞农田水利和大搞农业机械化，反而影响了农业的发展。农业一要靠政策，二靠科学，把政策作为第一位的因素提了出来，并且正确解决在发展农业上政策和科学的关系问题，解放了农业生产力，取得了农业的较快发展。这说明，在社会经济现象中，哪些是真正起作用的因素，哪些是表面现象，只能通过认真深入社会经济的实际，进行调查和研究，掌握真实情况，才能发现。为表面现象所迷惑，因而得出错误的看法，这在社会经济研究领域里是常见的事，这是社会经济工程所应重视的问题。

综合的一个重要方面是解决全局和局部的全面联系问题，对于经济现象来说，就是宏观和微观的统一。对于宏观经济的研究，必须重视微观的因素，而微观的研究，又要着眼于宏观。宏观与微观的脱离就会造成经济上的失误。我国在体制改革过程中，企业扩大自主权的改革试点，由于宏观管理体制的改革配合不够，价格、利息和税收等等的政策配合不够，产生了一些盲目经营的现象，有的企业不考虑国家的需要，片面追求利润，造成了经济上的一些混乱现象；我国对于建设项目的确定，往往由于缺乏联系全局的可行性分析，造成失误。这也是综合性平衡不够所产生的问题。

综合的过程实际上是对社会经济现象的认识过程。函数关系就是对于这种认识的数学表示，因此数学的技巧有一定的重要性，但是最根本的问题是对社会经济现象中各种复杂因素及其相互关系的认识。这是建立函数关系的基础。我国过去在综合平衡中的许多错误思想，如以一种产品为纲，带动其他的"带动论"；对原材料留有缺口的"积极平衡论"等等，实际上都是破坏了社会经济中各种因素的相互联系，为国民经济带来了损害。总结过去的经验，提高对社会经济发展规律的认识，是处理好综合平衡，提高模型质量的重要问题。

模型是认识的一种工具，能够为定量的研究提供先进的处理方法，从而也为定性的研究提供帮助，成为进行决策的重要参考。但是，由于认识的局限性，也由于社会经济现象的复杂性，而且对于有些社会现象，数学处理还不能准确地解决定量化研究的问题。因而模型作为认识的工具是很有限度的。在最好的情况下，模型只能近似地反映实际。经验判断作为决策的手段仍然是不可少的。

（三）社会经济系统工程要重视多学科、跨学科的研究

社会经济系统是多种因素的综合，这些因素涉及各种学科，不但包含社会科学各个学科本身，而且涉及自然科学的许多方面。就从科学技术来说，自然科学已经用各种方式进入社会和经济生活的各个方面。现代经济是经济和技术的结合，离开了技术，经济也就很难理解。科学技术作为生产力日益占有重要地位。20 世纪以来，特别是第二次世界大战以来，生产力的发展特别迅速，对于社会的结构、文化、道德、生活方式等等产生了巨大的影响。从经济领域来说，货币、金融、财政、物价、劳动政策、国家对经济的管理等等，都是经济中一个方面的问题，但是都是在经济的整体中发挥各自的作用。在当前，即使是企业的经理或工厂的厂长，在进行决策时，也必须关心所有这些问题。跨学科的研究已经成为社会经济系统工程所不可缺少的一种方法。对于一个社会经济系统工程的工作者来说，除了精通各种系统分析技术以外，还必须具备社会科学和自然科学方面的广博知识以及跨学科研究的能力，要有一种把各种学科综合起来处理问题的能力。

为了补救个人知识面有限的缺点，普遍的方法是组织一个系统的工作组，包括有关的各种不同学科的专家，联合起来工作。但是，成立工作组如果没有一个在知识和经验上能够综观全局，综合各种学科的能力的组织者，工作的进行往往是有困难的。一个国际知名的日本研究所的领导人和一个以加拿大资本为主的多国公司的主要负责人都曾说过，专才容易培养，一个具有广博知识和丰富经验的通才是很难得的。他们十分重视把专才进一步培

养成通才的问题，原因也在于此。社会经济系统工程的研究工作者应该重视这个问题。

四　对我国社会经济发展战略的研究是
社会经济系统工程的重要任务

所谓战略就是关照全局、关照全局内部各部分之间的关系、关照全局发展的各个阶段之间的关系。处理好这些关系的目的是为了取得全局的胜利，或者实现人们所希望的目的。这也是社会经济发展战略所要研究的原则和要求。

社会经济的全局和实现全局的目标随着时间的不同是不一样的。我国现在正面临调整和改革的新时期，国民经济发生了很大的变化。作为计划经济的补充，市场机制开始发挥了调节作用；农业实行了生产责任制，生产有了很大的发展；工业企业开展了扩大经济责任制和自负盈亏的试点；多种渠道的商品流通已经有了开端，所有这些都为搞活经济创造了条件。前二十多年在经济建设上重数量、不重质量，造成技术上严重落后的状况开始受到了重视；国民经济的相互关系也在发生变化，工业和农业、轻工业和重工业的关系比过去协调了，随着生产的发展，出现了一些新的矛盾，正在促使人们去解决。调整和改革已经取得了很大的进展，但还有许多问题需要进一步解决。再用 5 年或更多一点时间完成调整和改革的工作，为综合性地提高经济效益、合理利用资源、取得实实在在的比较好的国民经济的发展速度创造条件。所有这些都是我国当前社会经济发展战略所要解决的问题，而最根本的就是提高国民经济的综合效益。

应该说，综合经济效益是国民经济健康发展的一个重要标志。目前的调整和改革就是要解决 30 年来积累起来的经济结构和管理体制不合理的状况，为充分发挥经济的综合效益创造条件。用系统工程的术语来说，就是要寻求国民经济系统的最优化问题，使得经济结构和管理体制都能实现最优的配合状态，这应该是社会经济系统工程的最大目标。因此，不论是全局性的问题，如社会经济长远计划的制定，或者局部性的问题，如投资结构、消费结构或者一个企业的经营管理等等，都应从实现国民经济的综合效益出发，决定自己的战略目标，应用系统工程的方法进行研究，这应该是系统工程当前的一项迫切任务。

用系统的观点和方法分析研究 社会经济问题[*]

　　1984年5月,中国系统工程学会在贵阳举行了一次大型社会经济系统工程学术讨论会,讨论"系统论,控制论,信息论在经济管理中的应用"。现在许多大城市、中等城市对经济发展战略也在纷纷集会商讨,这是可喜的学术动态。如何以马克思主义为指导,探讨系统工程在经济建设中的应用呢?

　　1. 社会经济系统需要正确对待、综合性研究。对复杂的社会经济巨系统进行综合性反复研究——系统分析、运动控制、信息反馈、再校正、再分析、综合组装、整体观察、动态检验,循环几次,才能得到比较符合辩证唯物主义、历史唯物主义的结论,得出切实可行的经济管理体制改革方案。从较小的子系统开始,有步骤地扩大研究对象,直至探讨出优化的整体改革方案来,然后才能到实践中去试点检验。系统论、控制论、信息论在现实经济管理体制中的应用,是一个多学科、跨学科的课题,要求自然科学工作者和社会科学工作者互相学习一点双方的基础知

　　* 本文是作者 1984 年 5 月在贵阳举行的全国社会经济系统工程学术讨论会上的大会发言纪要。

识，如自然科学中的数学、物理学、化学、生物学等，如社会科学中的哲学、政治经济学、历史学等。大家团结合作，多多交流，互相启发，才能找到共同的语言，提出有效的建设性意见来。这不是轻而易举的，对此，希望我们有一个根本性的共同认识。

2. 强调追求社会的经济效益。中国共产党第十二次代表大会的精神，要求在提高经济效益的基础之上，发展工农业生产，开创新局面，向现代化进军。强调讲究经济效益，十分重要。可是，在现实生活中，关于经济效益这个概念有不同的认识。一个企业惯于以企业为本位出发，测算简单再生产与扩大再生产的经济效益。同样，以部门经济为本位，以地区经济为本位，也可以测算出部门经济效益和地区经济效益。我们更要注意追求的是从国家、社会的整体出发，获得对国家、对人民、有益大局的社会经济效益。这要在定性的前提下，用定量的方法，测出符合实际的效果。但概念的分歧，可以导致不同的实践，过去局部得益而使全社会吃亏的例证不少。规模过于庞大的工程项目，采用了现代化的技术装备，生产新型的产品，当然是好事，但需要投入的资金很多，有的还可以使有关部门的经济陷于周转困难。即使规模很小的工程项目，如果运用落后的生产技术、片面地以多取胜，使社会的建设总规模超出社会的实际需要，超出物力、财力、人力的许可，也足以图虚名招实祸。这样的小型项目，因为厂址选择失当，生产流程设计欠周，或配套设施不全，更能造成经济损失，环境污染，人民受害。所以我们强调从企业、部门、地区等各个局部出发，都要追求社会全局的经济效益。

3. 健康地走向 21 世纪。现在我们正在走向 21 世纪，开创振兴中华的新局面，要求走向前，看得远一点；迎接革命性的新产业、新技术，迎接某种意义上的"挑战"，要求走向世界，看得宽一点。同时还要求我们一定得明确了解我国经济发展的起点比较低与同世界工业发达国家间有相当差距。我们反对故步自封，安于愚昧落后，坐失良好时机。要看到有的发达国家曾在几次战争中得到了好处，而我们在几次战争中是受害的，加上30多年来我们自己在经济建设中走过几次弯路，现在头脑已经清醒过来了，如果还同那样的国家对比到目眩神迷，只能丧失自己向前进的信心。在对比的时候，我们也反对盲目自卑。就以贵州而论，平均国民收入还低，而有些单位的技术装备、人才储备的水平都很可观，一般说也能达到七八十年代的水平。问题是各单位都要好好运用这些技术装备和现有的人才，做到物尽其用，人尽其才。对待如何走向21世纪，我们身体当然要健康，而思想认识和精神状态更要健康。我们在向前赶时，有的部门的起点不高，而一些部门的起点也不算低。具体分析，就能有比较正确的看法。

4. 赶法要能鼓实劲。现在对赶先进有各不相同的论调。比如说：（1）过去有名的"龟兔赛跑论"，当然现在已没有什么市场了。兔子如果不睡觉，怎么办？恐怕不能盲目相信乌龟必胜。当然要提倡韧性，不失时机地赶，那么其精神还是可取的。（2）过去也有同志主张我国同世界工业发达国家间不能老是"等距离赛跑"，别人在前，我们只会照抄老一套，在后赶，过几年一看，还是距离一大节。我看这距离也许相等，也许更远，这种赶法儿当然不可取。（3）于是有的同志主张"迎头追赶论"。我听说，"迎头追赶论"的发明人是孙中山。但两点之间画一条直线，是最短距离。怎么赶才能跳到前头去呢？现在看来这样说，用来鼓舞士气、反对因循苟且、安于采用落后技术的政策，这是对的。那么要挑世界最先进的技术赶，应该不光限于引进国外已经运行了几年的、成熟的生产技术和机械装备，还得机警地探求国外科学、技术、工程在试验阶段有希望成功的手段和情报才能迎头赶去。（4）所以也有同志主张，我们要量力而行事，知道自己的国情、省情、市情，衡量能够动用的人力、物力、财力，把基础打扎实，同时引进最先进的知识、信息与若干人才。起跑要有时代紧迫感、赛跑要有可观的加速度、冲刺夺标要后劲充实。我看这一赶法比较实事求是，最能鼓实劲。

5. 要理顺各个领域内的经济关系。对国内经济形势的估计，从党的十一届三中全会以来，由于党的路线、方针、政策正确，已显然有实效，情况很好。然而群众在生活水平不断提高时，对冒出的新问题，加上多年留下的老问题，仍然有不少议论。这也并不奇怪。因此，要理顺经济。针对不很顺或很不顺的症结点，正要我们在马克思主义基本原理的指引下，探索系统论、控制论、信息论在社会经济体制中的应用，务求能得出行之有效的解决方案，提出建设性建议来。在生产、建设、流通、分配、环境、生态等各个经济领域内，探讨如何发挥社会主义优越性，具有中国特色地改革部分不适应的生产关系以发展社会生产力，课题很多，办法也很多。最主要的是要改变带自然经济性的商品生产为日益发达的社会主义商品生产。为此，一要针对当前争议最多的经济问题，系统地深入研究解决。二要在简单再生产过程中，使在运动中的生产设备于最佳条件下得以更新，使市场上符合人民需求的产品得以合理换代，使现有40万个企业在符合经济发展规律和技术发展规律中得以有计划地改造。这就是一般说要有计划地进行设备更新、产品换代、企业改造。三要在扩大再生产过程中找到现实经济中最优的消费与积累之比，选定最适合国情的中长期投资规模，压缩工程项目的建设周期、降低建设成本与造价，特别是重点工程项目要在配套投产后确实能充分发挥社会经济效益，并加快投资的回收期。因此更要有效地避免过去一再使国民经济陷于"难以周转"的种种"投资饥饿症"重复出现。

6. 正确对待新兴技术、新兴产业与传统产业。在发展工农业生产中，新兴科学技术会带来新兴产业。从巨型的到微型的电子计算机，激光与光导纤维，特别对农业和医学方面有突破性创举的遗传工程、海洋开发、宇宙航行等，会相应地发展一系列新兴产业。西方学者，尤其是敏感的新闻工作者出身的，著书立说，宣扬"第四次产业革命"或"第三次浪潮"。在资本主义发达国家的经济著作中，许多被他们称为"夕阳产业"的生产资料生产部门似乎也黯然失色。对于我国来说，确实需要冷静认真地分析研究。一方面要看清他们种种历史背景和新兴科学技术成就，决不能闭目塞听，老大自居，另一方面要把握有利时机，引进必须引进的知识和设备，来加速发展自己的新兴技术、新兴产业和急待更新、改造、发展的传统产业。这就使新兴的和传统的产业结合起来、统一起来，振兴我们的经济。不宜偏执一词、人云亦云，不顾自己的国情、省情、市情，跟着把我国正需要大发展的生产资料生产部门的一些传统产业也当作什么"夕阳产业"来对待。就是说，要善于取舍，准确地选择适宜于当前我国情况的经济政策、技术政策与产业政策，扎实地打好基础，才能鼓起实劲，振兴中华。

7. 认真学习《资本论》。在这众说纷纭的时刻，我们格外缅怀著名经济学家、模范共产党员孙冶方同志。他 1982 年在大连棒槌岛"经济学团体联合大会"上语重心长地号召我们一定要从头到尾、准确而完整地精读马克思用 40 年时间写成的《资本论》和恩格斯晚年抛弃了自己钻研的学术课题，为《资本论》编订稿件和增加的注释，这可以使我们对马克思主义的基本原理增进系统的理解，对于在建设中的社会主义经济和在实践中遇到的工作缺陷也能认识其发生、发展和变化的原委，以谋求改革之道。这就要求理论联系实际，实事求是，选点试验。我们对 29 个省、市、区（以后还要对台、港、澳）的实情有了确实的认识，据此才能提出条理分明的建设性意见来。

8. 正确对待专家与通才及民主与集中。要按经济规律来管理经济。对作为经济细胞组织实体的企业来说，应该胸怀全局、志在四方、深明国家当前在前进中的经济形势和有待妥善解决的问题，讲究现代化的经营管理学。我们要运用现代系统科学，当前应从系统论、控制论、信息论在经济管理体制改革中的应用着手，要从过去那种部门和地区分工如分家、见树木不见森林、见企业生产不见国民经济和生态环境等片面性中解放出来。我们要有许许多多精通本行业务的专家，更要有成千上万转化为能综合分析、系统认识社会经济系统中客观规律的"通才"。即要正确对待平常所谓"专家"和在专家基础上成长为"通才"的两者间的矛盾。我们的社会主义确实具有资本主义社会所不能比拟的优越性。在社会主义社会内，可以发扬学术民主、百家争鸣。邓小平同志启示我们说："必须有充分的民主，才能做到正确的集中。"我们反对一言堂，因为一言堂抹煞了群众智慧、反对民主而只强调单一的集中。我们也反对无政府主义，因为无政府主义无视党和政府的革命权威而只强调无限制的民主。这种两趋极端的形而上学，是十年动乱中暴露无遗的病毒，必须彻底加以肃清，我们期望经过整党，把社会正气树得更好。

9. 要重视科学普及工作。目前对运用系统论、控制论、信息论于经济管理中，在我国还只是学术上的初步探讨。但这些科学理论受到了学术界的重视而还没有被社会上所广泛熟悉。社会经济系统工程学会部分理事最近设想要深入浅出地编辑一两套丛书，有史有论地对这"三论"和有关的"若干论"做一点科学普及工作。要求以马克思主义为指导，在写作中去芜存菁，适合国情地搞"拿来主义"，为我国社会主义经济建设服务。我们需要量力而为；有时代紧迫感但不操切从事。对这一学术工作，恳切希望大家多多宣传和组织力量，多动员学有专长的同志们来共襄盛举。特别希望一些拥有雄厚实力的团体会员多做些贡献！

运用系统工程方法编制产业
长远规划*

（一） 从已有成就出发取得更大成就

这次讨论会是中国社会壳学院数量凯济与技术经济研究所和中国系统工程学会社会经济系统工程学会联合召开的。主要讨蜜有关方法论，发言很热烈，就已知道的情况说，感到同志们在初步实践中已取得很大成就。这成就填补了我国学术界一项空白，是具有开创意义的。

回顾几年前发起运用系统工程的方法来研究我国社会经济问题，是得到钱学森、薛暮桥两位同志积极支持的。可是对于如何具体组织与培养社会经济系统工程的人才？如何迅速提高我们自己的学术水平？如何能为我国社会主义现代化建设服务好呢？当时还说不出什么可行的具体方案来，但是确信这条路总能走得通。

这次会上，贵州省拿来了区域经济规划优化宏观模型的集中

＊ 本文是作者 1985 年 3 月 22 日在产业长远规划编制方法讨论会上所作的闭幕词。以后实践的发展是：到了 1987 年我国全国性的宏观经济模型已建立了三种。

资料，五六个产业部门有一种或几种以产品为主、近乎行业经济的模型介绍，这些都标志着一两年来同志们工作进展得很明显。

（二）从基层工作做起，为计划工作方法的改革打基础

产业经济规划和区域经济规划是系统工程的方法应用于社会经济的研究中比较成功的。现在已有五六个产业部门用这项方法试编了一些以产品为主的行业经济规划。区域经济规划的建模工作也已在一些地区开始。发言的同志虽然都说还缺乏经验，数据也不足、不准，困难和阻力不少；但这次讨论会上多数同志都认为这种编制经济规划的方法，对国家的社会经济计划工作是有参考价值的。

产业经济规划与区域经济规划采用系统工程方法，能为国家计划工作改革打基础。这两方面的基础越扎实，全国性的宏观经济模型越好建立。

一个应用于现实经济的比较科学的计划方法，从现有试点经验出发，逐步推广到各个产业部门，使部门经济、行业经济的规划能从多层次的建模过程中提高水平；同时逐渐推广到各个省市自治区，使本地区、分小地区与以城市为范围的经济规划、乃至跨地区的流域经济规划，能从多层次的建模过程中提高水平，这对编制全国性的长远规划、中长期计划是有益的。我们系统工程学会，特别是社会经济系统工程学会，有责任在各个产业部门与各个省市自治区之间常常组织交流学术经验，更好地联系各部门、各地区的特性，准确推广与不断提高其具有共性的方法。

根据我国计划经济发展史来观察，生产力布局也需要加强规划。生产力布局，有两个主要侧面要多多调查研究。其一是要正确对待沿海与内地的关系。我国人口密度是东南与沿海地带偏

高，工商业基础是东南与沿海地带早发展；重要矿产资源和能源是西北与内地各省区分布得偏多，少数民族分布与土地广度是西北与内地各省区显然偏多。由于历史的和地理的条件，沿海地带适宜于早一步对外开放、引进外资和新技术；然而沿海地带又必须大搞对内联合，才能在资源、能源方面，得到内地的有力支援。在内联过程中，通过国内社会主义的协作与联营，科学技术与管理技术向内地传递的方式，不一定是相邻的机械传导而往往是远距离的辐射，个别条件下，甚至是对流性的。资金的筹集则更可以多方面合作。因此，沿海和内地，在发展生产力的投资效益上会有显著差别，不可能以同一速度发展；也不宜于形式主义地执行或不恰当地强调所谓"梯度推移论"，使沿海地带对内联的重要性有所轻视，使相对落后的经济地区无所适从。为此，从中国的现实经济情况出发，一大部分重工业的原料处理和"上游"产品的生产力，可以和长途重载的运输设施同步集中布局，综合性考虑其利弊得失；一大部分轻工业的农产品加工和市场需要产品的生产力，可以和短途分流的运输设施同时分散布局，综合考虑其可能与效益。

其二是要正确对待城乡之间、工农之间的差别。我国当前还有 8 亿农民在搞农业。随着农业联产责任制和专业化分工的发展，农村中在若干年内将有几亿多余劳动力需要成群转业，向广大农村中以小城镇为其小型经济中心转移，他们将会发展工商业、运输业、建筑业、服务业、科学技术文化教育卫生事业等等。我国农村和小城镇的产业结构、技术结构、文化结构、生活方式都会有很大转变；而现有的大中城市就不至于饱受农村人口大量拥入的冲击，城市基础设施就不至于负荷过重，城市住宅供应就不至于过分紧张，从而可以避免大城市所带来的多发性"城市化"难题。这种难题一经形成便不易迅速解决。这是西方所谓"城市化"理论，一般不能针对我国历史发展特性合理解释与科学处理现实问题。周恩来同志生前一再启发我们要设想"城乡结合、工农结合、发展生产、方便生活"的小城镇的蓝图，很可能逐步形成、日益增多、不断完善，而成为中国式社会主义社会的新型风貌。小城镇工商业等等的发展，应该不是现有城市工商业低级技术的扩散与环境污染的搬场。现有城乡之间、工农之间的差别，就此可以通过合理规划、逐步加以缩小乃至在较长时间之后加以消灭。

在产业经济规划、区域经济规划、生产力布局规划的基础之上，交叉研究问题、综合优选方案，如果能够做到定性与定量统一，提供宏观社会经济计划决策参考，不要把复杂的国民经济简单化对待，而确实能运用科学的方法和现代化的工具加以严肃地对待，我国经济形势的发展还可以好上加好。

现在我们在试点中运用系统工程和"电脑"装备，比50年代运用几百个干部组成的"人脑"机构，拍三五天脑袋便挤出一个国家计划总盘子的方案来，当然要进步得多。当前我们已经取得的建模经验与碰到问题的处理方法，都是可贵的，与"人脑"机构运转所碰到的钉子也是两码事。但对未来我们这个社会主义大国应该经常具备的优化宏观经济模型决策的一整套方法和装备来说，只是一个良好的开端。

（三）对面临的困难与阻力，要善于迂回与排除

大家说到在建模过程中所遇到的困难与阻力，既妨碍工作的进展，又降低工作的质量，确实不该轻视。如果历史地分析，知道以各种姿态出现的困难与阻力是客观存在着，对"走直线"还可能是不易超越的"泰山石敢当"，那就要善于迂回，争取更多人的同情来参与排除和改革。集中起来看，困难与阻力其实是

没有什么前途的。他们无非是：（1）长期"左"倾错误路线的影响，"以阶级斗争为纲"压倒了一切，自高自大、墨守成规，总不乐意接触世界上的新事物、新学术，这种风气至今仍有残留，甚至说的是一套，做的是另一套。（2）50 年代引进了苏联的经济模式，还没有完全学像，却已经僵硬了下来。特别是经济体制的改革，需要离开本部门、本地区稍稍有点间距，才能综合地观察到改革的必要性。（3）社会上封建残余意识有形无形地渗透在工作习惯中。知识落后了、陈旧了，还在自我迷信其"金口玉言"，甚至以能左右一些"举手"专家为满足。（4）"四人帮"倒台之后，骤然间同"欧风美雨"有了遭遇，看到资本主义国家的繁荣表象而目眩神迷，把学术上鲁迅说过的"拿来主义"同民间所谓"病急乱投医"混为一谈。分不清在资本主义国家中有些学者并无什么决策治国经验，而其实质上反共、反社会主义的论调对我国的社会主义建设并无特别可取之处；而在资本主义经济体制中又正在企业内部、行业之中、多国公司系统之内成功地发展着计划协调方法，对我国社会主义现代化建设、要搞好宏观与微观交织的计划工作改革，却大有可取之处的。

36 年来经济建设实践中的历史教训，也正因为种种阻力干扰而够沉重的。（1）"一五"期间，工业布局以京汉路及其西为主，使沿海地带已有的工业基础既不能发挥支援内地的作用，又缺乏自我壮大的"营养"。（2）"大跃进"期间，硬以"小土群"为主，技术政策倒退了一两千年，经济政策以为"遍地开花"便能"以多取胜"。"唯意志论"的后果严重。（3）过高估计世界战争到来的可能性，不了解一个社会主义大国过早均衡布局的危害与不可能，要各省自成工业体系，助长了划地封闭与对工业生产力盲目求全的倾向。（4）仓促布置三线建设、加以受林彪"钻山洞"的干扰，不少工程项目"头东尾西"形不成综合性生产能力。经过长期的调整改造，到现在才基本上在"军民用产品结合"和"一三线横向联系"中找到了前进的大路。（5）史无前例的十年动乱，对"生产力论"恣意歪曲，使国民经济破坏到濒临崩溃的边缘，损失大到难以补偿。（6）"四人帮"倒台后，不顾国情搞"洋跃进"，使有些部门经济周转失灵，不知西方发达国家所谓"规模经济"对我国来说不一定经济可行，有的流程已经陈旧到大可改进，有的设备在我国再无推广条件，有的企业建成之后缺乏经济效益而亏损苦果已可预见。几十年来走过这么多的大弯路，使累计的总投资额应得的效益成倍损失。

现在大家拥护中央对经济体制的改革方针，决心搞好邓小平同志所说的"第二次革命"。但现在谈企业该"放开放活"的多，谈全局该"管住管好"的少；谈"指令性计划"该缩小范围的多，谈"计划"如何能真正起到"指导性"作用的少；谈"市场调节"可以应用"价值规律"的多，谈"计划经济"是社会主义的根本经济制度该如何加强、如何具体做好"有计划的商品经济"的少。这一对对矛盾是可以有机地合理处理的。当然，为了搞好计划经济，几个基本的比例关系、基本的增长速度是首先该掌握好的。

我们一方面要创造条件、发展新兴科学技术、合理发展生产力，以适应国内市场一般需求、再逐步提高；另一方面要反对盲目发展远超过市场需求的"商品生产"。在政通人和的形势下，更要保持头脑清醒，克服从部门本位主义、地区本位主义、企业本位主义出发的各种"投资饥饿症"。对新建项目的决策，决不能甩开宏观的综合性"可行性研究"，乃至借口"简政放权"而再蹈过去放任自流、吃够苦头的覆辙。对现有几十万个企业的改造，也需要区别对待其历史形成条件，结合部门经济与区域经济的合理规划，恰当考虑其在生产力布局中的位置，排定其优先改造或必须淘汰的次序。要改革，少不了新问题冒出来，就该逐个研究、科学地解决。

（四）严肃对待社会经济巨系统

社会经济是一个巨系统、一个整体、一个全局，是多部门、多地区、多层次、多侧面而又多变化的，必须如实观察、严肃对待。现在工作没有触动的空白还多，有些该用数量准确表达，有些难以数量确切表达。许多具体问题需要细分、微分、深化剖析；许多问题需要从整体利益出发综合性研究；许多问题需要结合有关自然科学与社会科学来跨学科探讨、在多方案中优选。工作量当然大。

我们必须在克服困难与阻力中进行改革，更要随时随地培养与组织新生力量，力争凡事要后继有人。合理的方法论要有更多积极分子，要能胜任大面积推广。

我们希望早一点看到在正确的方法论打扎实基础之后，终于建立起我国宏观全局的经济模型，而且能够有效运用这种模型于指导我国社会经济的发展与计划工作的改革。

理顺基本建设中的各种经济关系[*]

中国基本建设经济研究会从1981年12月在南昌召开首届年会以来，为缩短建设周期、提高投资效益、提倡先论证后决策和推动基本建设经济学科的建设，开展现实的基本建设经济研究，做了些工作，取得了一些成绩，为国家制定有关基本建设的重大方针政策，提供过一些建设性建议，起过些参谋作用。现在，我就这次年会讲几点意见。

1. 在西方"第四次产业革命"的鼓噪声中，我国的社会主义经济建设，如何不失时机地迎接挑战？有战略发展观点的对策能否高明一点？一不能闭目塞听、甘居落后；二不能自以为懂行，故步自封，不远看几步；三不能为现实的成堆矛盾所困扰，在一些腐朽的老问题中徘徊。

头脑清醒点看，我们能明白："产业革命是指由于产业技术基础的突破性质变，引起社会生产力的飞跃发展，以致整个社会经济结构发生巨变。"现在西方一些学者把18世纪60年代以棉

---

　　* 本文是作者1984年1月在中国基本建设经济研究会第二届年会开幕式上的讲话纪要。

纺织工业机械化和煤炭冶金技术为代表的产业革命称为第一次产业革命。把以蒸汽机、铁路和机动轮船、酸性转炉炼钢广泛使用为代表的产业革命，称之为第二次产业革命。把19世纪末20世纪初，以电力的广泛使用、石油化学工业的出现和内燃机技术带来汽车等大量发展为代表，算是第三次产业革命。这时，电气时代取代了蒸汽时代，一方面极大推动了社会生产力的发展，同时也使自由资本主义进入了垄断资本主义，即帝国主义阶段，使资本主义各种矛盾大大加剧。美、德、英、法、日诸国在第二次世界大战前夕，基本上完成了第三次产业革命。而近几年西方资本主义发达国家大肆渲染"第四次产业革命"的主要内容却是以电子计算机的微处理器、遗传工程（分子生物学）、激光、光导纤维和新能源、新材料和海洋大规模开发等为代表的。我们可以从中得到一个信息，即今后几十年，现在已突破和即将突破的新技术运用于生产和社会，将带来社会生产力的飞跃。为此，我们要高瞻远瞩，展望世界经济和科技发展的新趋势，抓住时机，应用新的科技成果把社会主义现代化建设搞得更好一些，以缩小我国同发达国家在经济和技术上的差距。在所谓"第四次产业革命"前，我们要迎接挑战，看清是存在许多困难的，但主要困难是经济方面的干部缺乏科技知识和进取心。科技知识日新月异，我们本来就缺少，现在更有些陈旧化了，但还愿意不断进取，多做点事，为人民谋幸福。我想这是我们一致的态度。

2. 怎么把基本建设领域里的各种错综复杂的经济关系理顺了，这是个大课题。一得看如何正确对待经常在变动中的简单再生产同扩大再生产的比例关系；二得看执行扩大再生产的管理体制如何能不断整顿和做必要的改革；三得看各项有关固定资产的投资如何一项一项都能取得最佳的社会经济效益。从1953年开始进入第一个五年计划时算起，国民经济几起几落，我们吃过计划经济基本符合社会主义客观经济规律的甜头；也吃过"左"的错误、扰乱经济规律乃至十年动乱、破坏经济规律的苦头；从"四人帮"被粉碎到1978年十一届三中全会之前又来了一次"洋跃进"；1978年十一届三中全会以后经过"拨乱反正"的伟大历史转折，才有了6个年头重新走上正确轨道，以经济建设作为全党工作重点的新形势，也敢于为2000年的中国达到10亿人民指望达到的小康生活水平做测算和做出各种发展战略的设想。总而言之，走过了"之"形的道路，使我们痛感"国民经济必须严肃对待"，至今还有待我们去收拾残留着不少问题的经济局面，使我们更体会到：

（1）基本建设的规模不允许年年吵闹"失去控制"，一定得找出一个当前比较恰当的规模来；而且还得重点探讨新建扩建和现有40万个工交企业更新改造的投资的最优化比例关系。我们在实行公有制的基础上以执行计划经济为主，同时充分发挥市场调节的辅助作用，是十一届六中全会通过的《关于建国以来党的若干历史问题的决议》中肯定的经济方针。我们很多同志希望基本建设领域内能出现一个长期稳定、切实可行的滚动型的中长期计划，然而事与愿违。现实问题到底出在哪里？有的同志说问题在于基本建设计划没有留有余地，或者说计划本身太大，重点工程项目本身都存在人力物力财力的缺口。有的同志说问题还是在于先决策后论证的程序太不科学，在计划执行过程中概算、预算不得不老被突破。有的同志说问题出在可行性研究测算投资总额偏小了，争取到设计任务书批到手，项目一经成立，设计中算尽算绝，还预留了二三期工程的发展余地，预算自然而然地偏大了，一再突破了概算。这么大的国家，偏偏缺少一个代表国务院的审核和评议设计的权威机构，部门分工管理的极端是出不了一个横向联络的综合性多学科跨学科的"建设经济研究实体"。还有的同志注意到了工程造价失控，也提出了相应的建议。实际情况到底如何？我们不指望年会能讨论出一个"万应药膏式"的配方来，但是确实指望能提出为多数同志认可的、确能控制住外延型和内涵型、计划内和计划外的基本建设规模的有效政策措施来。

（2）重点工程建设要求两条：让国家集中必要数量的资金；让配合重点工程的必不可缺的城市基础设施能超前、协调或同步进行。

就集中资金而论，现实的问题到底出在哪里呢？有的同志认为当前资金分散，主张把地方资金收上来。有的同志说现在城乡储蓄很多，企业存款更多。中央地方手头外汇也不少。有了钱也不会用。那么，投资管理体制怎么改才能集中必要数量的资金？怎么改才能下决心拿出适当数量的外汇来？而且会用。有的同志主张弄清中长期基本建设投资计划的"时间序列分配因素"，简单些说，就是把工程项目的开工先后错开，把分年度的投资高峰错开，让各个项目有计划地协调进行。

就城市基础设施同重点工程配套，超前、协调或同步进行而论，据有些同志粗略测算，一项重点工程项目同相应的城市建设部分需要的投资有个比例关系。但是在现行计划工作的体制下，城市建设还没有单独的户头，有关投资部分是分部门下达的，原定计划的意图，可能都照顾到过，经过层层转手，到了下面已模糊了原定意图的本来面貌，于是出现了："乱了套"的现象。有的同志主张还是把工程项目投资和其他配套的城市基础设施的投资分为两块，同时下达给这个有配套任务的城市，归这个城市统筹。这样做，也许不必搞"拉链式马路"，铺好了路面再挖开来埋水管或气管或电缆。根据生产的社会化和专业化的程度来衡量一个社会所处的发展阶段这个原理，让城市基础设施来一个专业化分工，正是在基本建设领域中越过庄园式自然经济的一项有说服力的表现。

有的同志颇有所感地说：假如我国的基本建设事业（或固定资产投资），能在宏观方面大体摆平了，说明综合平衡工作确实显示出了成就，那么各个工程项目在微观方面差一点也不太要紧。否则，别人会怎么议论呢？资本主义社会不正是反面教员吗？

3. 所谓在"信息社会"里要有新兴"信息产业"的问题。我只想说一点：就是我们当前吃信息迟钝的亏确实不少，肯定要千方百计把各行各业的信息搞好，构成横向网络，特别是铁路、公路、飞机、轮船、电讯、电视、广播……都要体现信息现代化，但是也有同志说，严格地说，这些还都不是生产事业，它们是为生产事业提供条件，是加快生产技术和产品更新换代的条件。能否就凭这些"信息产业"开创出一个"信息社会"来，还可以再观察几年再说。有的同志则认为我们大可不必现在来议论将来会不会出现一个"信息社会"，但是从我们工业生产的现场和基本建设建筑安装的现场来说，我们早一点实行微型电子计算机网络，对于提高控制生产流程和建设工序的效率来说，总是好的。

4. 基本建设过程中有关工期、消耗、费用等问题以及工程投产后的社会经济效益等是当前很具体而亟待解决好的。这需要通过典型调查、具体微观分析。我们国家也需要这些确能提高社会经济效益的有关政策和管理体制改革的建议。宝钢工程实行"概算包干、五五分成"的办法之后，预算突破概算的怪事就少得多，这可能是一条好经验。

5. 这里还提一个"效益"的概念问题。有的同志认为要指明它说的是"经济效益"。但是说的是"企业的经济效益"呢？是"部门的经济效益"呢？还是"地区的经济效益"呢？要完成一个工程项目的"综合性经济评价",要有照顾全社会利益的全局观点,能否以后一律明确说明是指"社会的经济效益"而言呢?

基本建设发展中值得重视的
几个问题[*]

　　我国国民经济发展出现了连续几年的好形势,这是党的十一届三中全会的方针政策带来的,这是众所周知的,但是也存在一些值得重视的问题。根据历史的经验,基本建设方面的问题,事关全局,与保证国民经济的持续稳定发展和为经济体制改革创造一个良好的环境关系密切。

　　第一,建设总规模问题。我国 1984 年货币发行量过多,问题到底出在哪里?人民普遍注意到了近几年消费基金增长过快的趋势,对投资总规模的问题有所忽视。1984 年在建的大中型项目投资总规模偏大。按这些项目当年完成投资计算,建设周期将会长达八年以上。1981 年到 1984 年,基建投资完成已超过了"六五"计划的指标,其中银行贷款累计达到"六五"计划原定指标的 155%。预计"六五"期间基建投资至少比原计划超过37%,其中银行贷款将超过近一倍。1984 年的积累率已超过30%,1985 年仍有上升趋势。过去是高积累挤消费,近几年出

　　* 本文是作者 1985 年 7 月在中国基本建设经济研究会第三届年会上的大会发言摘要。

现积累总规模加消费总规模在价值量上超过了国民收入总和。过大的建设总规模、过高的积累率对国民经济持续稳定发展，是个潜在的危险，虽然在短时期内可以刺激生产高速度增长，但终究会因为财力、物力（特别是薄弱环节、短线产品）不平衡而发生大起大落。欲速则不达，必须实事求是，这是实践经验一再证明了的规律。合理控制建设总规模，当前最关键的是银行贷款必须有统一规划，不能搞随意贷款，还要加强对贷款投资用途的检查、监督和控制。目前企业贷了款之后，真正搞技术改造的到底多还是不多，还是习惯于搞扩建、新建？这样的建设总规模能小得了吗？国家计委正在编制"七五"投资计划，国家经委也搞了技术改造投资计划，银行贷款是否能跟着计划走？"六五"计划执行结果距离很大，建设的总规模是失控的。

第二，项目的建设规模问题。长期以来，经济建设中有一种倾向，似乎项目规模越搞大越经济。"五五"后期的大中型项目，平均每一个的投资约 1.8 亿元，"六五"后期平均每个大中型项目投资超过 3.3 亿元，虽然有项目技术结构的变化等因素，但也反映了追求搞大项目的倾向。所谓"规模经济学"，如果只就项目本身来研究，还是一种静态研究法，只静态地研究，就会得出"项目规模越大越经济"的片面结论。钢铁工业上了一个特大项目，就少了好几年的回旋余地，许多钢铁企业的改造都受到影响。就拿这个项目本身说，搞现在这样大的规模也并非最经济的，工艺流程如果采用现代化技术，就可以砍许多。搞连铸连轧，可以砍初轧；搞湿法熄焦，可以砍干法熄焦；厂址选择问题更多，选好了，两个大型港可以省去一个港的建设。这样还没有说全，而且都已是后话，但其中的经验教训，如外国朋友建议过的，在项目决策之前要做可行性研究，也听不进去，都值得认真记取。有的铜基地，从露天矿到冶炼厂，都是进口的特大型设备。这些在世界上也只有不多几个大企业能制造，与我国自己的机械工业发展怎么配套联系，缺乏研究。还有一项特大水电工程项目，有关部门是论证了，但还缺乏周密的综合性论证，如国家经济实力的承受能力、淹没补偿、库区移民、生态平衡、航运、发电能力与输变电方式等，同埃及的阿斯旺水坝可大不相同。因此，动态的、全面的规模经济学，应该考虑国民经济全局、工程的艰巨性、事先研究的系统性与可行性、国内机械工业配套、产业的经济政策与技术政策、建设周期与投资回收期等问题，不能只就项目论项目。这一工作单靠专业部门不一定做好，必须由国务院的综合部门组织充分的综合性可行性研究。

第三，沿海和内地的关系问题。这是个老问题，又是新时期的新问题，三十多年我们走了好几次弯路，50年代忽视利用和改造沿海老基地，从"大跃进"到60年代一度"全面开花"，都搞各自省区自己的独立工业体系，70年代又铺了若干没能形成综合性生产能力的摊子。沿海和内地的关系是个带有战略意义的大问题。处理不好，对经济发展带来的损失是很长时间都难以弥补的。现在两者是什么关系，如果叫做"梯度推移论"，把推移理解为传导型，先发展沿海，再推移到内地，这种看法可能是片面的。现在应该提倡的是辐射型，技术发展有个"辐射"问题，经济发展也要求辐射。我国的资源大部分在内地，要加以开发和建设，以支援沿海地带。这样，沿海地带才能有可靠后方、有后劲，那就不能机械地理解和执行"梯度推移"，不能脱离实际。因此，沿海和内地的关系，既不可能是"遍地开花"，也不可能是"梯度推移"，而应该是辐射型，也就是主要的产品，从资源开发到生产技术都应该加快内联。如重工业就可以搞长途运输，轻工业除了造纸、食糖等大型企业外，应尽可能就市场、就原料产地进行就地加工和消费，同短途运输配套。现在国内运输为什么这样紧张，一大原因是农副产品、一般轻工产品都上了铁路。加上个体经济等也来挤运输能力，反而影响了沿海内地间生产资料等等的运送传递，这个问题必须尽快解决。

第四，区域规划问题，特别是分省规划。每个省都可以按照不同的经济、地理条件，划分几片低一层次的经济区。每个经济区的规划必须实事求是地把地质、地貌、资源、特别是水源的情况搞清楚。搞好区域规划，搞国家建设把基础打扎实是个至关重要的大事。有些新建的公寓旅馆业，由设计院总承包，工程的工期、质量都取得好效果。对改革过去的甲方老换班的经济建设管理体制是个很好的经验。但是设计的一套房间中卫生设备、厨房设备有好几套，用水量太大，而北方干旱地区十几个省的水源已经成了大问题，白洋淀是上游挡水，下游分层提水，水量也日趋下降；有的油田，现在要靠远距离引水；还有南水北调工程，到底有多少保证质量的水可以调到，调到的水的成本又是多少，这些问题，如果没有一个详细的区域规划，提供准确的依据，将来就是搞了许多建设项目，也难以发挥社会经济效益，甚至后患无穷。

第五，产业规划问题，包括产业结构、产业经济、技术政策，是基本建设计划工作一大薄弱环节。全国搞了几十条彩色电视机生产线，上百条自行车生产线，还有大批电风扇、洗衣机、牙膏生产厂，现在又有电冰箱热，到底产需、供求关系如何，没有科学的产业规划，往往出现很大的盲目性。我们的计划工作如果重视了项目数字、投资数字，而忽视了这些项目的投资结构、技术政策、市场需求，不注意研究40多万个老企业形成的现有生产能力及其历史发展的特点如何改造，搞建设就不可能全面提高社会的投资效益。

以上几个问题，正是基本建设体制改革需要解决的大的方面的问题。只有在这个问题管住管好的基础上，才能进一步研究到底如何扩大企业的投资决策权，搞活基本建设的设计、施工、物资供应、成套设备供应，缩短项目建设周期，降低造价，提高建设质量，我国的基本建设事业，才能健康地、高效益地发展。

对大三线的一次调查[*]

一

"三线"，现在已成了专用名词，此词的来源和含义是：

（一）"三线建设"有特定的历史范畴。1956 年毛泽东在《论十大关系》中指出："我国全部轻工业和重工业，都有约 70% 在沿海，只有 30% 在内地。这是历史上形成的一种不合理的状况。沿海的工业基地必须充分利用，但是，为了平衡工业发展的布局，内地工业必须大力发展。"60 年代初，国际形势动荡加剧，战争危机日益紧迫。美国侵越战争步步升级。苏联在我国边境大量陈兵，还发生了珍宝岛冲突。中印边境武装对抗。台湾当局叫嚣"反攻大陆"。面对险恶形势，党中央把三线建设提到国民经济建设的首位。1964 年 5 月中央工作会议讨论了三线问

---

[*] 1986 年作者担任"三线办"顾问，随郑汉涛同志在四川、陕西开会后参观了一些三线企业、事业单位。会后向国务院经济技术社会发展研究中心写了一份报告，题目为《完善三线的调整改造，发挥三线企业的实力》。

题，之后又指出必须准备大打早打、打核仗，积极备战，加强三线国防建设，大规模改善工业布局。这个历史背景的特殊性，多加反复说明，对"后来者"特别有用。历史性的功过是非，不论如何议论，只能在历史范畴内分析。

（二）"三线建设"有特定的地理范畴。早在讨论三线建设时，周恩来一再明确指出过三线的范围是"长城以南、韶关以北、乌鞘岭以东、京广线以西"，纵横 13 省。实际上三线国防建设项目主要摆在四川、贵州、云南、陕西、甘肃和豫西、鄂西、湘西及重庆市这八省一市。这是大三线建设的地理布局。

现在所说的"三线地区"已经不只是特定历史范畴下国防建设的大三线，而是兼指这八省一市内的民用企业和其直接经济影响所及范围。这些大型民用工交企业中有川黔、湘黔、贵昆、成昆、襄渝、焦枝、阳安等铁路干线，有攀枝花钢铁公司、第二汽车厂、第二重型汽车厂、东方电机厂汽轮机厂锅炉厂组成的火电站装备制造基地、西安电力机械制造公司等，它们的经营运行不存在生产方向转换问题，本来可为战略后方基地服务，对三线地区经济的促进作用是十分明显的。据川、贵、滇、甘、陕、豫相应的资料，20 年来工农业总产值增长超过了五六倍。像我们这样大的社会主义国家，为了防止外敌入侵，应该有战略后方基地；从经济建设布局上看，也应该有计划地开发内地。经过 20 年的努力，这些地区克服了匆忙创业中的许多困难，初步形成了战略后方基地，拥有比较雄厚的军工和重工业基础，这是我们国家的大事。

（三）对三线现状的认识应该跟上情况的发展。三线建设中的严重缺点是历史事实，经过长期调整已取得巨大成绩也是历史事实，都该客观承认。现实的问题是三线企业潜力巨大应该加以发挥，三线科技研究基地已有基础应该大力促进。这些都需要严肃对待、系统分析，从而对三线现状有一个观念上的改变。

1. 三线建设当然受"左"倾路线的影响，事后反省，可以有不同的看法，也可以说那时候对世界战争危机估计过重，对世界人民争取和平的能动作用估计偏低，加以在十年动乱中受到林彪、江青反革命集团的干扰，产生了不少问题，归纳起来大体有4点：（1）建设计划不当。重复布点者、中途停建者、建成后无生产任务者、投产后不久产品就被淘汰者，均有之。表现为规模过大、战线过长、损失过大。（2）建设程序混乱，不少仓促拍板就上了马。未经科学勘探就盲目选址定点，未搞好总体设计就全面施工，未建成配套设施就简易投产，片面追求速度而忽视施工质量，也都有之。后果是一些厂址遇上断裂层、滑坡带、山洪口或缺水区。（3）少数企业钻山太深，车间距离太远，割裂了生产流程，形成了"羊拉屎式"、"瓜蔓式"、"围山转式"的厂址布局，为生产造成困难。（4）片面强调生产，忽视生活福利。职工住房简陋、子女就学就业成问题、信息闭塞、文化生活贫乏、医疗条件落后，"工厂办社会"负担重，职工队伍不稳定。

2. 三线现状需要重新冷静观察。大体说，确实搞得好的和接近好的企业是多数，难于维持下去的是少数。这个成绩应予肯定。

对于难于维持下去的企业（约占7%左右），还要区别对待，该关停的就不搬迁，能迁并的就不迁建，能就近搬迁的就不远距离搬迁，能向中小城市搬迁的就不向大城市集中，而且搬迁新建要同技术改造结合起来。就是说，关、停、并、转、迁的原则都应具体化。

3. 就对大多数好的大三线企业而言，在体制改革中已出现了两种新情况，应该说这是当前问题的焦点。（1）产品结构的调整问题。特别是军工企业要从单一的"军品结构"转向军民结合型的企业发展，遇到的商品生产问题必须有政策性支持。据统计，三线地区军工企业、事业单位，职工总数现有 135 万多人（有些地区电子行业人员未统计在内），其中科技人员达 16 万，这显然是国民经济建设中一支重要的骨干力量。要发挥三线军工企业的巨大潜力，关键在于要有科学的指令性计划与指导性计划。要选准选好"民品结构"，必须有行业经济规划的宏观指导；要保留、发展原有军品结构，必须有国防权威的宏观指令。如果没有上级部门的计划指导，要求大企业作战略转移性的产品结构转向，谈何容易。宏观决策正确才能有力保证大企业放得开、放得活、潜在生产力也发挥得出。应该做到凡利用军工企业可以生产的民品，就不要再铺摊子；凡军工民用企业可以联合生产的，就不要再重复建设；凡三线能研制的，就不要再轻易引进。（2）向企业集团的发展问题。三线企业间从发展横向经济联系向企业集团发展的较好实例已有多起，如东方电器联合公司、东方重型机械公司、嘉陵摩托车经济联合体、东风汽车工业联合公司等。"东风集团"（以二汽为核心）已组织起 164 家企业，横跨 24 个省市自治区，集团中职工总数已有 20 多万人。集团联合的原则，一是自愿、平等、互利；二是竞争与联合相辅相成，共同提高；三是从技术的联合走向经济的联合，从松散联合走向较紧密的联合。这样，对国家来说，这种企业集团通过企业间的长短线能力重新组合、互相支援技术改造，减少了重复建设而扩大了新的生产力；对地方来说，既扭转了企业的亏损面，又带动了外围的配合厂；对工厂来说，改变了"大而全"和"小而全"的格局，在"内涵型建设"与"外延型建设"之间开创一条新路子。

4. 就三线科研基地而言，我国三线深山沟里有那么多优秀技术人员和熟练工人，长期坚守岗位而一心扑在高技术科学研究上，确实值得中华儿女自豪。"托卡马克"环流器的自行设计与系统装备等，使我国在等离子体理论物理实验和工程技术方面取得了许多科学成果，应该创造条件让他们赶上同国际水平的可见差距。我国的知识分子在经历了摧残科学文化、打击压制工程技术人员的十年动乱之后，至少在"受控热核聚变"研究史上树立起了为国争光的里程碑。在资本主义发达国家，对高技术的研究，无不由政府组织资助，听说我们在体制改革中竟然出现了要求科学研究单位"自求财务平衡"的怪论，但愿"三线工业经济研究会"对这样的怪论也作为一个课题加以穷根追底的钻研，用有说服力的论证加以批驳，用科学的态度来消除愚昧。

5. 对于三线企业中直接结合大规模生产所做的技术攻关成就，最好的实例是出在攀枝花钢铁公司之内。攀钢在 60 年代就突破了科技难关，解决了用普通高炉日常大批量冶炼高钛型钒钛磁铁矿的独特工艺，在生产上超过了攀钢一期的设计水平（即铁 170 万吨、钢 150 万吨、材 110 万吨），又完善了整个流程的综合功能，全部靠国内的机械装备和工程技术力量达到了国外无此资源、无此生产工艺的国际水平。这是难能可贵的。并建议国家和地方有关单位提供物质条件和信息，促进攀钢二期工程扩建，把攀钢建成世界水平的钢铁钒钛基地。

由以上所举的事例，可见三线全貌确实应该刮目相看。

二

为了进一步完善三线的调整改造，做好发展三线企业与科研单位的规划，就见闻所及，感到有几点该突出考虑：（1）三线的实力地位在全国生产力布局中应该进一步加以明确；（2）三线的职工队伍，特别是科技队伍，应该进一步求其稳定；（3）三线配套城镇，应该针对各地方各企业的特点进行具体规划、具体的补套建设、具体的城镇体制改革。这些问题的提出，是为了有利于发展三线生产力和地区经济，创造一个宽松适合的环境，但又不止于就三线论三线，是为了全国走向社会主义现代化而提出的。

1. 生产力布局要严正对待。沿海与内地由于经济发展有差异，用若干经济指标来分析，当然可以区别出一个"梯度"来，但由于资源分布有差异，用另外一些经济指标来分析，也可以区别出一个"反梯度"来。社会主义的生产力布局不应该无原则地畸轻畸重，有所偏见；也不应该不顾现实条件轻率追求平均主义的发展。决定生产力布局的政策方针，随着经验的总结必然会逐步改进，但轻率多变不利于和谐协调、前后衔接。所谓"战略东移"的"龙摆尾"论是置三线于极不重要的战略地位，是脱离实际而不可取的。20 多年来，国家用于三线地区的投资累计已在 2000 亿元左右，如此巨大的潜力，应该充分重视它在国家经济发展中发挥重要作用。

2. 三线职工队伍必须力求稳定。由于"战略东移论"的流传，当前三线出现"一江春水向东流"、"孔雀东南飞"等对人才向东部流动的慨叹并不少见。何况某些机关还有从四川、贵州"拆西墙"往沿海地带"补东墙"，对三线技术骨干轻率调动，传说纷纭、影响更大。坚持在三线的职工多数是 50 岁左右了，他们的子女就学就业很困难，不少还两地分居、父母妻儿仍在农村，日久天长，职工中难免会出现波动情绪。现在几乎每个三线企业都提出稳定骨干队伍的要求，看来需要制定合理的政策，如：（1）用实际工作来证明三线作为国民经济的局部并未受到轻、忽视；"企业集团联合型"、"内涵型"、"外延型"的扩大再生产，仍然在投资计划内占有应有的位置。（2）用有政策根据的政治工作和有效措施来直接帮助三线职工解决实际困难。

3. 三线"企业办社会"是特定的历史背景与地理条件下必

然出现的事。已经建成生活区的，由省市安排小城镇建制，以小区域为整体，进行城镇规划，补套建设基础设施、商业、金融、通讯、医疗、文化服务的网点，有计划地造成安居乐业的生活环境。今后也可以三线企业不得不"自办社会"为殷鉴，不但在三线地区的八省一市尽量同步安排生产与生活，在全国范围内也别再提倡那些"先生产后生活"的论调。

三

总结三线建设的经验，再说一句，现状已与艰苦创业时期大不相同。然而为了不断走向现代化，还需要进一步调整改造，为了充分发挥三线现有企业的实力，还需要进一步给予若干政策扶持。但是这些工作量都已是看得见的了。倒是要把对三线的所有感性认识转化为切合实际的理性认识，力求科学化、系统化，摆在"三线工业经济研究会"面前的"软科学"任务分量并不轻。物质文明建设方面，离不开工程技术；精神文明建设方面，离不开科学文化。为了创造物质条件，可以要求各个部门各个省市把三线工作分别纳入经济的、社会的发展计划，可以要求各个企业、各个科研单位发扬其主观能动作用，从横向联系中扩大出路。但为了解答学术课题，只能要求"三线工业经济研究会"把面临的研究任务再加以细化、深化，逐步开展工作，根据马克思主义政治经济学的理论原则联系三线的实际要求，探索出具体方法来。三线工作，是个巨大的系统，解决问题也只有借助于系统分析加以多层次的研究。三线工作，是有光荣的历史责任的，过去横在面前的那么多困难都一个个克服过来了，往后是发展中的问题，有党中央的正确领导，只要我们保持清醒头脑，革命者没有理由不是乐观主义者的。

加强建设经济的系统研究[*]

建设经济的系统研究,是整个国民经济系统研究的突出环节和当务之急。

这里所说的"建设"是指整个国民经济中扩大再生产能力的形成、发展和发挥效用的全过程。它包括相互联系、相辅相成的三个部分:一是内涵型扩大再生产能力的形成、发展和发挥效用的过程。它主要指企业通过技术改造,改进和更新原有生产手段,发挥更大生产能力的过程。它具有投资少、见效快的特点。我国在今后一个长时期内应该更多运用内涵型扩大再生产的方式。二是联合型扩大再生产能力的形成、发展和发挥效用的过程。它主要指企业之间通过横向的经济联系与协作,发挥出新的整体生产能力的过程。我们应在避免盲目性的基础上,有计划地利用它。三是外延型扩大再生产能力形成、发展和发挥效用的过程。它主要指各地区、各部门直至国家,通过新建一系列生产项

* 本文是根据作者口述写的,1987 年 4 月在《人民日报》理论版发表。实际上是对建设经济要系统研究的导论。作者从此开始提倡建立"建设经济学"这门学科,并写了一系列论文。

目，形成整个社会的新的生产能力的过程。这一过程由于耗资多、费时长、见效慢，要严格控制其规模。应该强调指出，随着社会生产力的巨大发展，建设已日益分化成为整个国民经济中的一个独立领域，具有独特的自身发展规律，马克思对社会经济扩大再生产的研究和分析，需要在新的历史条件下得到发展。《中共中央关于经济体制改革的决定》根据对经济规律的科学认识，第一次把建设作为一个独立的经济领域和经济环节，与生产和流通并列地提出。这是对建设经济的独立功用的正确概括。

对任何系统的考察，都必须把该系统置于更大的系统之中，研究它们的全面联系。研究建设经济，首先也必须考察建设与生产、流通的相互关系。从一定意义上说，生产、流通代表着现有的生产能力；建设则代表着社会扩大再生产的能力。建设和生产、流通是互相依存、互相作用的。生产、流通是建设的基础；建设是生产、流通的发展。没有生产和流通，建设就无从谈起；没有建设，生产和流通就不能在日益提高的水平和日益扩展的规模上进行。综观近代以来经济发展史，建设始终是我们发展和扩大再生产、流通的主要手段和主要环节；对此应给予足够的重视，并努力使建设与生产、流通协调、衔接、配套，从而使整个国民经济的大系统形成良性循环。

作为国民经济大系统中的一个子系统，建设经济本身有着内在的要素和结构。大体说来，建设经济可分为建设类型和规模、投资方向和结构、生产力布局这样三个主要因素构成。

1．建设类型和规模。应该在生产和流通的基础上，并根据生产、流通的实际需要，确定建设的类型和规模。一般说来，可根据现有生产能力及其实际需要，区别轻重缓急，相应确定内涵、联合或外延型的扩大再生产方式（建设类型）及其规模，在"量力而行"的基础上"尽力而为"。离开了对建设类型和规模的合理确定，建设就会走偏方向。

2. 投资方向和结构。在确定建设类型和规模的基础上，还要通过投资方向和结构的合理选择，使各个建设项目有步骤、有重点地"上马"，使生产和流通中的关键和薄弱环节随着建设的发展逐步得到解决。投资方向和投资结构是紧密联系的。投资方向主要和首要考虑的当然是生产和流通的实际需要。而投资结构不仅要考虑生产和流通的实际需要，而且要考虑相应的资源分布、环境条件（地质、地震、气候、生态平衡、相邻地区之间的关系等）、人口密度、交通运输等各种配套条件；不仅要考虑生产设施的建设，而且要考虑相应的生活设施的建设。一定的投资方向是需要一定的投资结构加以保证的。以往投资中的毛病就在于对配套建设重视不够，不能形成综合性生产能力，以取得综合的投资效益。

3. 生产力布局。合理的投资方向和结构还同时需要良好的生产力布局的形成和发展，通过建设，要逐步形成一个协调的生产力布局，并使建设项目在整个生产力布局中发挥出综合的经济效益。在纵向上，要使现有的建设项目与原有的生产能力衔接协调并有所发展，起到逐步更新换代的作用；在横向上，要使现有的建设项目与其他方面的生产、流通形成配套，并在更高水平和更大规模上促进它们的发展。良好的生产力布局既是合理的建设类型和规模、合理的投资方向和结构的必然归宿，又能为进一步的建设提供合理的基础和体系。

用系统的观点考察建设经济，就要注意使内涵、联合和外延三种建设类型及其规模相互协调配套；使建设类型和规模、投资方向和结构、生产力布局三个建设经济的内在要素和构成协调配套；并使建设与整个社会经济的运行发展协调配套，从而发挥其独立的功用和效益。

建设经济的系统构成，必然会产生相应的工作机制和体制。从总体上说，这种工作机制和体制大致可划分为主体工程的设计和施工、成套设备按照建设要求的供应和配套、生活设施的设计和施工三个主要环节。

1. 主体工程的设计和施工是建设经济工作机制和体制的核心。通过主体工程的设计，确定建设类型和规模、投资方向和结构；通过主体工程的施工，发展和完善已有的生产力布局。设计是建设经济中的"软件"。没有科学设计加以指导和保证的施工，必然是盲目无效的施工。主体工程的设计必须日益严密、严格和规范。施工则必须在设计蓝图的指导下，保质保量地进行。为了保证主体工程设计和施工的科学和完善，建设经济体制上应有相应的保证。一是应该有计划、有控制地继续下放部分建设经济的权力（尤其是内涵和联合型扩大再生产的权力），使投资者以及设计和施工者能直接从建设中得到实惠，提高他们的积极性和责任感；二是应该继续提倡社会主义条件下合理积极的竞争。设计和施工中的"招标发包"制，应坚持贯彻下去，并要有在社会主义商品经济下所适用的新办法和新措施；三是要加快完善投资、设计、施工方面的"建设责任制"，明确建设经济方面的权、责、利，并有相应的法律措施加以监督和保证。

2. 成套设备按照建设要求的供应和配备是建设经济工作机制和体制的关键。为了保证主体工程设计和施工的顺利进展，成套设备的供应和配备有两个问题特别值得重视：一是技术方面的问题。必须了解现代技术发展的成果和趋势，从我国国情出发，及时供应先进适用的成套设备，以保证主体工程设计和施工的高水平、高质量；二是体制方面的问题。必须在社会主义商品经济的发展中，使成套设备的供应和配备根据计划面对市场、多渠道地进行。如果什么都纳入计划调拨，只会越来越落后于实践的要求。

3. 生活设施的设计和施工是建设经济工作机制的体制是否完善的重要标志。必须在生产设施的设计和施工的同时，相应进行生活设施的设计和施工。如在一些工业生产基地，要相应进行有关城镇的建设，才能满足人民物质文化需要，保证劳动力的再生产，从而最终保证建设经济的宏观效益。鉴于这一问题长期遭到忽视，概念含糊，甚至存在一些思想混乱，有必要将其郑重提出，作为建设经济工作机制和体制总的单独环节和重要标志。

从中华人民共和国成立至今，已有近38年的历程；从粉碎"四人帮"至今，也已有近11年的历程。无论从38年的历程还是从11年的历程来看，我国国民经济运行中的起伏，都是与建设经济中的成功和挫折联系在一起的。因此，在加快经济体制改革、实施"七五"计划的过程中，加强对建设经济的系统研究，是很有必要的。

中国历史文化名城要在改革中求发展[*]

城市政治经济体制改革，是我国现阶段政治经济体制改革中的一个中心环节。现在就历史文化名城的经济改革与社会发展，谈几点个人见解。

一 从扬州会议到曲阜会议

1986 年扬州会议，我国第一批 24 个历史文化名城各自介绍了自己的历史与现状，共同探讨了如何正确处理历史文化名城在文物保护与经济建设两者之间的关系，指出对这两者之间的矛盾如果处理得不好，往往会使历史文物遭受不可补偿的破坏与损失。扬州会议号召对这个矛盾一定要重视与处理好。1987 年曲阜会议，加进了第二批历史文化名城，使总数达到 62 个，并且成立了全国性的历史文化名城研究会来共商大计。现在党的十三

---

　　* 这是 1987 年 11 月 4 日在中国历史文化名城研究会第二届年会上的发言。针对城市政治经济体制改革中的不同认识，作者强调了"城市—区域"的整体性、多阶段性与复杂性，提出了历史文化名城应注意的关键问题。

大对我国当前的历史时期正式明确为社会主义初级阶段，指出了政治经济体制改革以促进社会生产力的发展为目的的中心任务，这对马克思主义是个重大的理论性发展。从我国国情出发，十三大阐明了我国在发展中必须分阶段前进，对高估国内现有的人力、物力、财力，空想全面飞跃的"左"倾习惯，对不顾我国国情、不敢坚持马克思主义的右倾失误，都是有力的批判。那么，在社会主义初级阶段，历史文化名城的经济体制以及有关的政治体制，该如何配套改革呢？我想，我们不仅该注意现阶段政治经济所许可的条件与改革必须排除的阻力，更该注意各个名城的特色与风貌；也就是说，不仅要照顾到城市政治经济体制改革的共性，更要照顾到各个名城在改革中求发展的个性。这实际上都涉及到我国生产力布局与人口布局发展的战略问题。

二　不同的方法论

人们在研究城市经济体制改革时，往往把注意力首先集中到价格改革、金融改革、财政改革、企业改革等方面去，对于城市本身，作为人群聚居的区域，所具备的社会特性和体制改革的整体性与多阶段性，反而没有足够重视。也有一种习惯是过于笼统地看待城市经济体制的改革，把它只看成对应于农村经济体制的改革，往往重点不明、条理不清；城市经济的复杂性又常使观察者因为角度不同而得到不同的见解。

我们则鉴于近年来对价格改革、金融改革、财政改革、企业改革等的研究正在日益深化，而对多年来备受冷遇的"城市—区域"的社会特性和其体制改革的整体性、多阶段性与复杂性准备加以专门探讨。比如，对城市总体规划问题、城市土地问题、城市住宅问题、城市基础设施问题、城市中科学教育文化卫生的管理及其所形成的智力优势向周围农村和所在经济区域的辐射作用问题、城市生态环境问题等方面，联系我国的实际，适当论述，力求对城市体制的改革有所帮助。这就是我们选择的方法论。

三　这样做的现实意义

我们知道，我国现有建制城市 365 个，其中特大城市 22 个，大城市 30 个，中等城市 97 个，小城市 216 个；此外，有建制镇一万多个，还有更多非建制镇。这些城市集镇分布在东南西北 30 个（台湾除外）省区之内，或密或疏。一般说，我国 10 亿人口中 80% 居住在农村，其余定居在这些城市集镇之中；可是党的十一届三中全会以来，特别是近几年内，已经有 3000 万左右的农村多余劳动力在向城市集镇转移，转业为非农劳动力；可以预见随着我国农村经济体制改革加快深化，如农业小生产向专业化、社会化大生产的"规模经营"或"合作农场"发展，乡镇企业在全国范围内大量兴起与发展，城乡商品经济与相应的市场在各地方的繁荣与发展，还会有更大的一批农村多余劳动力向城市集镇转移转业，预计二三十年内可能达到两三亿以上。如何及早准备城市集镇的承受能力以容纳这更大的一批又一批的非农劳动力进入城市集镇来居住呢？这里可以设想几种不同的方案。这些方案之一，是要求大城市向特大城市膨胀与继续膨胀，以致造成向大城市与特大城市的人口压力并带来一串代价高昂的城市建设负担。这些负担便是大城市与特大城市巨大的建设规模与很快的建设速度。在社会主义初级阶段，社会生产力与总的国情对这样的负担能否承受得了呢？因此，方案之二是制定有中国特色的城市政策：在控制大城市与特大城市的发展规模的同时，"合理发展中等城市，积极发展小城市"并且实行"离土不离乡"的政策，以一万个建制镇与更多非建制镇来吸引上亿或几亿非农转业人口，用以分散与缓解向大城市与特大城市的冲击性压力并带来的一串现代化标准的城市建设负担。这些中小城市与几万个集镇，可以作为积储非农转业人口的大量的小型"蓄水库"，其总库容累计要能容纳比两三亿更多的非农转业人口大分散小集中地安居乐业。这样，绝大部分的城市建设负担就可以由一部分大中城市，多数小城市，绝大部分建制镇与非建制镇来承受，而且还可以吸收社会资金、用民办公助与合作经济等多种形式来完成。这是城乡建设中早晚要求我们解答的大政策。我们应该有战略眼光及时地观察变化中的社会动态，有计划地解决它。

现在提出这样一个问题来，为时已经不算太早了，回忆 50 年代，我们曾强调发展以 156 项为核心的工业生产力，对于城市政治经济的整体性长期不加重视。在实践中"骨头和肉"比例失调的问题，虽然敲过几下警钟；可是对于城市体制不能适应社会生产力的不断发展，依然注意不够；到处出现的"企业办社会"现象，告诉我们对城市应该作为区域性的整体来深入探究其合理的体制。进入七八十年代后，随着对外开放，企图借鉴工业发达国家城市管理经验的人们越来越多，这在一定意义上来说，也是好事。然而西方资本主义发达国家所谓"城市化"的道路，实质上多数经历过大量人口向城市集中、膨胀，再被迫分散的历史发展过程。这个西方城市化的历史发展过程所伴生的社会不能自制的盲目性，给社会主义国家提供了足够多的经验教训。最突出的教训便是城市建设中大量高标准建筑投资的严重浪费，往往很少有什么宏观经济效果。至于它们城乡对立中的经济活动，遮盖不住农村经济在早期"西方城市化"阴影中遭受牺牲的历史事实。它们近代大都市生活中腐朽罪恶，文化堕落的阴暗面，也是表面繁华的物质享受所遮盖不住的。因此，为了建设有中国特色的城市与集镇，我们应该有所取舍；在有计划发展商品经济的道路上，对城市政治经济中若干关键问题，我们也该深化研究，至少对"城市化"这个概念该赋予有中国特色的社会主义内容，鉴于当前阶段的现实国情，我建议，不如命名为"城镇化"。

四 几个关键问题

中国是一个历史文化古国，历史文化名城的总数多。名城的共同特点是历史性名望高，有些文化水平也高。我们有理由要求各个名城在体制改革中为一般城市与集镇充当名实相符的"开路先锋"，在走向现代化方面理所当然地发生示范作用。关键何在呢？先说5点：

1. 城市总体规划要有文化发展战略和经济发展战略为依据。如果这两种发展战略不能及早制定，使城市总体规划能有根有据、科学合理；那么至少要求先走一步。

30 年来，不少大中城市做了大量调查研究工作以制定城市总体规划。对每个城市既"定性"又"定量"，就是说，在规定城市经济发展的主要经济结构时，要求同步规定城市的人口规模。但历年来多半的问题出在"就城市论城市"，反过来推断区域经济乃至国民经济在发展中对有关城市可能提出来的新要求；而这些要求还会有很多可变因素。因此，原定城市性质可以一再变化，原定城市人口规模也可以一再被突破。这是兰州、西安、洛阳、北京等最早搞城市规划的 8 大城市所共同遇上的严重问题。而且习惯的做法还把城市的总体规划等同于城市的建筑规划，出现经常返工的现象。这多半是规划缺少以城市经济发展战略为依据，以致城市总体规划基本上失去了严肃的科学根据。对于历史文化名城来说，我想，还需要有明确的城市文化战略才能搞好城市总体规划；否则其流弊便是无视智力劳动的成果，任其一再返工。还有一些事例，也值得注意，比如：有些城市规模"以大为荣"，在现行政治经济体制框框之内追求"主管市区内的所有企业以取得更多的财政分成"；其实企业改革正在要求所有权与经营权分离，决不能摆脱了条条的行政管理又换来了块块的行政管理。有些城市位置在明显的贫水区，偏偏对有限的水资源会制约城市人口规模的发展不加严格考虑；其实对历史上沙化地带的名城自行消亡正是应当重视的教训。有些理论工作者倾向于急切放任城乡人口自由流动，并且以此为"放活"基层的标志之一；其实对于周围农村多余劳动力可能转业而冲击城市的全国性压力正该有充分的思想准备。有些学术界人士根据某些表面现象便议论"在中国出现了第二次农村包围城市，是农村经济体制改革迫使城市经济体制也要改革"；其实城乡体制改革有先有后不都是党领导的吗？城市经济对于周围的农村和经济地区不都有辐射作用吗？至于在地下文化遗存丰富的地区去选厂设厂、用高层建筑去破坏自然景观、用工厂的烟囱污水去糟踏优美山水的粗暴行为等也都是屡禁不止的文化落后现象，更不必多说。因此，城市总体规划需要充分有力的支持与条件，这就是对城市政治经济社会文化的整体性与复杂性、对城市政治经济社会文化体制改革的长期性与多阶段性，都该深化研究、取得充分认识。至少对城市经济发展战略要有明确合理的经济结构与支柱性产业的技术政策；对文化发展战略要能正确对待当地的历史文物需要保护与作为人文景观需要合理利用之间的关系。

我国的城市政治经济体制，不同于其他社会主义国家与一般资本主义国家的城市政治经济体制，其主要区别有两点：其一是我国大多数地方实行"市带县"的体制；其二是我国赋予城市的职能是有计划地形成多层次的区域性政治经济文化中心。

实际上要做到做好做够"市带县"，至少要求城市的经济文化机能能够向周围的农村辐射开去，引导发展"合作经济"与"规模经营"，以带动农村经济文化向前再迈进一步；并且能够向周围的乡镇辐射开去。引导发展多种多样的乡镇企业、以带动乡镇经济文化向前再迈进一步。这样，城乡经济文化协调发展，培育现在还不发达的统一市场、有计划地发展社会主义商品经济，才能逐步使区域经济全面活跃起来。

实际上要城市成为区域性政治经济文化中心，除了在城市区域布置大中型企业为标志的社会生产力以进行跨地区的经济活动之外，在迅速增长的城市与乡镇，势必安排城镇所特有的社会活动与走向现代化的城镇管理。例如，对城镇内的科学教育文化卫生等事业要加强到足以形成区域性的中心；对城镇的发展要有合理的总体规划指导；对城镇的基础设施与公用事业力求有计划地建设。

十三大以改革为中心号召建设有中国特色的社会主义，对于建设多层次的城市与集镇，事实上要求我们站得更高一点、看得更远一点、工作得更深入一点。为此，我国各个历史文化名城更要在有科学的文化发展战略与经济发展战略的前提条件下，发挥建筑工程师们与经济师们的特长，才能做好名城一级的总体规划，为全国大中小城市与众多的集镇做好示范。

2. 城市基础设施问题要与城市土地问题和城市住宅问题联系起来考虑。

现在习惯于把城市内需要配套建设与统一管理的城市道路与交通设施、城市供水与排水、城市供电与供热、城市邮政与电讯、城市绿化与环境卫生等事业，统称为城市基础设施。这些大体是过去所谓城市公用事业。鉴于我国有几万个集镇或早或晚也要有计划兴建这一类基础设施或公用事业，在改革中不妨统称为"城镇基础设施"或"城镇公用事业"。

在资本主义国家内，由于这些事业都属于亏损、无利或薄利的企业，资本集团往往交给地方政府以地方纳税人协会的资金来兴办与委托地方政府管理。在我国，大中城市已经感受到办好这些公用事业的负担，更多的小城市与集镇，随着人群聚居的发展，也必然产生兴办这些公用事业的要求。我国的国情，还提出我国公用事业所需要特加注意的要求：如城镇道路网络要适合人车分流与快慢车分线；如城镇排水要考虑粪便的集中与沤熟以提供农田有机肥料；如城镇民间燃料要尽量推广集中供热以减少空气污染与炉渣垃圾。

现实的问题是城镇为公用事业的兴办也要搞好集财、生财之道。至少要可以"以丰补歉"。

其实资本主义各国大中小城市的土地，按不同地段可具有差异的价格与地租，这便是市政的一个重要财源。社会主义国家凡在地方土地所有权与使用权受平均主义理论支配者，对城市土地是否应有价格与级差地租，往往多所议论而坐失时机。我国近40年的实践，证明城市土地应该实行"有偿使用"、"优质优价"的土地政策；发展中的集镇也可以适当推广。这便是城镇当仁不让的一项财源。

其次，资本主义各国大中小城市的房产，也是重要的市场商品，甚至成为追逐暴利的"奇货"。我国的城市住宅，非但没成为商品，而且成为城市的财政负担。一是现行房租制度受低工资制度制约，房租之低廉不能保证房屋的起码维修费，如此以来测算住宅投资的回收期，一般总需一百七八十年，二是城市住宅几乎按平均主义收租，对所占房屋面积、所处的地段环境楼层朝向和内部设施等，房租上很少差别。三是城市住宅由政府包建分配，估计从中央到地方，各个决策层次用于城市住宅建设的财政支出每年已超过300亿—400亿元，但到处还不能满足城市人口膨胀的需要。面临中小城市和一大批集镇的积极发展，这个城镇住宅问题又将更为突出。

为此，在城市体制改革中，房租累进制与住宅商品化问题已成为几年来的热门课题。这是两个现实经济中要求迫切解决而内涵十分繁复的问题。如果解决得好，城镇住宅也可以成为城镇理所当然的一项财源。

总之，城镇房地产业的建立发展与健全，很可能对城镇基础设施的建设与公用事业的发展是足以平衡收支丰歉的有力支援。

3. 城市中科学教育文化卫生的智力优势是城市成为区域性政治经济文化中心的重要条件。

城市中科学技术、教育文化、医疗卫生等事业单位，既含有一定成分的经济活动，又不同于一般企业在生产流通领域内的经营活动而各自具有其特性与走向现代化的规律。各个城市和将来要大量兴起的新型集镇，都必须培养各自科学教育文化卫生的智力优势，使它有力地向周围农村和所在经济区域辐射开去，促进知识信息的交流和文化水平的提高，帮助"老少边穷"地区脱贫致富，实行城乡互助、物资交流，振兴区域性的经济文化。为此，对现行墨守陈规的僵化管理体制，凡是束缚科学教育文化卫生事业发展的阻力，必须大力改革，力求自我完善。各个历史文化名城更应该不失时机地加强这方面的基础工作。这个基本功是区别发达地区与落后地区最有决定意义的标志。

前几年，有些学术界人士也把科学教育文化卫生等事业单位看成经济实体的企业一样，向他们推行按经济规律办企业的一套方法，以致带来一些不应有的副作用，这实在是概念上的含混引起了工作上的失误。加强培养各自科学教育文化卫生的智力优势，我想，从历史文化名城开始是义不容辞的。

4. 重视城市生态环境，提高绿化程度以降低人群聚居可能产生的"热岛效应"。

大城市受自然条件和社会条件的影响，容易产生"热岛效应"，例如南京、南昌、武汉、重庆便是长江流域久已闻名的四大火炉。要降低这些小地区的气温，人为地大搞绿化、大造森林，使小区住宅建设被广阔的树林所围绕，使居民住宅有如安置在林间隙地一样，这才是十分理想的生活环境。

至于净化城市空气、降低城市粉尘、降低城市噪音、清除工农业发达所形成的污染等等，都只有搞好城市的生态环境才能达到这些目的。

我国人口众多，现有22个特大城市、30个大城市，尽管在控制规模，仍然会有所增长；至于97个中等城市、216个小城市，在"合理发展"与"积极发展"的条件下，自然规模会迅速增长；那么多建制镇与非建制镇，经过几十年要容纳那么多非农劳动力转业转移，既有规模也会更快增长，因此，趁早重视城市集镇的生态环境、大大提高绿化程度，做到几十年之后在中国大地上出现一个适宜于人类生活的理想环境，应该是办得到的。现有的62个历史文化名城在这方面能否也走在一般城市集镇的前面呢？我想，这是应该的。

5. 提供名城之间、跨越政治经济地带的"横向联系"，尽量做好名城对名城的文化交流与经济联合。

"七五"计划中有一章专门谈到布局而把我国分为东部、中部、西部三大经济地带。随着改革与开放更为深入，在条件相似，经济结构相近现为中小城市的名城之间，可以跨越政治区域与经济地带，尽量建立友好关系，在文化领域相互交流知识，在经济领域相互支持与联合，在阻碍社会发展的现行体制方面相互启发，实事求是地改革，共同走向繁荣昌盛，现在全国性的历史文化名城研究会已经正式成立，每个名城作为团体会员，正可以共商加快"横向联系"，振兴经济文化的大计，我想，这也是我们的一项重要会务。

希望1988年江陵会议时，对这些关键问题，在扬州会议、曲阜会议的基础上，都能再前进一步！

机械设备成套工作横跨
三大经济领域[*]

—— 对机械设备成套工作性质的探讨

机械设备成套工作在运行中横跨生产、流通、建设三个领域。就机械设备制造而论，显然属于生产领域，这是机械设备成套工作的起点。对一般生产加以延伸而组织成套生产，如果离开了机械制造部门，当然也就无从进行。就机械设备的成套产品进入计划分配领域并进入社会主义商品经济的市场进行交换而论，这些产品的使用价值兑现成交换价值，实际上构成了商品流通，当然属于流通领域，这是机械设备成套工作运行的中介环节。为成套机械设备同时配套生产与供应若干易耗零部件，并通过服务网点为用户服务时，构成商品流通的特殊形式。随着我国社会主义商品经济的发展，这一特性会越来越显现出来。就机械设备的成套产品发挥功能而论，毋庸置疑是在建设领域内。这是机械设备成套工作运行的归宿与落脚点。具体地说，就为建设单位有计划生产并按建设进度要求提供装备而论，这些产品在质量上必须成套符合工程设计的技术要求，在交货时间上必须符合工程施工的进度要求。在建设领域内，机械设备成套工作之所以可贵就在

---

　　* 本文是 1987 年春，作者为《中国基本建设》杂志写的。

于能成套为建设服务。成套提供机械设备远比提供机械设备的单件为优越，也远比生产系列产品并按建设需要进行机械设备选型供应为优越，更有利于建设领域内的分工合作、协调配套。随着社会主义经济的发展，建设领域从体制上说，如能由主体与配套的工程建设、机械设备成套工程和城镇的配套建设等三个子系统完善构成，社会主义扩大再生产应该说，就能够做到更良好的运行。

机械设备成套工作运行的全过程，不应该加以割裂地观察。如果否定了机械设备成套工作是横跨建设领域的，就抹杀了机械设备成套产品最终发挥功能的领域，实质上也抹杀了机械设备成套工作为建设服务的目的。在这一点上，历史的回顾与展望，常常能使我们看得更清楚。

我们"一五"计划中 156 项的机械设备是由苏联成套提供的。当年苏联的机械制造工业部门、对外贸易部门乃至驻华的许多专家都不得不过问这些重点项目的建设进度，按建设现场工程进度的要求督促苏联国内机械设备主机与零部件的生产与成套发运。1959 年中苏邦交恶化，迫令所有合同中的在建项目从我国只搞分交设备生产突然改为由我国自己全部承担机械设备的成套生产、成套供应和成套配合建设。这个突然变化便是我国机械设备成套工作不得不从所谓"补套"迈进为"成套"的历史背景。

二十多年来，机械设备成套能力随着我国国民经济的发展而发展，尤其是随着建设经济的发展而发展。1978 年"洋跃进"浪头出现，我们又一次取得深刻的经验教训，这便是资本主义国家根据我们同他们签订的引进成套技术和成套设备合同，成网络地组织起他们国内大中小机械制造厂家，按合同工程设计要求，满负荷、超负荷地进行生产。有些巨型工程铺地面用的铁块钢板、楼梯钢管扶手与一些办公用品等等一股脑"成套"进口，而我国自己的机械设备制造工业因接不到生产任务而开工不足。这难道不值得我们深思吗？

80 年代以来，工业发达国家高技术兴起，也很值得我们增加时代的紧迫感。大家知道，在传统工业中，钢铁工业的初轧机，有的已为连铸连轧机所替代；石油化工的 30 万吨合成氨和 48 万吨尿素的机械设备总重量，并不比 50 年代 7.5 万吨合成氨和相应的硝酸、硝酸铵等全厂所需的机械设备总重量多多少。而这些传统工业中一旦用电子计算机控制运行，在生产管理上，其效率都与过去有天壤之别。运用形形色色高技术的新兴产业很多是我们所不熟悉的，特别是关键性的元器件生产。因此，放眼未来，我国建设领域，不论是内涵型的企业改造或外延型的工程新建，都需要机械设备成套工作者系统地科学地研究当代技术发展的飞快趋势，加速改进我国的机械设备成套的生产技术与流通技术，提高服务水平，以便更好满足社会主义四化建设的需要。

现阶段的机械设备成套工作问题[*]

中共十三大明确指出我国当前还处于社会主义初级阶段。这是对党的十一届六中全会所作《关于若干历史问题的决议》中有关概念的发展。这个社会主义历史时期的"分阶段论"，既概括、又深刻，既符合我国的国情、又做出了能指导实践的理论性突破。这一个"初级阶段"概念的确立，对于现阶段社会主义经济建设工作，具体到机械设备成套工作，都有重大的现实意义。

新中国成立都38年了，现在才指出还在社会主义初级阶段，是不是合适呢？是不是低估了现实经济的发展水平呢？会不会使人们对经济形势产生"萎缩感"呢？会不会使机械设备成套工作者在生产领域、流通领域、建设领域中进行经济活动时产生"危机感"呢？会不会对全国8万个建设项目和8万个技术改造项目带来促进作用呢？这些都是这次年会上大家关心的事。

---

[*] 这是1988年1月25~29日作者在机械设备成套工程学会第二次年会上两次大会发言摘要。在第一届年会上，作者已阐明过机械设备成套工作是横跨在生产、流通、建设三大经济领域中活动的。

现在，我说几点请大家参考与批评。

1. 我们需要脚踏实地、冷静观察现实、有切合实际的"现实感"。这是说，要在现实经济生活的动态之中，看清我们"起步"之处的"零点基础"实在不高，过去离开衰微破败的半殖民地半封建的旧社会不久，一进入社会主义社会便"好大喜功、急于求成"，就想"跃进"、"腾飞"、"超英赶美"，鼓的是"虚劲"，助长的是"浮夸风"。这种"盲目性"，过去曾两三次招致国民经济大起大落，教训之深至今令人痛定思痛。为了对十年动乱实行"拨乱反正"，更需要我们纠正无政府主义带来的不正之风，在社会上要补的课不少，经济上要还的债不少。现在好不容易经过"慢煞车"，把 1985、1986、1987 年经济形势趋向放稳，只要把社会主义建设的阶段性目标选准、把达到这个理想目标该走的道路与该采取的配套措施选好，"稳定经济，深化改革"，工作做踏实了，前进的势头慢不了。所以，建设规模不宜贪大求多，重复"欲速则不达"的教训，生产力布局不宜喜新厌旧、重复忽此忽彼、畸轻畸重或过早求全国平衡的教训。能如此，建设的工作量既不至于多到力不胜任，也不至于少到无缘无故"萎缩"，应该说是沿着社会主义有计划按比例规律的轨道前进，是最理想、和谐、协调、平顺的。在有计划发展商品经济的过程中，"吃不了"与"吃不饱"的危机都不应该发生。如果在产品质量上精益求精、生怕落后于时代要求而产生点"危机感"倒是有好处的。关键是各行各业都贵在有计划、贵在产业经济结构合理、贵在行业计划合理、贵在行业技术政策合理，对建设项目、对技术改造项目，都要科学合理地决策。这样，才能有计划指导行业性的商品经济活动，运用银行等经济杠杆引导企业有目标地经营管理，避免陷于盲目性的市场竞争而不自觉地迷失方向。

2. 机械设备成套工作的方法，为了化被动为主动，确实应该向"两头延伸"。在我国，机械设备的成套工作，已经有了近三十年历史。最初搞一些零星设备的配套订货，后来经验积累到能按照工程项目的需要组织成套设备的生产与供应了。这是很不容易的。当前面临的问题是：从宏观经济的角度观察，怎样能帮助有关机械工业企业集团或机械设备成套公司早点探索出机械设备成套工作的方法论，即如何在立项提出设备需要之前和设备销售之后"两头延伸"？这是高度发挥主观能动作用的好办法。

延伸向前该走的第一步：比较切实可行的，是利用社会主义计划经济的特长，对成套机械设备选择其规模与型号和组织其备料与生产，做到与建设项目和技术改造项目的立项决策、成套设计和有关"可行性研究"的评估咨询，同步提出倾向性意见来。这是两年来，中国国际工程咨询公司在受国家计委委托评估咨询重点建设项目和受国家经委委托评估咨询重大技术改造项目中已有切实体会的事。1986 年，中国国际工程咨询公司在评估咨询业务中，该加的加、该减的减、正负相抵，为国家节约了 20 亿元投资，社会经济效益还未去统计；1987 年，则正负相抵，为国家节约了 33 亿元投资，社会经济效益也还未去统计。如果在对工程设计和"可行性研究"的评估咨询的同时能做到同步选择和组织机械设备成套，一方面可以为机械设备订货、产品设计、组织生产等提供确切的信息；另一方面可以使所有项目的工程外形与车间内涵得到更为科学合理的统一安排，从而可能保证更多的社会经济效益。

再超前一步：如果能避免就项目论项目而与社会经济的发展规划、与中长期的建设计划、与中长期的企业技术改造计划做到同步提出重大机械设备成套订货的倾向性意见来，使机械工业能超前于立项若干年预先为社会经济的发展所需要的技术装备有计划地做好有远见的行业政策、产业结构调整、生产技术准备，那么，社会经济的改革与发展更可以平稳前进，社会经济效益更可以得到保证。

这样，在机械设备成套工作范围之外，机械工业产品的"标准件"可以更便于标准化、系列化，以便于在市场上同买方见面，让买方"按图索骥"。做好选购订货工作；其"非标准件"可以更便于同农业、能源、交通、原材料等各个专业部门在发展中的需要相结合，探索和创造出日新月异的产品型号来。

延伸向后该走的第一步：为机械设备产品用户所急需的，便是机械设备销售之后的维修服务网点的建立。这是保证产品质量、提高服务质量、创立机械制造工业信誉的最好办法。针对现阶段一窝蜂地为了发展商品经济而大做广告的宣传，使人们联想到资本主义发展初期夸大其词的行径，"硬碰硬"的机械设备售后服务却能使消费者遇见零部件不合格、线路接触不灵等类似问题及时得到解决，市场信誉自然确立。

再向远处推开一步：到国内外重要城市去建立信息网点，及时反馈市场对有关机械产品的技术性能的需求动态，从而使市场真能引导企业做商品经济活动。现在小企业、乡镇工业利用"船小好调头"的"优势"，往往使大中型企业感到质量高的产品竞争不过质次价廉的对手产品；其实，几乎各个产品行业都存在一个规模经济与规模效益问题，这正是大中型企业才有的优势。国际间，多国公司、巨型企业集团的取胜之道，往往是强有力的产品售后服务网点和灵敏的经营信息网点，这是中小型企业所不具备的条件，因而不得不向多国公司、巨型企业集团投靠，受其统制或被其兼并的奥秘所在。这个资本主义世界很普通的道理，对于社会主义国家中的机械设备成套工作，大可参考。

3. 从"稳定经济、深化改革"中观察，建设规模在近几年中还是不断在发展与扩大；联想到机械设备的社会需要，数量会更可观，质量也会更高级，因而对成套工作提出了新的要求。总的说，建设领域内必须继续控制投资规模、继续调整投资结构、继续保证重点建设；同时必须推进投资体制的改革、必须在体制的改革中求发展，必须努力把计划外的投资尽可能引导到重点建设方面来。尽管如此，以 1982 年固定资产总投资为基数，到 1987 年大体估算已增长了近两倍。现在在建的基本建设项目大致有 8 万个，正在技术改造的项目大致也有 8 万个。其中由国家机关控制的投资总数，大致为 350 亿元；全社会的投资总数，大致为 2300 亿元；加上利用外资的特殊贷款，还得外加 15% 以上。这一经济形势，告诉我们，投资体制的改革纵然要划分为中央、地方与企业三种投资范围，而机械设备的成套需求不会减少，因而谈不上"萎缩"；非但如此，组织机械设备的成套工作如何能适应这种投资体制的变化，如何拓宽服务的范围，如何加强经营开发的业务，都需要认真研究经济体制改革中出现的新问题，采取能配套解决问题的新措施。随着工作越做越细致深入，中央一级的机械设备成套工作机构将大有可为，地方一级的机械设备成套工作机构也将大有可为。问题是在建设领域引入招标承包制之后，成套工作也要能适应；成套工作本身也要具有系统的理论指导，避免在有计划发展商品经济中被动应付。

4. 机械设备的成套工作本身，起码的要求是按照建设项目的设计要求系统地组织机械设备的成套生产与供应。由此可见，这是一项软科学与硬科学结合的、能创造价值的复杂脑力劳动；经过组织成套的生产与供应，理该形成综合性生产能力，其目标是求得最佳化的成套机械设备。为此，要加强成套工作，必须强化"向两头延伸"的信息工作；而更高层次的信息工作，应该能做到反馈市场需求，借此确定机械设备产品设计中的技术发展方向，从而推动机械工业提高生产技术。为此，建立"成套工程学"，从理论上明确成套工作的性质、作用，随着实践的发展而对理论原则加以发展，也是客观需要的。我认为，本届年会上提出建立"成套工程学"便是一项收获的开端。这便是现阶段机械设备成套工作要求在前进中探讨系统化的理论问题。希望下一届年会或者再下一届年会上能看到有对"机械设备成套工程学"系统的阐述。

至于机械设备"成套工程学"是否和"建设项目工程学"同属于"宏观经济管理学"的低一个层次的学科呢？是否受技术经济学横向渗透呢？是否为一项比较复杂的交叉学科呢？也希望大家深化研究，浅显地阐明。而这一项学科是否能成长发展则要看理论是否能指导实践并经实践所检验与推进。

江西经济建设计划中的几个问题*

　　根据江西同志介绍的和我了解的情况，我想对江西省经济建设计划工作中的几个重点问题提些看法。建议大家共同研究些区域经济规划问题，寻求振兴省级地方经济最有效的途径。

一　深度加工、多创价值、降低成本、增加
　　社会经济效益

　　做好产值、产量翻两番的长期规划是好的，如工作再深些，不光追求产值、产量形势上翻两番，还把提高深度加工、实现地方社会经济效益和财政积累翻两番放在第一位就更好了。江西地方经济现在是落后一些，但落后并一定就老是坏事。经济落后，无非是起点低而潜力大。只要尊重科学，按经济规律办事，尽快摆脱习惯势力的束缚，经过大家积极努力，后来居上是很可能

　　* 本文是作者1983年5月在江西与省府干部座谈的纪要。在此前后，作者曾以五府山综合垦殖场为典型，建议对江西省180多个山区垦殖场作一个全面调查、加以整顿提高；又以鄱阳湖滨13个县为对象，对江西省北部作了综合调查，提出了一些积极措施。

的。事物发展进程往往不是一帆风顺的。江浙一带发展得快一些，现在也暴露出一些问题。如果不注意他们的不足之处，不认真对待不同的省情，盲目地跟着跑，往往也会犯一些错误。现在，我们一些同志在制定地方长期规划时，喜欢硬套"比较经济学"的一些形式。例如浙江茶叶生产了多少万担，增长百分之几，我们江西也想生产多少万担，也增长百分之几。实际上现在全国茶叶已有积压，茶叶的国际市场还有待开拓，这一类的例子还可以举出一些。这种盲目攀比、对行业的全面动态不密切研究是形而上学的。我们不少经济发展决策的错误，都是吃了这种亏。各国国情不同，各省省情不同，同一类产品市场容量有限，盲目比较，盲目发展。往往会忘掉消费者的动向和市场的容量，生产就会脱离消费，产品就会过剩，社会经济效益就会不好，花进去的人力、物力、财力就会收不回来。

江西省过去大办钢铁，大办农机，上许多小氮肥厂以及其他一些项目，很多存在这一类问题。建议算算这些历史账，看看到底花了多少钱，在哪些地方脱离了实际，至今吃了多大的"苦果"。如能避短扬长，这对今后制定地方长期规划有好处。

江西想摘掉"经济落后"帽子的急切心情，大家都能理解，也都同情。但急没有用，要有科学的态度和方法、手段。我们在发展经济时一定要有财政观点，不要光去追求产量、产值，最终要看社会经济效益、看财政收入。社会经济效益多了，促使财政上去了，事情就好办了。财政上不去，许多事情就往往办不成。因此在地方长远规划中要多看几步，看远一点，要老谋深算，不仅要顾及眼前的社会经济效益和各级财政收入，更要注意建立稳定的持续增长的财政经济的完整体系，只有这样，才能制定出科学的地方长期规划。

我们要面对现实。愿望毕竟是愿望，而不是现实。在目前江西现有条件的制约下，必须特别注意深度加工。经济发展既要有广度，更要有深度。忽视深度加工的决策，就摘不掉地方经济落后的帽子。现在提出江西地方工业要建立在大农业的基础上，方向是对的。有了大农业，农产品加工工业才好集中生产，为它服务。深度加工问题不仅对农业，对工业也需要如此要求。在保证产品质量和适销对路的条件下，付出社会必要的劳动越多，所创造的价值就越高，利润也就越多。对同一资源能做到多层次利用，经济效益也就好了，而且可以做到产量不增，产值增加，税利增加。就是说，用等量的投入，得到更多的产出。

地表资源的粮、林、竹、麻等等及其深度加工，值得好好研究。思路可以更宽一些。例如麻纺，别的国家有成功的，我国广西、湖南、上海都在发展，难道我们江西搞不成？建议找纺织工业部和上海毛麻公司的高级技术管理领导同志谈谈，做做参谋。麻做的夏布用途很广。万载夏布很有名。我过去在上海东湖宾馆看见里边的椅子、沙发等有一些是用木架、夏布或帆布做的。因此我想，夏布即使粗糙，如果厚实些，至少同帆布那样，也可以用来作家具，价廉物美，可向全国推销。只要我们动脑筋，即使苎麻的精纺技术尚未全部过关，利用多层次的生产技术，能先进处就先进，不能先进处就暂时保守些，也可以开拓新路子，至少把江西当前库存积压问题解决好，进而扩大适销产品的生产规模。目前国际市场上，麻织品正紧俏得很呐！路，是人走出来的。再如，过去莲花县专产生姜、姜丝、姜片、干生姜、盐生姜、糖生姜、酱生姜等等，品种很多。现在安庆的胡玉美酱园生产的姜丝也很有名。为什么江西不能把莲花的生姜这一初级原料加工得更好一些呢？以此类推，先大量发展手工业经济，明天再实现半机械化、机械化就好办了。

地下资源也要好好研究。现在部门经济和地方经济结合如不全面，地方往往会吃亏。吃亏最多之处就在综合利用和深度加工方面考虑不周到。比如，新余良山铁矿，品位低，可选性好。品位低的必然结果是尾矿多，那些尾矿都是磨过的，很细很细。我们投入了大量能源、人力财力，尾矿却扔掉了。如果技术上能把尾矿用起来，行不行？如行，数量相当可观。还有钽铌矿的尾矿，钨矿的尾矿，铜矿的尾矿及冶炼过程产品的联产品、副产品，技术上都可能综合利用，经济上也更合理，都该进行深度加工。

江西钢铁工业近几年来做了很大努力，同上海协作有所进展，经济效益有所提高，这是好的。五个钢铁厂如何联系起来安排好生产，是一个问题。例如，萍乡产煤，新余产铁，两地联合起来，外加其他配料，以生产合金钢，特种钢为主，尽量满足江西地区性机械工业和军事工业的需要，创出江西独有的路子，这会更好。

总之，要保证社会经济效益和财政收入翻上去，人民生活水平大大上升。在这总的思想指导下，从立体的角度来制定地方长远规划，把力量用在深度加工、用在综合利用、降低成本、增加社会经济效益的各个方面上，努力改变农业单打一、工业单打一，老是搞原粮、原矿、原木、原竹的局面。就是说把农业的经济结构、工业的经济结构，安排得更好，更合理，江西省的地方经济就有希望大步前进。

二　要有一个好的生产力布局

江西生产力的布局还需要好好研究。生产力布局是一门科学，不仅要平面地研究，而且要立体地研究；不仅要静态地研究，而且要动态地研究。在研究生产力布局时，不能光凭要求和想象，而要立足于现实条件，同时考虑向纵深发展的战略。

从现状来看，江西的生产力布局要优先利用现有的交通和能源条件。无论从我国的生产力发展历史来考察，还是从世界上许多先进国家的经济发展历史来考察，生产力布局，特别是工业生产力布局都是优先在交通条件发达的地方展开，然后逐步随着交通条件的变化而转移。我国是从沿海一带和长江沿岸开始的；美国是从濒临大西洋的新英格兰地区及五大湖畔和密西西比河沿岸的芝加哥、底特律等地开始的，此后发展的加州以及二战后兴旺起来的得州地区也都在西部或南部沿海；苏联也是从波罗的海和伏尔加河沿岸开始的。因此，不能简单地静止地看待生产力布局，不能认为我国生产力布局永远只能东重西轻、江西的生产力布局不妨先北后南，如果老是固定不动了，那是畸形，是不合理的。如果我们强迫江西的生产力布局超越历史发展的可能，在交通、能源条件还不具备时马上要求南北平衡，也是劳民伤财，不符合生产力发展的客观规律的。对经济区域规划也要注意这个问题。现在提出以城市为中心的经济发展规划，一些同志不问条件是否成熟，也要硬性地搞，这就值得研究。在我看来，以城市为中心的经济发展规划目的是顺应生产力发展规律的要求，而不是图形式、赶时髦。因此，必须具有如下条件，才能形成以城市为中心的格局。

一是这个城市在社会经济、文化教育、科学研究能力方面足够发达，才能具备足够的辐射能量带动周围的县镇乡村向前扩散与发展；二是这个城市与周围的扩散地区间在工业生产为农业服务以及其他物资交流的流通渠道方面在历史上确实有密切联系；三是这个城市在技术、设备等方面有能力现实地扶助周围的扩散地区有步骤地发展。具备这些条件，说明在这一区域范围内本来就存在城乡间的经济联系，但是，过去没有行政上去疏导、去加强，不利于经济联系的顺利发展。如果把这一地区的城市乡镇农村作为一个整体来考虑、来规划，则有利于这一地区城乡经济体系的形成。如果本来没有什么经济联系，硬把它们扭在一块，将吃力不讨好或者在经历了一个过程之后才能理顺经济关系，这就需要耐心帮助。

那么，江西生产力布局，"六五"、"七五"期间从现实条件出发，先北后南地发展，大致是怎样呢？可否这样设想：

1. 南昌市由于地形、资源、交通的限制，不利于发展大型工业，尤其不宜发展那些耗能高的工业，如钢铁、化工以及噪音大的工业门类。适当发展劳动密集型和智能密集型的工业还是好的。澳大利亚首都堪培拉就一家大型工厂也没有，美国的首都华盛顿过去也只有一家国会印刷厂，那里不仅节制工业发展，而且都大搞绿化，成为公园型的城市。西欧有些城市的房屋建在森林之中，几乎看不到什么密集在一处的工厂，原来夏季是高温区，现在气温显著下降。这些城市，技术、智能密集的工业都相当发达。国务院对北京市社会经济发展规划提出四条原则时指出，今后不在北京市行政区内进行大型工业布点。贯彻这种正确的城市规划原则，是各个大中城市应该尽量做到的。因此今后大工厂也不宜再在南昌市及附近郊区布点，而重要的研究机构、技术机构、高级文化教育机构可以相对地多集中些在南昌。也就是要下决心把南昌市建设成江西省的政治文化中心，而不一定是工业经济中心。

2. 在近五年、十年内先集中主要力量把赣东北建设好。赣东北现有交通条件好。皖赣、浙赣、鹰厦铁路贯通全境。信江和乐安两河经鄱阳湖而通长江。现在国家重点工程之一的铜基地就在这里。有必要利用这些条件，围绕着铜基地办好一系列需要同步建成的联产品和副产品工厂。首先是铜冶炼与铜材加工。我国铜材加工能力目前过剩是事实。这不等于说现在这种生产力布局不能改变。上海目前一个最苦恼的事情就是以运进矿石进行加工的工业比重太大，污染严重，耗能太多。上海相当一部分电解铜和铜材加工的设备亟待更新。铜冶炼、电解铜及铜材加工的合理布局问题，也是整个国家的利益问题，是提高全社会的经济效益的问题。对铜基地建设也该做出环境预评价。听说乐安河已经污染，是否由于一个地方小型矿造成的污染？到底污染源何在？需要快查清楚，坚决防治。总之，这是一个警告的信号，因此，我们要全力支持国家重点建设，也要强调地方经济，更要强调环境保护，要为子孙后代着想。

第一，能否争取上电解铜？比方说，粗铜争取有1/3在贵溪电解精制，再进而考虑铜材加工。

第二，硫酸厂宜配套快上。现在南京、天津等地在改造硫酸企业生产的规模加以扩大。江西铜基地的含硫烟气，可以生产大量的硫酸，这些是化工原料，不允许排空，不允许把废液、废渣排入信江，要好好利用，要把这一带人民生产与生活的环境保护好。

第三，磷酸铵厂要尽可能同步上。要结合江西红壤条件，多产磷、钾肥，国家已在青海的刚察盐湖上了大型氯化钾生产厂，能否在江西另行找到含钾的资源，生产氮、磷、钾复合肥。如果能行，那么，江西就可以以磷酸铵厂为骨干，带动现有的一些小氮肥厂改产适合于江西不同类型土壤的复合肥，这样，对全局都有好处。

第四，磷酸铵副产品之一的磷石膏，要参考昆明现有工厂的生产经验，尽快组织应用研究。这是大量的产品，如果现在不着手研究搞好小规模试验，今后将是一大祸害。从有关资料看，是否可以掺和在水泥中作建材呢？这里的磷石膏能否与赣东北的水泥工业、民房建筑的改造等结合在一起考虑？还有就是贵溪电厂的煤灰处理，也应同发电统一考虑。过去往往认为，发电厂煤灰数量大，需要投资多，处理难，有的地方发电厂煤灰堆成山，刮风下雨时污染大气，污染环境。在上海，电厂煤灰利用技术大致也解决了。能否同电力部门商量，请有关专家组来帮忙研究煤灰处理的合理方案。顺便说，九江二电厂也同样存在这个要把电厂煤灰利用起来的问题。

总之，赣东北现有交通条件较好，在建设上具有先走一步的可能，因此，建设铜基地有一些问题可以而且需要同步解决。

3. 赣北和赣西北也具备较好的交通条件。九江市有一个炼油厂，不仅铁路还有一小节不通，而且水路也不畅通，缺少配套设施；已投资2亿多元，而经济效益不好。炼油厂接近消费地，从布局来说是合理的，因为原油好远距离运输。但我国很多炼油厂接近产地，而且现在炼油能力已超过了原油生产能力。因此，九江炼油厂原油供应不足。国家计委，国家科委在审定仪征化纤厂时，专家组希望留一定数量涤纶切片给九江炼油厂等拉丝，这样，九江全厂的经济效益可好得多。江西能否争取落实？

今后九江如以发展纺织和食品工业为主，现在也可以先做好技术准备、人才培养等工作。

赣西北新余宜春一带，适宜发展些合金钢、特种钢。还可以考虑发展些盐化工。发展盐化工，一是能源，二是氯气的回收，要考虑周到。能源问题在万安电站上来之后，可望好转。但氯气回收是一个问题，这要求发展有机化工。发展联碱，生产流程是可用的，在选点上放在赣江边上也是好的，当然不许污染赣江。

4. 赣南发展种植业、水果都好，矿产也多，为它们服务的工业早晚要上，但目前要上大型工厂还受交通限制。我想，在"六五"、"七五"、"八五"期间，赣南要做好各种地质资料的准备，做好各种技术的准备，一旦交通条件好了，就可以上马。像向塘至赣州的铁路，要国家订计划支持。在近期内，赣南应更多地研究公路、水路运输，在生产力布局上尽量接近水路。当然，也可以从赣南就近向福建、广东打通对外贸易渠道。

三　经济要发展，先要大量教育培养人才

江西的人才不少。但时代的任务重，相对地说，人才还是不够的。为此智力投资要适当强调。在地方长期规划中提出办全国重点大学以解决人才问题，当然是可以的。但是同各个地方一样，目前最主要的是各行各业需要很快充实能"培养人才的人才"。就是说在当前，重要的不光是要孵一批"小鸡"，而是要一批能孵蛋的"母鸡"。因此，能否早一点注意对拔尖人才的培养，是否可以考虑这样一些步骤：

1. 请人事部门物色一批年龄在 35～45 岁之间的，有几年工作经验或研究经历的、基础好、知识面广、身体健康、思想好、作风正派的人。然后根据个人志向和省里的需要，分期分批选派到北京、上海等城市的研究生院、研究机构或高等院校去学习，去工作，去深造。由江西出钱，签订合同请他们代培。但要求代培的单位或导师认真负责，选修符合实际需要的课程，培训结业时给予总的考核，并允许他们参加同等学力考试，及格的给予证明。这一批人回来之后，给他们压担子，交给他们课程和业务。在研究与工作的过程中，可能会遇到一些困难，允许他们再去原学习和研究工作的地方请教，也可以搬兵来助战。这样同实践结合，不断提高理论水平，效果会显著的。

2. 在南昌等地的一些高等院校，聘请兼职教授。请他们来讲课，或系统的，或专题的，都可以，并用这些兼职教授的名义

来招收攻读学位的研究生，我们也选派一些得力的助手，协助他们带好研究生。在协助的过程中，这些助手又得到提高，今后也可以取得带学位研究生的资格。

3. 动员本省具有高级职称的技术人员、研究人员、教师带徒弟。有条件带研究生的就带研究生。由他们带过的人，时间在两年以上者，均列为专门培养的人才，优先允许他们参加同等学力考试或考核。因为现在允许以同等学力参加学士、硕士、博士考试。这种重点培养的方法是发挥省内高级职称人员和鼓励有志于事业的青年奋发上进的一项有效措施。

4. 重视各种学会的活动。听说上饶地区的领导十分支持今年农业生态经济学术讨论会召开。这是好机会。通过像这样的学术讨论会，至少可以请一些热心农业、主管农业的本地工作干部和领导人参加旁听。把讨论会的文章印出来，发给同志们学习，在会议期间也可以就有关专题请教这些专家。

5. 要强化研究机构。把江西全省的每个专业的研究机构梳理一下，不论是省属的、地属的、县属或是企业、事业单位本身的研究机构，都进行一次登记造册。去掉一些重复的机构，把有限的力量集中使用。使全省每个研究机构都有所侧重，有所分工。在科研机构开展工作中抓住如下几个方面：

（1）对农林牧渔研究机构，省级设重点所。在这个所中开展基础理论研究，做好良种培育，立足于发展本省的、土生土长的品种驯化、提纯，重视野生原种的保护，开展原种基因的培植、杂交，并担负全省本专业研究人员的培训工作。对于地县一级的研究机构以选育、推广良种和对农村广大农民进行技术指导为主，一般不再重复进行研究。这样，条系清楚，层次分明。人员不能固定，要流动，没有做出成果的人要调到适合于他们工作的单位去工作，及时补充进来有创见、有魄力、有基础的人来从事研究工作，而不论这些人是否有某些学历。

要特别重视生态环境中共生共长的生物群落的研究和生物环境的研究，只有这样，才能做到某种物质的多层次利用、同一空间的立体生产，以提高效率。

（2）对自然科学的研究，要结合本省的资源进行。例如化工研究，就不妨以氯—磷化工为主，能源研究，就不妨以提高煤的热转换效率为主。在条件许可的情况下，可以发起召开某专题的讨论会，请外地专家来参加，以利互相启发。

某些大学有条件的应当成立一些学会的分会或小组，参加全国性的学术活动，扩大对外学术交流。

（3）社会科学研究机构，目前力量是不是有些松散？听说江西省成立了经济、技术研究中心。经济、技术研究中心关键是组织工作和成果鉴定。这些中心必须把讲求效率和成果放在首要地位，参加的成员单位要有分工，同时还要合作。

6. 省计委经济研究所要加强是好的。现在人少但工作效率很高，发表了一些很有见解的文章。省计委经济研究所主要是研究现实经济的，加强这个工作，要比日常计划工作先走一步。

省计委经济研究所要"不唯上，不唯书，只唯实"。依靠事实和战略的眼光来看待问题。因此，在某种程度上说，在省计委经济研究所工作的同志，知识面要宽，基础要扎实，特别要重视跨学科的人才培养，研究与调查工作，必须按事物本来规律去研究其发展趋势。工农商学都要研究。计划是一种控制形式，如果没有如上的研究，没有比较深入的专题研究，没有比较全面的、可靠的论证资料，而是从指标到指标，就不能起到计划的真正作用。

创办《信息报》是不错的。《信息报》要及时刊登国内外、省内外的市场信息、经济信息、科技信息；通过《信息报》，把全省的企业、事业单位联系在一个整体之中，这对于减少盲目性，增加科学性有好处。有重要的决策、好的经验、工作方法和作风也可以登载。《信息报》首先要有信息网，省内省外努力建立交换信息的网，应和几个省市、几个部联系起来。要组成一个专门的机构来办。

研究课题选择要有一定的预见性。比如今后农村经济如何发展，现在政策从农民中调动出来的是什么性质的积极性？今后如何发展？农业要现代化是肯定的，究竟怎样走向现代化？这些课题要早研究。又如农村社队企业问题。苏南社队企业很活跃，但这种经济模式，把城乡连成一片，耕地占用过多，工业污染严重。要不要及早研究一下江西社队企业的发展模式？例如：要不要有江西的特色，如何适合省情的需要？要不要以围绕农村林牧渔的生产为主，怎样做好深度加工与提高产品质量工作？要不要多搞劳动密集、固定资产较少的企业？怎样少耗能源、不搞污染？怎样有利于社会经济和人民生活水平的提高和社会道德风尚的提高？怎样从到处可见、残迹还多的自然经济、半自然经济中摆脱开来？

人才问题牵扯面很广，还要研究举办训练班、短训班、轮训班、在职进修、业余学习、夜校、电视教育等等。涉及的教材、师资、学制等具体问题，这些关系要及时正确地处理好。

四　几个具体问题

1. 能源问题。江西要有一些骨干电站。但建设方案要好好研究。下面我想谈谈水电站和农村能源问题。

关于建设水电站问题，江西与西北、西南相比，地理、地貌不同，那里高山大水、沟壑纵深，如建设水库基本没有什么耕地受影响，没有什么搬迁和淹没，因此可以搞高坝。而江西就没有这个条件，耕地少而且是粮区，因此要减少淹没。是否以低坝、低水头的方案为好呢？也可研究。

在现阶段布局上不妨先利用江西山区溪河、山涧、瀑布的水电资源，多上小水电站，以多取胜，现实地把发电总量搞上七八十万千伏安也好，搞上一百多万千伏安也可能，技术上也可行，对地方机械工业是个促进。大电站投资多，一时拿不下来，工期拉得长，效益也差。而且总不能老等大电站的建设条件自行成熟之后再搞。地方经济要往前发展，小水电站早搞，早主动。

农村发展沼气站要和农村村镇建设同时考虑。前几年到处搞的那种土法沼气发生器，效益不稳定，技术不易掌握，而且在出熟料时如不注意还会中毒。因此，建议好好规划，尽可能通过科学试验，搞小型工厂化，又是沼气站，又是肥料厂。每个站建立三个沼气发生池，共用一个压力平衡罐，用管道通往各户去，要让农民有利可图，也就是便宜、方便、清洁、安全。否则，一哄而上，由于方法不对头，而被迫逐步下马，不是好办法。

农村能源建设要和保护生态环境结合起来。研究以电代柴，以沼气代柴，以太阳能代柴的技术和政策措施。这个工作江西省科委和科协可以汲取上海市科协生物能研究会的经验，从设计方案、施工方法、操作规程一步一步地完成与推广。

2. 资金问题。现在国家要办的建设事业很多。如果江西上的建设项目在资金问题上不落实，那会出问题。现实状况要求我们多筹谋聚财之道。能否广开"集资"门路呢？一些企业、部分事业单位、农民手里都有一些钱，要研究如何把这部分钱适当集中。购买地方性的建设股票行不行？动员农民投资行不行？不妨研究一下。事实上有一些集体企业就用入股的办法筹集资金。这样办厂减少国家和地方财政压力，同时也减少企业借债还本息的负担；但是一定要加强管理，不要搞硬性摊派，要注意选拔富有进取心的人来担任这些企业的领导人，否则发生了副作用还会挫伤入股人的积极性。

有些企业可考虑利用外资。比如德兴大理石矿，上饶市计委的同志要把地质资料搞清楚。目前红底白纹和黑底白纹以及白底红纹的大理石国外卖价都高。当然，在对外谈判时，应该请有关机构把关。

关于上海市社会经济发展战略
第一个战役的几点意见*

  我从内蒙古呼和浩特赶来开会，已经迟到了。会上听到了很好的发言，看到了很好的资料。按照会议安排，讲几句刍荛之言，主要联系"第一个战役该怎样打"，提供大家参考。前面同志说过的许多战略性意见，多数是原则上主张上海社会经济要加快发展，我就不多重复了。我只是希望考虑得更实际、更具体些。

  （一）内联外引，保证当好开路先锋

  上海从"五口通商"以来，肯定是一个多功能、全方位发展了一百多年的全国经济中心；建国以来，上海已是全国人民的上海。上海在经济、文化、科学、技术方面的大能量应该向近处远处光芒四射地辐射出去。

  1. 发挥长江潜在航运能力，同江苏、浙江、安徽、江西、湖南、湖北、四川、贵州等省以多种方式建立工商企业的联合组织。搞这种组织，没有民族隔阂、语言困难，应该比资本主义的"多国公司"好搞。这种社会主义的联合企业也可以叫做"多省

---

  * 本文是作者 1984 年 9 月 27 日在上海经济发展战略战役研讨会上的发言纪要。

公司"。当然工作态度要心口如一，"和气生财"，不要让别人觉得只会打小算盘，要为共同利益、共同繁荣而努力。精，要精得有社会主义的高尚风格与社会主义工商业的高度信用。用"精"的优点，联合各省支援上海处于劣势中的能源和资源，帮助各省克服在发展经济中会遇见的各种智力、财力、技术装备上的困难。虽然不能包打天下，但可以做到皆大欢喜。

2. 沿着从北到南的全部海岸线和其他 13 个开放的港口城市通商。14 个港口内部联合，内部协商，一致对外。例如，通过大连，把东北三省和内蒙古东四盟的一部分资源，在那边初步加工成可以组装的零部件，运来上海深度加工，减少运量、能耗，对外推销，大家受惠。这种工商企业的联合组织，也可以叫做"多港公司"。这种组织也要注意各个港口都有自己的腹地，这些腹地如何去发展其社会经济，是他们自己的任务，然而上海要帮助他们，提供智力、技术装备的服务。在这种联合企业的基础上，再成长出外引技术、外引资金的"两国双边公司"或者"多国联合公司"。

3. 在内联有了充分经验、做好充分准备或者在工作中培养出实力来，向世界上一百多个国家扩展开去，用远洋轮船、环球飞机、远距离传真或对讲，以各种方式联系起来。懂得了"多国公司"的成功秘诀，掌握了所在国的政治、社会、经济、科学技术、文化、风俗习惯，同 14 个开放的城市，团结合作，一致向前看、向世界看，把我国对外贸易额成十倍地增加上去。对外贸易额如果能占世界总额的 10%，我国在国际上的发言权就更响亮了。

充分发挥上海的优势、克服上海的劣势，战略上高瞻远瞩，战役上从近处着手。上海一定要从三十多年的封闭状态中走出来。全国望着上海，全世界也望着上海。当然，怀有友情的希望上海到处成功，怀有醋意乃至恶意的也在盼着上海出点毛病，以便他们趁机捞一把。这是不必奇怪的。上海是个有机的社会经济实体，希望上海的同志运用系统工程中系统论、控制论、信息论的方法，摆脱开"感想决策"、"直觉决策"、"经验决策"的老一套，做一个80年代先进的科学决策的先锋，为全国开好路。

（二）运用80年代的科学技术去找改造上海、振兴上海的突破口，在全国各大城市中第一个走向现代化

发展新兴产业、改造传统工商企业、金融机构及其他组织，走向现代化。上海同志们设想以微电子计算机为重点，根据技术发展规律和经济规律，依次发展生物工程、新型材料、激光技术、光导通信、海洋工程乃至仿人机等，是好的。在"七五"期间重点发展软件、电脑、大规模集成电路，建立微型机、集成电路、基础材料、光学专用设备、应用推广和维修服务等5个科研生产联合体，是好的。第一个战役就该把传统的工商企业和有关的机构，尽快向"电脑化"（Computerized）进军，相应的解决全市的现代化通讯设备，搞好信息网络。提高生产技术水平和管理技术水平，使生产力带动生产关系的变革，经济基础带动上层建筑的变革，都大步走向现代化。现在有些经济体制怎么改革，一时看不清，一步也改不完，但国家机关、上海党政领导，会一步一步推动工作，"滚动式"前进的。

（三）上海郊区和邻近各县，对实现农业现代化应该在全国先走一步

上海农业生产、农村经济都好。第一个战役中应该突破农村能源问题，以群居的乡镇为单位实行秸秆过牲口之腹还田与厌氧发酵还田相结合的沼气化。应该从地区需要出发，制造小地区土壤所需配比的复合肥料；高效低毒农药（包括除草剂）；利用生物工程创造出高质高产的作物种籽、优选育种的家禽、家畜、水

产动物；供应先进的机械化技术装备，等等。上海应该在全国范围内首先实现农业现代化。

乡镇工业可以吸收农村中专业化、社会化之后的"农民工"，为越来越多的多余农业劳动力安排转业的出路。苏南在这方面的经验值得重视。他们体验到了"无农不稳、无工不富、无商不活"、"无智力不能前进，无才干不能开创新局面"。要踏踏实实走出中国自己的道路，来缩小乃至消灭城乡差别。苏州、无锡乡镇工业的发展都同上海过去疏散技术工人、技术人员有关。他们趁机发展了乡镇工业。当然他们也做错过一些事，但也做对了很多事，主要是做对了。近水楼台先得月，希望上海的乡镇工业快步前进，搞得更好，把上海市区内和市区周围地区的农村经济结构早一点改变过来。

（四）下决心限期治理苏州河与黄浦江

苏州河大致有 86 个工业污染源，黄浦江中游有少数工业区不合格排污。"先污染、后治理"是资本主义世界工业发展过程中吃过大亏的。不消灭"莽莽烟龙"，当然会有酸雨袭来。现在先解决 7 个上游水源是可以的，但要铺 60 公里引水管。为什么不能在黄浦江边、苏州河边消灭污染源于生产过程之中？为什么宁可"环保罚款"而不利用其中的生物耗氧物质与化学耗氧物质，来增加沼气补充上海居民需要的煤气？据估计，可发生的沼气量可能相当于全市煤气供应量的 1/5～1/4。市长们下了决心，退休的老工程师也在为此奔走呼吁，但下面还可以复议到拖三拉四。英国泰晤士河花了 16 年治理到有游鱼；美国匹茨堡花了 20 多年已不存在烟雾缭绕中的"金三角"，而可以在过去红色的污泥河中出现白色游艇。上海的科学技术力量只要组织得好，是大可有所作为的。现在有一种说法是扩散污染工业与排污入海，恐怕对上海来说不一定相称。不解决这个水污染问题，国际游客议论不少，长此以往要国际游客多到上海来，也是个问题。

（五）120万退休工人，只要身体好就是一笔大财富

组织起来，对口支援内地与边疆，离乡不背井，完全可以做得到。例如，河南中原油田油气综合利用需要成建制的技术人员、管理人员和技术工人。内蒙古二连浩特油田开发和油气利用需要成建制的技术人员、管理人员和技术工人。大小三线有的企业拥有相当高水平的技术力量，有些高水平的技术成果可以与上海对流，有的技术成果可以用来代替那种盲目引进外国技术；有的企业需要配套支援发展横向经济联系。建议上海组织"技术支边公司"或"支援内地发展公司"，辅之以必须特别照顾的社会政策、经济政策，正可以显示社会主义制度的优越性。希望内地和边疆登榜招贤，上海有人去揭榜承包。人口也可能出现较大的流动。

（六）宝钢要与上海地方钢铁工业和全国的钢铁工业结合起来，打破条块分割，编制出统一而可行的规划来

宝钢快投产了，当然大家都高兴，都盼望中国多生产点钢铁。但从80年代看，宝钢当然已不是什么"集中世界最先进技术"的钢铁联合企业。例如，初轧机、干法炼焦的投资与成本如何、技术水平如何？要紧的是至今依然没能解决上海地方钢铁工业所需的生铁。过去是建设项目的决策，在生产力布局上有问题，使上海的能源和水陆运输更紧张等等。现在该多算大账，希望别在布局上一再失误。建议下一个阶段由综合部门牵头专门深入论证，优选一个对全国也是可行的方案出来。当然对上海地方钢铁工业的技术改造、产品换代、设备更新应该优先通盘考虑。

（七）金山要与上海地方化学工业结合起来，打破安于现状，编制出统一的逆向发展规划来

当前石油化工先进技术发展得很快，是否再推广30万吨乙

烯的工艺与设备，希望多多收集信息，深入研究。如果从上海的现状出发，从轻工、纺织急需的最终产品逆向规划化工产品，从后工序向前工序规划与设计，利大、流程短，经济效益高，很可以考虑。不一定先搞乙烯，更不一定把 30 万吨乙烯的工艺和设备定型仿制，到处推广。石油化工方面的科学技术，正在日新月异，过去交过的学费已经不少，也该总结经验教训了。这一方面，上海有条件先走一步。

（八）城市改造与建设是个大问题

在上海来研究城市政策，当然不能再走纽约、东京的老路。先"摊大饼"、"大都市化"（Urbanization），再开辟高速公路、搞周末郊游（Urban Movement），再鼓吹疏散（Decentralization），搞得问题重重。在上海两翼布置的卫星城规模也以不超过 30 万、50 万人为好，还要有一串社会政策、文化政策、经济政策鼓励人们在卫星城安居乐业。解决市区交通，算清了客流量、货流量与社会经济效益，再一步一步科学决策。市区之内，非搞不可的，当然先打开了通路再说。从长远看，应该发展地下铁道。郊区之间，与浦东的关系，当然也应该多几条通道，例如过江隧道、过江大桥等。

专业化的城市是发达国家正在提倡的，我们也可以搞。如嘉定搞科技城、松江搞轻工业城，我赞成。无法可想而在市郊开辟虹桥新区，我也赞成。更希望城市规划专家敢于研究黄浦区、闸北区、南市区危房平房的改造。甚至大胆设想以人民广场南端一小部分来建设高层建筑作为周转用地与周转用房改造黄浦。闸北区、南市区亦可以多设想几个可行的改造方案，从中筛选。在解决住宅的过程中，也希望上海能总结出发展城市房地产业与城市住宅商品化的良好经验来，供我国其他 20 个大城市参考。

（九）"投入少、产出多、周期短、效益高"可能应该是第

一个战役从近处、从容易处着手的重要原则

有的同志问：上海能不能歇下来换换气？我看还要加速度前进。可以照顾，但不能停下来。快马加鞭，是可以的，但要及时给快马增加营养，喂饱喂好。先解放上海，再让上海自己解放自己。老母鸡为了生蛋，是种鸡，不是一般母鸡。

科学决策、精心设计、扎实工作、充分发挥上海现有的优势。即使有上万、上十万个数据的方案，定了性，也可同时定量，可以让电子计算机去优选，再反馈（feed-back）回去，往往可以得到更完善的方案。国民经济必须严肃对待，但许多事只要有了数据，电脑是可以起到辅助人脑的智力延伸作用的。

（十）资金筹集，希望在内联外引中集资、合资、发股票，向银行信贷，总之要运用上海多年来作为全国经济中心的经验，多渠道筹集社会主义的建设资金

（十一）人才的培养和使用，希望大量培养，而在使用中能人尽其才，用尽其学

不论是软科学与硬科学，在人才的培养与使用问题上，希望上海也当好开路先锋。

对无锡市社会经济发展的几点看法[*]

制定无锡市的社会经济发展战略，就是要准备做好无锡市以至苏南经济区走向社会主义现代化的区域经济规划。这就要求打破块块分割、条条分割的老一套思想习惯与工作习惯，应用系统工程的方法，系统分析区域内与区域外有关社会经济发展关系。要看得广一点，加强区域间的横向联系，看清楚限制本区域经济发展的弱点问题在于矿产资源、能源问题与交通问题等等，因此，特别要加强同有资源、有能源的区域间的"内联"。还要看得远一点，注意有关产业部门的行业经济规划，善于从全省、从全国、从全世界看各种产品的市场需求规律、价值规律，有计划地指导社会经济的发展，避免生产、销售、建设、引进等方面的盲目性，特别是要避免一味从工农业总产值上去追求不切实际的超高速度。超高速度是脱离实际的，是不能稳定、持久地前进的。

限制无锡市社会经济发展的因素很多，需要提到战略高度来

---

　　* 本文是作者1985年2月在无锡市经济社会发展战略咨询会上的发言纪要。在此前后，作者对无锡、江阴、宜兴三个县的乡镇工业曾作过几次重点调查。

反复思考加以解决，才能向社会主义现代化发展，特别是下面几个问题：

（一）教育问题：发展社会经济离不开一定数量的人才，而人才的造就离不开教育，要由教育系统来培养年轻的一代，同时一刻也不放松提高现有干部的素质。历史上无锡成为"小上海"，与近百年的基础教育发达分不开。但千万要注意：我们的知识如果不够用，教材如果不适应现代化需要，学生的处世为人又缺少共产主义理想，当前到处闹的人才荒是缓解不了的。老话说："十年树木，百年树人"。这就是说需要花长时间的努力才能把教育搞好。经过史无前例的十年动乱，文化教育事业受到严重的破坏，应该痛定思痛。无锡、江苏、全国都需要下决心，扎扎实实花三四十年时间搞好教育事业。

就无锡市提出的大学教育问题来说，关键是少一所综合性大学。综合性大学的核心是办好文、理、法三个学院，围绕着这个核心，再建立工、农、医、管理、教育等学院就比较好办。从无锡现有教育事业基础来说，更应该逆向规划，追求有一个综合性大学为核心。希望无锡市进一步研究筹集资金、罗致师资、制定尽量利用现有的教育事业基础进行扩充的可行方案，以便从几个可行的方案中，比选一个最能见效的方案出来，逐步付诸实施。

（二）交通问题：无锡社会经济要加快发展，在这个地理条件下，光靠铁路、公路是解决不了大货运量的。扩大一点说，苏州、无锡、常州是苏南经济区的核心地带，都一样非大力发展水运不可。前天我专门到江阴、沙洲交界的张家港看了自然地形、现有港区设施、急需分步骤解决的生活区等问题。百闻不如一见。这里水深流缓，虽然南支流的流量只有长江的1/5左右，而江心的福姜沙很稳定，港区泊位已经可以停泊万吨级的海轮，过去已有过装卸36000吨散装货轮的经验。因此，张家港可以通过海运同秦皇岛、大连等港连接起来，把内蒙古准格尔煤矿高发热量的煤，将来通过已在筹备建设的内蒙古地方铁路运到东北，再沿海沿江运到苏南来；也可以通过运输能力还有富余的焦枝铁路，经长江水运把山西、河南等高发热量的煤运到苏南来；还可以通过逐步深挖改造过的内河水网接济太湖流域各市县经济发展的需要；更可以为上海港已很拥挤的货运分流。总之，应该做到"利用张家港，发展大江以南的苏锡常"。建议专门深入研究，帮助交通部与江苏省（目前张家港的主管机关）、帮助上海经济区、帮助国家，做好事关全局的交通运输经济规划。

（三）能源问题：现在苏南已感到一次能源、二次能源都紧张了。随着苏南工农业发展和社会需求急剧增长，如果还不适当提高能源经济必须保有的"弹性系数"，必然会出现限煤、限电、限油的现象，反过来又限制苏南社会经济的发展。除了疏导交通、输入能源的建设之外，整个长江三角洲的产业结构势必考虑合理调整。比如说：高能耗工业非但不宜再在苏南发展，还应考虑内迁到水电资源丰富的地方去选址建厂与合营；低能耗工业，如电子、纺织、精密机械、生物工程的应用等，一要就现有基础改造，二要多考虑其合理的发展规模。因此，要有科学的发展战略，扬其所长，避其所短，如果一概而论，各行各业都要求增长速度翻几番，就是不现实的，办不到的；即使办到了，生命力也是脆弱的。过去不顾客观制约条件而蛮干的教训太多了。

（四）资金问题：无锡市地方财政留成过低，低于各个较大城市很多，这是个大问题。是否与江苏省财政厅"抽肥补瘦"的做法有关呢？建议向财政系统积极反映，以求合理解决。听说有一种"鞭打快牛论"出现，我认为在一定条件下快牛也不妨鞭打，以促其更加快前进，但是一定要给快牛增加点好料，添点营养，喂饱喂好。现在，全国各地都需要建设资金。所以，尽管

"政通人和"了，也千万别一哄而上、百废俱兴。社会主义的商品经济恰恰贵在有计划，避免盲目建设、盲目竞争带来的无可补偿的损失。我们的眼睛不能只盯住上头"拨款"，要善于眼观四方，从外引内联中集资做文章，从社会、侨胞中集资做文章。总之，要多方面筹集资金，但又不要硬性向企业摊派，以致刮起听来让人头痛的"集资风"。这个"集资风"，可能还是"变相的共产风"，是"挖社会主义墙脚"的一种表现，如果硬性推行是会失去人心的。

（五）城乡建设问题：我不赞成"城乡一体化"的口号，因为这个口号含义不明，可以有不同的解释。西方国家所谓"城市化"、"城郊化"，历史背景也不一样，不一定适用于我国。乡村是否只以目前西方的城市作为其理想的发展境地呢？是否即算符合于物质文明和精神文明都达到社会主义现代化了呢？一说经济要大发展，先考虑城市人口要急剧增加，先设想城市规模要庞大到占地面积翻番，很可能是缺乏远见的表现。纽约、东京、伦敦，都遭遇过大都市不可避免的困难。其教训是：在大都市形成了之后，再议论疏散已是解不开的疙瘩。我国京、津、沪也已尝到了城市摊子大的苦头。无锡、常州劲头不小，再跟着去"以大为荣"，一定要重复了别的大城市以往的教训才算取得自己的经验吗？实在无此必要，也确实没有好处。这也是一个发展战略思想问题。建议组织一个专家工作组专门研究城市人口规模、城市建设规模的合理程度、比较科学的城市规划方案。周恩来同志生前到过的国内外城市不少，他曾多次提到过"城乡结合、工农结合、有利生产、方便生活"的构想，想要走中国式道路以缩小城乡差别，看来这个构想还是我们该深入探索和深入追求的。

随着无锡市乡镇工业的高速度发展，乡镇肯定要走向现代化；逐步现代化的乡镇很可能是就近吸收大量农村多余劳动力的场所，积少成多，其总容量是现有城市所无可比拟，无法代替的。然而现有乡镇缺乏科学规划、城市工业扩散向村镇，已成了扩散落后技术与扩散工业污染的代名词。据说苏南乡镇工业的污染半径为三至五公里；城市工业的污染半径为五至十公里。这种摧残生态平衡、破坏生产环境与生存环境的半野蛮现象是愚昧无知所造成的。要说经济发展战略，决不能以环境污染作为代价，让子孙后代还不完我们这一辈作的孽、欠的账。

乡镇工业应该灵活多样，产品应该"小而精"，环境应该"小而洁"，经营集资应该"小而活"，财务应该"小而赚"，生命力应该"小而强"，那么，规划应该"小而科学"。

（六）发展旅游经济问题：太湖水不深而北岸多港湾、多浅山，烟波浩渺，风景壮丽，是无锡发展旅游经济的天赋资源。游客们如果乘游艇荡漾在小箕山、鼋头渚与三山之间，可感到"逸兴遄飞"。的确在无锡的发展战略中应该好好考虑发展旅游经济。然而旅游经济必须利用当地风景文物的特色，配套建设、配套发展才能配套收入。世界旅游胜地，如夏威夷群岛的檀香山，如日本东京附近的箱根，如加拿大的温哥华等旅游点之招来成群游客，都不仅仅靠天然景色。大体上说，一要旅行方便；二要住宿舒适（但不必一开始便追求豪华的建筑与陈设）、服务质量高（包括周到而热情的接待和服务，毛巾被单勤换洗，衣服便于洗涤烫平，电话电视方便等）；三要饮食可口，因为中国菜是有世界声誉的，千万不要妄自菲薄（要有旅游点的乡土特色，又不要那种加人造香料的果子露、有腻人或辛辣等怪味的菜，更不必要去仿效东西洋远不如中国的烹调法），要保持自己的风格；四要有天然奇特的风景点或出色的古迹或音乐歌舞，可资赏心悦目，流连忘返；五要有携带轻巧、方便馈赠亲友的工艺美术品。需要注意的是，要发展旅游企业应该善于搞社会集资，从小到大，精心经营，"滚雪球"似的自然滚大；不宜一开拓旅游区便急急忙忙、贪大喜洋，一次投资搞固定资产过多，以致即使银行贷款也还不起本息。当然，社会主义的旅游经济，也要注意民族的优良风格和精神文明特色，不要一厢情愿地陶醉于旅游人次之多，又懊丧于无从留客、没法赢利而意气用事，因小失大。因为发展旅游经济本身也要有一套科学规划才是可行的。

近代史上，无锡一市三县文人辈出，高攀龙、顾亭林的高风亮节与传世文章；扬州八怪中的倪瓒（字云林）的字画；还有祝枝山和唐寅（字伯虎）的吟咏字画，都可以请熟悉文史的饱学人士集锦展览。江阴徐霞客对祖国自然地貌以游记方式的记述；宜兴徐悲鸿对西方的油画和中国画出神入化的造诣，都不难找到精选的片段或复制的珍品，放在小卖部里为游客服务，可为无锡一市三县及其湖山增色。

我想，祖国的山河，每一处都是可爱的，各地都有很好的文物，每一个旅游胜地都不宜雷同，这就要求各自走出各具特色的道路来，有如"桃李不言、下自成蹊"。

为辽宁走向社会主义现代化制定区域经济规划的最佳方案[*]

　　研究辽宁社会经济的发展战略，最好应用系统工程的方法，在多少个都属可行的方案中进行筛选，不断反馈、修正，直到能比较切合实际。现在各省之中，贵州已经应用系统工程的方法制定过七个方案，正在从中筛选一个最佳方案来做试验。辽宁人才济济，完全有条件为辽宁走向社会主义现代化，制定出区域经济规划最佳的可行方案来。

　　谈战略，当然要考虑国家的全局，本区域之内还可以分解为低一层次的区域，以便深入研究。在这些低一层次的区域中，还得有重点，才能分步骤地把全区域建设到符合理想的战略目标。明确战略目标，分出战略步骤，采取必不可少的战略措施，才能使战略方针在实践中不断改进并取得接近理想的成果。我体会，我们要规划的经济区域是整个辽东半岛，在现阶段来说，其重点是辽中、辽南经济区。

---

　　*　本文是作者 1985 年 4 月 28 日在辽宁经济社会发展战略研讨会上的发言纪要。在此前后，作者曾对沈阳、辽阳、抚顺、本溪、鞍山、锦西、锦州等地作过实地调查。

从现实经济状况来说，辽宁是全国的重工业基地；上海是全国的经济中心。上海应该联系长江三角洲，作多功能、全方位发展；辽宁应该充分发挥其全国性重工业基地的作用，同时促进辽宁农村经济和轻工业经济的发展。有了辽宁和上海，我国的社会主义经济建设才大有文章可做。辽宁和上海，全国都只有一个，别的地方代替不了，两者也不可能互相代替。

发展经济要扬长避短，在提高社会经济效益的基础上，多研究净产值增长的速度才能减少虚假现象，减少一部分产值的重复计算。辽宁如何扬其所长，同志们已经讲了不少。这里我主要讲一讲辽宁怎样"避其所短"，乃至"补其所短"。因为有些短，一时一地避不掉，那就要提到战略高度来想方设法"补"。方法主要是：（1）真正发扬社会主义制度优越性，同邻近的经济区、甚至不接壤的经济区来互通有无、协同发展。（2）要运用现代技术，即西方所谓的"高技术"，为社会经济发展战略服务，解决社会经济发展战略中卡脖子的关键性难题，然后才能一步一步前进。（3）许多问题要组织自然科学界与社会科学界联合起来综合分析、系统研究分层次寻求解决问题的多种可行方案，从中筛选最佳的方案。那么，这些问题也并不都是什么攻不破的顽固堡垒。因此，千万不能停留在若干设想上，也不能停留在还不能解决问题的调查资料上。现在我就几个现实问题谈谈：

（一）水的问题。辽宁真正不缺水或水资源比较好的城市不算多。用水严重紧张，已成为限制辽宁社会经济发展的大问题。水资源，这个自然条件如果不具备，社会经济的发展战略会成为空谈。国内国外的前车之鉴不少。恩格斯一百多年以前指出了巴比伦尼亚文化消失等实例，当前非洲旱灾在大面积发展，都值得我们警惕。华北 17 个省区是干旱地带。辽宁虽然有不少河流，可是重工业的发展加剧了这个区域平时的缺水情况。为此，希望能看到辽宁对水资源的问题有切实可行的方案。如：有的地方在工厂内可应用海水冷却技术，有的地方可应用海水淡化技术，若干大量用水的产业部门应该限制用地表迳流水，特别是地下水，即使循环用水，也应该有限制用水的指标。为此高水耗的企业不宜盲目布点。当然，研究缺水问题时，也要预防洪涝灾害，这是水的问题相反的一面，必须同时密切注意。

（二）能源问题。全国也好，辽宁也好，调整了几年了，但一次能源、二次能源都还是短线。其后果是，现有的工厂有的开工率受到能源的限制，这种经济上的损失是难以补偿的。辽宁有70亿吨煤的储量，要在省内自行解决能源也许是个办法，但也不一定是好办法。阜新、北票等煤矿继续孤军深入，好不好呢？同邻近省区加强横向联系可能解决问题更方便。去年内蒙古自治区下了大决心集资筹建地方铁路，打算开发露天开采剥离量不大的准格尔煤矿，把发热量高达8千大卡的优质煤向东北送。辽宁、吉林、黑龙江三省的同志都对此欢迎和支持。从会议资料中看到，辽宁的同志已注意到了以内蒙古东四盟为一部分腹地。建议还看看几百公里以外呼和浩特一带的动态，内蒙古自治区在"以煤换路"。辽宁更可以冲破块块分割的思想习惯，协同吉林、黑龙江一起与内蒙古横向联营地方铁路，加快缓解东北需要的工业燃料煤问题。只要集宁至通辽（或沈阳）的铁路修通了，大西北也可以通过包兰铁路与东北互通有无。那就不光是煤能够来，别的资源也能够来了，这一条几百公里的地方铁路其实是为了在解决东北能源的同时，能把西北、华北、东北的经济都能振兴起来的重要的一大步，是对全国有极大意义的事。

（三）交通问题。大连由国家支援重点建设大窑湾新港和大孤山开放区。在对外开放的城市中这种客观条件是很好的，而且海陆空交通与联运都还可大大改善。根据辽宁情况，还可以考虑建设低一级别的港口，如营口等，有计划地为大连港分流；依靠较小吨位的海轮把沿海各省市间的货流搞活。经济区不一定要在地域上接壤。通过运量大、运价比较低廉的海运、江运，我们可以帮国家甩掉过去"北煤南运"老压铁路干线运量的大包袱。沿海近距离的货运畅通了，就可以考虑远距离支援两广、福建、浙江等缺煤、缺油、少机械工业的省份。还可以考虑进入长江，与沿江各省衔接，互通有无，打开一个沿海、沿江地带经济先活跃起来的局面。交通运输只靠铁路公路，有很大局限，我们应该在海运、江运方面特别加以注意。另外，以大连港作为"大陆桥头"的设想很好，第一步能达到7万集装箱的年货运量就很可观，何况还有发展前景呢？通过"大陆桥"，外贸走向苏欧市场，也可能比只走向日本市场好得多。对外贸易的出路总是要多一些好。

（四）工农业结构问题。辽宁是国家的重工业基地，要用现代化技术，有计划有重点地对现有工业企业进行改造，特别是要加强156项中在辽宁的24项的改造，调整其产业结构、产品结构、技术结构，工作量很大。每一个项目都需要缜密做好可行性研究。

辽宁的农业应该多生产商品粮，与工业协调地搞上去，满足发展中的城镇需要。东北的黑钙土地带特别缺磷，过去好几年不惜工本地从西南调运磷矿石，连70%左右的废矿石也千里迢迢地运到东北来了。如果，在云贵利用内河水流湍急，引水选矿，利用水电储能炼磷，再运来东北制造高效氮磷复合肥料，东北便可以大大节约运量与能耗，提高种植业的产量。当然，这样做，电力、运输、肥料等一系列价格政策要合理制定；有关建设项目与配套工程也要慎重决策。

城乡绿化也是件大事。辽宁西部荒山秃岭，沙化严重，表层水土流失，土壤肥力下降。能否多种草，多种"草—灌—乔"的多层林，以涵养水土与调节小地区气候呢？能否推广以种草种树为对象的集体联产责任制呢？这样做，还有利于发展畜牧业，调整大农业的产品结构，对社会经济好处很大。

（五）环境污染问题。这是在辽宁早已出现了的公害。几年前本溪上空形成逆温层，人造地球卫星也遥感到了大气受污染。一些地面水源与地下水源也受污染，加重了水荒，还损害了海涂养殖业和渔业。如果远近结合算一笔大账，算一算社会的经济效益，算一算破坏生产环境乃至生存环境的大账，可能会使我们清醒一些，都能明确这个公害问题非着力解决不可。否则，子孙后代会说我们到了80年代还只知道片面按产值追求高速度，置破坏环境于不顾，实在太不应该。

（六）教育问题。现在"开发"成了很风行的名词。人才、信息也如同对矿产开发似的滥用。"开发"一词，似乎一"开发"便能到手。其实人才要靠教育系统多年培养，信息要靠知识去敏捷机智地汲取与传播，反正靠机械力量是开发不出来的。这需要认真埋头三四十年的时间，从儿童教育做起；同时还要抓紧成人教育。许多在十年动乱中失学的人需要好好补课。现有干部如几年不进修，知识也会不够用的。

经过史无前例的十年动乱时期，教育水平低下，已成了全国性的困难问题。"重理工，轻文法"的后果是理、工、农、医等专科失去了综合性基础教育可以依托的良好条件。一方面到处闹人才荒，一方面现有人才又不能用其所长，来了信息也不能发挥大作用。为一般人所关心的问题则是教育管理体制能否改革到符合时代的要求。例如，中小学能不能把学生的德智体基础打得更扎实一点？大学，能不能转系，让不愿向理、工、农、医科发展的学生可以转系改读文法科？反之，让文法科的学生也可以转系改读理、工、农、医科呢？研究生能不能多加点选修课、以求缺什么补什么呢？各级学校所用的教材要不要定期更新，不断适应现代化的需要呢？师资也到处不够用，而师生人数之比，有的学校只有一比一，一比二或一比三，是否可以考虑调整得更恰当些呢？我们一定要认真研究教育管理体制的改革，老老实实把教育质量搞上去，在教育质量不断提高的基础上，稳稳当当地再求数量的逐步扩大。

（七）资金问题。资金短缺也是全国性的问题。现在"政通人和"，局面好是事实。可是人民生活还只是在低水平基础上解决了温饱问题。耐用消费品有了市场需要，再加上什么"上不封顶，下不保底"与乱发奖金、"奖服"，于是消费基金失去控制了。一看到别人对这些市场紧俏商品在加足马力生产，自己不管全国的行业生产能力是多是少，也忙着赶。彩色电视机全国已有 43 条生产线。洗衣机、自行车、电风扇等等，和几年前的啤酒厂、卷烟厂一样，一阵风似的往上攒。于是，积累基金也失去控制了。消费基金加积累基金超过了国民收入增长的总和太多了，是难以为继的。再加上以工农业生产总值计算增长速度，是会有重复计算、会带来虚假因素的。对这些，我们不能不慎重思考。在发展战略中只提"提前翻两番"是可以的，这比盲目攀比、追求超高速度为好。目前的问题：一是"提倡高消费"还是太早，二是"投资饥饿症"确乎太普遍。如果中央的计划中对资金物资安排有了缺口，光说是为了调动地方积极性，要地方来补足，也等于钓下面的鱼；如果各地方各部门也都想什么都干，光说为了发扬某种优势，隐蔽了有关劣势，只向中央争项目、争投资，那就变成了互相钓鱼。研究"关系学"，钻营"钓鱼法"。如果处处有本位设想，最后必然是财政油水不大，银行多发钞票，商店乱涨价，无形中都在干扰经济管理体制的改革。

这就会利少弊多，因小失大，破坏经济计划的综合平衡。所以，这是必须制止的不良风气。

经济效益，如资金利润率、成本利润率、工资利润率等等，应该成为一个指标体系。否则容易成为挂在嘴上的空话。

以引进外资为例，资本主义国家事事讲究"可行性研究"。在资本主义社会里不精明不行，说他们"滑"是因为我们算账太少了。我们是只做静态分析，甚至连静态也不做分析，习惯于过去的只靠国家拨款；人家是做动态分析，甚至掌握到我们的信息比我们自己还深刻。我们内部却还要搞些不必要的保密，经济上大家看不广、看不远，还要自相竞争，互相拆台。反映到经济理论文章上来的是谈微观企业要放开放活的多，谈宏观全局要管住管好的少。我们讲要"简政放权"，即使指行政性的吧，也应该有个范围，说清限度，因为社会主义的商品经济是贵在有计划。指令性计划可以减少，那么经济计划如何才能起到指导性作用呢？制定正确的指导性计划的难度实际上还大得多。这里应该多讲讲社会经济的系统论，多讲讲计划的控制论，多讲讲市场供求关系和运用价值规律的信息论。

（八）计划方法问题。几年前，我们主张用系统工程的方法来研究复杂的社会经济。几年来的探索告诉我们，计划工作方法与计划管理体制不适应社会主义生产力发展的那一部分都需要改革。为了改革，先下手搞宏观全局的经济模型，会有点像老虎吃天，无从下口。比较好的办法很可能是不要走直线，先得做好基础工作。一是要做好区域经济规划，最好从基层经济区域的深入调查研究做起。二是要做好产业部门经济中的行业经济规划，最好从每个产品的商品市场供求关系、运用计划经济规律和价值规律制定商品发展规划做起。

在区域经济规划和部门经济规划两者打好了基础之后，再交织起来搞宏观全国的经济模型，可能会顺当一些。这也是方法论。

工作方法上，优势要看清，短处要看准，各种变量关系要吃透；与其单方案设想，不如多方案筛选，上电子计算机去优化。要从自然科学到社会科学、跨学科多学科地"更上一层楼"，才能达到"欲穷千里目"的目的；过去说"革命加拼命"，现在看"革命加科学"，才能合乎科学规律地向社会主义现代化进军。

举个小例子，一谈发展旅游经济，似乎只要有风景古迹就能吸引游人了。然而过往人次尽管每天有多少万或几十万，再多也赚不到多少钱。要系统观察，旅游经济是要配套建设才能有配套收入，乃至配套赢利。旅游经济要搞得好，对衣食住行、赏心乐事都该用系统分析的方法来研究。沈阳的东陵、北陵，大连的旅顺口日俄战争旧战场残存遗迹，都是辽宁所独有的。光这还不行，还需要配套建设，要有投入，才能有产出。

（九）思想方法与面临的阻力问题。说来说去，当前干扰我国经济管理体制加快改革的，集中起来观察，其思想阻力大致来自四个方面：一是长期"左"倾路线的错误影响，需要彻底清除。这是大家都理解的。二是苏联的经济模式、计划工作方法、计划体制等等，一部分被冲乱了，如《论十大关系》被"大跃进"所冲击并未得到贯彻执行；还有一部分又被僵化了，如统计被简化，至今很难反映出计划执行的实际；地方综合性计划受部门分管的影响，搞得面目全非；攀比"产值的速度"，至今还在片面地追求着；能源工业的"弹性系数"过小，不能适应国民经济全面发展的需要。三是我们离开封建社会的时间还不长，思想意识与工作习惯中不自觉地渗透着封建性的残余意识。要充分体现"科学与民主"，还得"继续努力"。但这是应该能在社会主义民主中充分体现得出来的。比如经济与技术的论证，要听取很不一致的意见，特别是认真多听反面的意见，要反复论证建设项目，再做出科学决策。例如，学会消化世界银行到处推广的"可行性研究"方法。复杂的经济建设问题不能惯于以简单化的办法对待。当然，工作方法过于繁琐是不足取的。为此，我们提倡工作方法要科学、合理，也办得到、做得通。四是乱搬欧美、日本的经济与社会的时髦名词。一谈对外开放，一看到欧美、日本资本主义各国人民生活水平高的表面现象，就看不到凯恩斯理论、新凯恩斯理论、货币学派理论等，有的有反共反社会主义的历史背景，有的在资本主义制度下也并未能经受过实际检验或取得纳入政策而确能成功的经验。这种乱搬欧美、日本各种为资本主义服务的学派理论，刮起的风沙不小。我们要搞鲁迅所说的"拿来主义"，首先要心中有数，有马克思主义哲学和政治经济学的原则之数；不能不加分辨，搞得自己乱了阵脚。这样，才能走出符合我们国情、省情、市情的，辩证唯物主义与历史唯物主义的、中国式的社会主义现代化的道路来。

对北京市发展战略的几点看法[*]

　　北京市的发展战略是个大问题，是十分重要、十分复杂的；在政治上影响全中国、影响全世界；因而只许成功，不许有较大疏漏以至有较大失误。现在我们所掌握到的资料和所认识到的问题已经不少了，希望再进一步深入实际，考虑得更全面一些，更系统一些，以便研究出几个比较起来都是可行的方案，再从中筛选两三个最好的，供国务院、党中央决策。在研究这个大问题的开端，我说几点看法。

（一）现状与城市性质，希望进一步系统分析、综合研究

　　现状，是研究发展战略的起点。又认清现状，又认清战略目标，才更便于研究战略步骤。可以避免不切实际的空想。当前首先应根据现状研究清楚的是城市性质，这也是走向现代化必须研究的第一个问题。

　　北京市最大特点是其城市的双重性质。其一是社会主义中国

---

　　* 本文是作者 1985 年 5 月 29 日在北京技术经济和管理现代化研究会年会专题小组上的发言纪要。

的首都；其二是地处华北要冲，邻近天津的海港，多少年后甚至可以形成大型的"双城"；而且又接近河北省的唐山地区，那里有更好的煤矿与铁矿资源，多少年后可以建设成为冀东钢铁基地。还可以以河北、山西、内蒙古等为经济腹地，密切发展协作。

作为首都，北京市已经是全国的政治中心，已经是有良好基础的文化中心、教育中心、科技中心、交通中心；在向现代化发展过程中，还将成为强有力的财政金融中心、经济信息中心以及经营得十分灵活又配套发展的旅游中心。作为地方性的大城市，现有的经济基础，现有人口的现状，按为中央各部委、为文化、教育、科技、交通、财政金融、经济信息各方面服务与为地方各个产业和管理机构服务的分类统计和系统研究分析，是非常需要的。在现状清楚之后，再研究其个别的发展动态就比较好办。比如说，现有北京城市530万人口中，各部委与各行各业将各以什么样的增长速度发展呢？如果都没有恰当的控制幅度，北京市是难以作好社会经济总体规划的。与地方经济基础相适应的地方财政收入能承受多大的城市建设与城市管理的规模，使这个城市能为中央和地方同时服务好呢？这些现状与发展动态都需要心中有数才能正确对待。据此才能更好规划北京这个双重性质的大城市。

（二）制约因素

实际经验告诉我们，北京市要向前发展，首先要注意人力不易解决的水资源问题。以现有几个水库作水源是有限度的；地下水更是有限度的。在经济发展中，高水耗工业，不仅是单位产品产量耗水量大的火电站、造纸工业等应严格考虑是否不再在北京市发展，就是规模大、总用水量多的大型企业，如燕山区内的、如石景山区内的，包括循环用水率已达到很高水平，也应严格考虑是否不再在北京市发展。否则，引起矛盾的性质，就不只是工农业争水的问题，而会成为工业与城市居民用水的矛盾了。

在大型民用建筑工程方面，水资源的制约作用同样应受到重视。最近看到亚洲运动会（并有为世界运动会做准备之意）拟在北京选址搞建筑设计的消息与某些设计资料。我看这很值得北京市的同志们慎重考虑，必要时应该如实向党中央和国务院反映。一是这种热闹一时的大型建筑设施，运动会后将如何饱和利用？二是这笔巨额投资是否确有把握回收，只许赢利不准损失？三是运动会期间捅来大批来自国内外的旅客将增加多大的流动人口（如在现有流动人口已达100多万人的基础之上再增加50万、70万乃至100万人）向北京市区的旅馆、餐厅、城市基础设施、商业网点等等冲击？有没有多方案的可信测算？有没有多方案的配套建筑计划，保证能与这一套大型运动场所同时建设、同时交付使用？这就要求连总水量同时保证供应也一并计算在内；而决不只是增加几个供水厂或提高若干供水压力的问题。当然更不宜只孤立地考虑建筑设计。这些势必投入的资金又能有多少利润产出？这些是否已经全面考虑？这是个综合性的技术经济问题。必须多考虑几个可行方案，好好筛选、严肃对待。

（三）城市规模

至少要认真考虑人口规模与占地面积两个根本问题。这是大城市是否必须严格控制的城市政策问题。如果邻近各个城镇都能有比较现代化的配套建设，特别是在住宅、城市基础设施、商业网点、文化教育卫生设施之外，电话、电报、电讯、电传和计算机网络都能畅通。起码许多科研单位、设计单位等等都不一定挤进市郊区来。对于当前每天高达100万的流动人口，也可以按不同行业区别对待，并考虑其中有很大一部分可以往外疏散开去。最近北京报刊电台常常宣传个体农民进城办交通、办旅馆、办餐厅等，似乎城市经济要改革、要搞活，中央规定的严格控制大城市的城市政策就可以不起作用了，非城市人口也可以向大城市冲击了。这当然会使北京的城市规划更难办。而北京也没有必要向世界特大型城市，如东京、纽约、伦敦、巴黎等那样发展。资本主义发达国家搞大都市所吃过的苦头，我们实在应该作为殷鉴。

城市中心区的人口规模需要有计划地压缩；城市中心区的占地面积也应该通过征收有差价的土地使用税等有目的地予以限制。城市住宅和城市基础设施的管理制度等也必须相应配合。这些是否在城市的总体规划过程中都适当考虑了？建设这个总体规划要在城市经济体制改革之后也能有其适应性。与此关系密切的一系列城市经济立法是否也该在规划过程中提出呢？

北京同天津，是否可以考虑在将来逐步靠拢（不是城市联片）成为"双城"？经济发展，能否在靠近港口、水源比较好的天津市郊选址安排呢？资源、能源的条件，北京与天津都是短线，两边的腹地几乎是重合的，能否只就天津一边发展工商业经济中心而让北京一边现有的工商业不再做过大的发展而成为政治、文化、科学、教育、交通、金融、经济信息的中心与花园型的首都呢？希望从全国和华北的具体情况出发多多考虑，或者可以形成的方案比孤立考虑一个城市的发展规划为好。当然要联系唐山的丰富煤铁资源来构想京津唐三角地区的蓝图，可以有更好的规划方案的。也可以结合河北省、山西省、内蒙古自治区作为华北经济区，要以陕西省、甘肃省、宁夏回族自治区、青海省、新疆维吾尔自治区为更广阔的腹地来搞华北经济协作区。这些问题，建议我们以后再专门进行仔细的研究。

（四） 地方财政

地方财政收入决定于经济基础，当然也决定于上级的有关政策。现在一些较大城市因为要求发展，特别是城市基础设施欠账太多，都有地方财政收入不能应付支出的困难。例如，江苏省的无锡市，地方留成只占8％；山东省的青岛市，地方留成只占10.6％；因此都议论要求调高一些。北京市的同志，要求把地方财政留成从42％，增加到85％。其根据是不是把城市规模想象得太大了，或者把承担作为首都的城市任务也估算得大了些？我盼望有绝对数字参考，还希望进一步测算得具体一点。数据确切了，也好报上级决策机关考虑。

西安市走向现代化的几个战略问题[*]

今天我讲几点西安市走向现代化的有关战略问题：

（一）区域经济规划问题：经济发展战略与管理体制改革，西安市的同志在同时研究，很有必要，当前要实行社会主义制度下的有计划的商品经济，对战略、对改革都特别需要看准。

以区域经济规划作为指导思想，我们先要从大西北的经济发展需要来研究西安市的发展战略，也要从陕西省的经济发展需要来研究西安市的发展战略；再从西安市的发展战略来看它对大西北的经济能否好好带动，也看它对陕西省的经济能否好好带动。我们不能孤立地就西安论西安。那样是缺乏战略思想、缺乏远见的。

西安是一个中心城市，又是一个以城市为范围的经济区域。同时西安是一个历史文化中心、科学技术中心、教育中心，又是一个交通中心、流通中心。西安属于陕西省这个经济区域，更属于大西北这个大经济区域。当然西安可以跨区域同大西南这个大

---

　　* 这是作者 1985 年 6 月 30 日在西安市经济发展战略与体制改革讨论会上的发言纪要。

经济区域来往，在"西西之间、南北合作"；也可以跨区域同华北、华东或别的大经济区域来往，"加强内联、东西合作"。这是说有必要确立一个大范围而多层次的区域经济概念。西安市是扼大西北要冲的一个窗口，也需要陕西省和大西北作为西安市的腹地。窗口与腹地，关系密切，相辅相成，这种形势是历史上自然形成的。

第一个五年计划时期在大西北开辟西安作为电工城，同时开辟兰州的西固作为化工区的时候，不少同志指出，在国力有限的条件下，先以西安与兰州这两个历史上自然形成的经济中心来建成分工协作、各有所长的强大工业基地来带动大西北的经济发展。这个设想，现在看，开始在大西北迈开第一步，这样安排也是正确的。但从 1958 年起走了弯路，区域经济规划冲没了，城市规划工作冲乱了，不论什么行业的企业、不管有无客观条件限制、不管投资经济效益大小，都往城市里挤。这实际上是反映自然经济和小生产方式对社会主义社会经济的反向行动。战略方针乱了，战略步骤也乱了，战役战术更不用提了。于是城市基础设施拥挤不堪；城市建筑往高层发展；城市占地面积摊大饼式地往广阔发展。资本主义社会吃过搞大都市"自我窒息"的大苦头；我们自己又走过了这样的弯路，都使我们懂得需要总结经济建设与城市建设的经验教训。如果不走弯路、少走弯路，西安发展的成绩还会更大。现在提倡在社会主义社会制度之下，有计划地发展商品经济，特别需要制定城市的社会经济发展战略，切实规划好大西北所特有的西安市，这是客观的需要。如果中长期计划中能列入由包头经延安到西安去安康的铁路，我们西安市不妨考虑帮助陕西省再发展一个、两个、三个次于西安的经济中心。以有计划地建设几个中型或小型经济中心来带动经济比较不发达的地区。这样，陕西省与西安市在发展中的社会经济利益与工作目标和工作步骤不是更好协调了么？为此，规划西安的发展就可以考虑超越西安市现有行政区划而看得更宽一点，有关发展的"层圈"也可以从近到远而看得更远一点，为陕西省出力更多一点，当然通过内部联合为大西北的服务面也可以更深更广一点。为了加强经济发展中的横向联合，要突破现行经济管理体制中以行政为主的条块分割状态的问题不会少，现在一时还看不清楚的问题，随着社会主义商品经济有计划地向前发展还会冒出来更多，也会看得更清楚，到那时科学的解决办法也会更多。这些都是历史发展的必然。

（二）产业结构规划问题：西安在经济发展中受客观自然制约的因素不少。据有关资料介绍，每年降雨量为 600 毫米，虽然没说到蒸发量，但凭直觉说，可能蒸发量大于降雨量。8 条河流流量都不大，地下水不可能大量开采；再要引每秒三四个立方米流量的水来，不知工程量有多大，这点希望有可靠的资料分析。否则历史上的郑国渠，曾灌溉与发展过八百里秦川的种植业，为秦始皇统一六国奠定了政治经济基础，怎么这样出名的水利工程会在两千年后淹没在黄土高原里了呢？我想，在确切的科学论证没有做出可靠结论之前，在西安市的发展战略中，是否高水耗、高能耗的大工业暂缓考虑？西安市面对这种客观制约的因素，应该有所不为，才能把已经拥有可观基础的电工、机械、纺织等等大工业运用新兴的"高技术"加以改造到真正现代化，便可以大有所为。何况，不少电工、机械产品已有全国市场，有些还有国际市场呢？

至于电工、机械所需要的金属表面涂料、纺织品后处理所需要的精密化工产品等等，也可以同现有石油化工基地的经济中心，加强内部联合、互通有无、协调解决。因为这些都是石油化工新技术的产品，在不具备一大套配套化学工业时，有许多技术性问题必须确实掌握之后才能说有把握解决得了。要考虑产业结构，就不要什么行业都上。

工业方面的产业结构如果解决得好，再加上善于配套发展旅游经济，西安市更可大有所为，城市布局上的一串问题便好规划得多。有计划的发展商品经济，贵在有计划。

（三）教育管理体制改革问题。西安是历史文化名城，现在也应发挥文化优势，为大西北多输送受过高等教育、有企业经营实践经验的"专才"与"通才"。虽然现在高等教育在管理体制上规定由陕西省主管，但是这些高等院校都在西安市土地上，应该有统一规划，校内的管理制度，也不宜套用按经济规律管理经济事业的一套来不正确地对待特殊规律的教育事业。为了多搞综合性大学和办好为大学教育打基础的中小学正规教育，同时办好成人补习学校、干部进修学校，要逐步打破条块分割的专业院校管理体制，多搞以文、理、法为核心，围绕着这核心分设有宽广基础的工、农、商（经济管理）、医、教育等院校，多提倡转系转院"因材施教"的空气，多提倡选修课、减少不必要的必修课，多提倡课堂讨论的教育方式，以便师生共同提高。为适应现代化需要，重新整顿、清理教材，是值得注意的。

（四）旅游经济要配套的问题。西安有 45 处古迹，是先人遗留给我们得天独厚的旅游资源。国内外游客到西安来的往往也愿意北到黄陵、延安；东到华山、洛阳。所以，旅游经济要在更大的范围内配套发展，"游、住、饮食、娱乐、小工艺品、服务"等行业都要艺术性地布置。西北大学同南开大学等都设置了旅游系，这是好事，便于打基础、提高配套经营旅游经济的知识。为了保护古迹，城乡建设必须格外精心规划。这里要注意世界旅游业的趋势，往中下档发展住宿条件，往海陆空联运发展旅行条件，注意饮食的卫生清洁简单营养，注意丝竹管弦、悠扬悦耳的东方民族古典音乐，尽量发展便于旅途携带而有旅游点风光的小工艺品，尽量做到电讯设施便捷与信息灵通，尽量提高服务质量，一定要主动周到热情。这样，自然会吸引中外旅客，振兴与旅游业配套的有关专业，从而带动西安市的社会经济。为此，发展旅游经济特别需要保持清醒头脑，千万别以为有了得天独厚的旅游资源便可以一哄而上大搞高层旅馆，光追求设备和享受的豪华。因为国内旅客的消费水平目前还不高，国外旅客看到配套行业质次价高、缺少市场吸引力、背后也不会有好议论。如果搞"一锤子买卖"，第一次来的旅客觉得旅游资源新颖好奇，第二次来的就只能说"再会"了。再说旅馆建设吧，要保持文明古都的西安风貌，现在也应该提倡点建筑艺术，做到外观优美、色泽协调、高层建筑群之间至少保持两至三倍占地面积的绿地，不要让人有压抑窒息之感；花卉、草地、灌丛、乔木，大搞多层林，非但为了观赏，在西北地区来说特别需要的是涵养水土，改变地区偏于干旱的气候。

（五）乡镇企业要大搞。但绝不是现有大城市中落后技术、陈旧设备、工业污染的扩散。要有目的有规划的发展乡镇工商业，农村要积极创造有利于农业的产业结构变化后，多余劳动力转业的条件，必须要有成套乡镇发展与管理的政策跟得上。在经济十分不发达的地区，一时还不具备发展乡镇企业之处，则应先集中力量发展中小城市。让小地区以中小城市为经济中心，再自然给予周围的乡镇经济以有效的带动。

（六）环境保护一定要贯彻以法治代人治。噪音大到超过国际许可标准、空气污染到形成酸雨、工业污水任意排放到污染下游水源等等，都得严格治理，为此要提倡"谁污染、谁负责根治"。不是做点表面文章应付应付人民群众或者罚几个小钱、通报处分就可以搪塞了事的。

（七）"大都市、小财政"是西安市突出的问题。抽肥补瘦有时难免，也可能肥的抽瘦、瘦的还肥不起来。这里有一个抽肥要适度的问题，也有一个大城市节约开支、不搞"小财政、大建设"的问题；也有一个由西安市这样的经济中心为陕西省分忧、帮困难地区"脱贫致富"、减少"财政补贴"的问题。比如说，西安的大企业能否在精心的统一规划下，经过可行性研究，扩散一部分市场有需要的"配套产品"到发达较晚的地区去办联合企业，帮助受补贴的地区经济上逐步站起来。这样多搞点联合企业，要用经济合同方式交代明白双方的责任，改变过去背后打算盘、光在地方财政上卡来卡去的老习惯。问题是老受补贴的不发达地区也应该转换一下不一定适应走向现代化需要的老一套工作方法、老一套工作习惯、老一套思想习惯与落后的经济体制。关键是要尊重知识、尊重科学、尊重人才、善于有计划地发展社会主义商品经济，认真把地方经济振兴起来。

贵州省社会经济发展的第一步[*]

贵州省社会经济发展的第一步该怎么办？是很值得探索的。

我在解放前后曾六上贵州，过去是在公路沿线，后来是在铁路沿线，跑过的地方不少，但是调查研究贵州还是很不深入。

现在我们知道贵州的自然资源极为丰富、天赋特好，只要贵州经济发展战略方向对头，工作做得扎实，经过一个努力奋斗的过程，穷通达变，后来居上也不是不能够的。贵州的同志常说自己是"经济落后"。我认为在我国"经济落后"是事实，但只要"不甘心落后"、"不要有丝毫自卑感"，善于发扬贵州的资源与能源的优势、善于稳步改进贵州的社会经济面貌，贵州是大可有所作为的。

那么，贵州省社会经济发展的第一步该怎么走？我建议从几个方面来进行研究：

（一）哪些是基础工作，一时不易见效，必须长期下功夫，但又非从现在起就该下决心扎扎实实干不可的呢？

---

* 本文是作者 1985 年 5 月在北京经济学活动周大会上的发言纪要。到 1987 年 5 月 27 日，又在北京对贵州省乌江流域的综合开发作了重点探讨。

1. 教育。经济发展需要人才，需要有社会主义道德、共产主义理想的人才，需要适应社会主义现代化建设的大批人才。解决人才来源的根本途径是教育。古话说："十年树木，百年树人。"教育确实需要长期努力。抓教育质量要从幼儿园、小学、中学做起。不能想象幼年、少年在中、小学内打不好知识基础，也不靠刻苦自学，便能掌握高等教育中的专业知识或多学科知识。不在工作过程中注意定期的干部进修、知识更新、业余补充教育，要培养出知识广博、真正通才化的专家，也不可能。全社会扎扎实实花三五十年时间把我国长期受摧残的教育认真搞好，才是攸关国家命运的基础工作。全国都要从教育入手，根本解决人才来源，贵州当然也不能例外。

为了解决近期的人才需要，贵州不妨从外省邀请少数高级专家来，但主要应该着眼在省内现有人才的积极性调动和恰当使用上，制定必要的优惠政策，适当安排他们的政治、生活待遇。更重要的是正确理解知识分子无非希望能为社会主义社会多做点贡献的心情，要为专家们创造良好的工作条件，让他们的知识才能都能用得其所。比如说，在贵州大三线军工企业中的专家、高级工程师不能算少，他们工作任务到底是负荷太重呢，还是窝工太多呢？现在提倡军工民用要结合，长期不得解决的问题应该好办些！那就需要具体的政策、更要能按照具体政策执行。

2. 种草种树。这是全中国急迫需要保护环境、恢复生态平衡的大问题。大西北要注意种草种树；大西南也要注意种草种树。大西北为的是要保持水土，阻挡风沙；大西南为的是要保持水土，恢复植被，涵养水源和恢复"天无三日晴"的地区气候。种植的顺序，如果必要，也可以走"草—灌—乔"的顺序。先种草，再种灌木，后种乔木。不要那种为了急需用材便到处推广针叶树苗、不顾自然规律的主观主义的计划控制。要提倡利用贵州的天时地利人和，多种"多层林"、针叶阔叶"混交林"。不要走直线，而要多成林、多成材。

贵州多山，也可以利用草山草坡，优选牧草品种，科学发展畜牧、饲养业。

结合畜牧、饲养业的需要，提倡生物工程。养猪可以发展瘦肉型。油菜，也可以发展低芥酸菜籽油的优良品种。对于农业仅仅已解决人民温饱问题的贵州来说，这些既是调整种植粮食为主的大农业产业结构的问题，也是提高质量、扩大品种与增加产量和产值的问题。

（二）哪些看起来容易，但其经济真正要发展，必须配套建设、配套发展，才能获得理想的收益呢？

1. 旅游业。旅游业看起来容易发展，但有了风景如画的天赋旅游资源做基础之外，还需要围绕着它配套发展其他工商服务业才能形成系统性的旅游经济。为此，起码得考虑五个方面的行业好好进行规划。

（1）旅游交通：一般说在旅游点五至十公里以外就要有为旅游配套的公路与车辆、航道与游艇、周到的服务网点与灵敏的调度设施，适应社会经济日趋发达，便于旅客"忙里偷得半日闲"、多欣赏一些风景文物。

（2）旅馆与通讯：特别是外国游客，既注意舒适的旅馆可以淋浴、休息，清洁的日用毛巾被单勤换洗，快速的衣服洗涤烫平，周到热情的接待服务质量；又注意电话、电报、电讯等争分夺秒似的对外联络，以便于在旅途中亦可以从事与他有关的企业经营。其要求往往远高于国内的习惯。

在发展旅馆时，千万别只顾建设高楼大厦、陈设豪华的高级旅馆。多数国外游客很喜欢在住宿上求经济实惠的中档旅馆；乃至像在美国公路边的摩托驾驶者的简易旅馆和日本公路边仅容单身客人的"格子房间"。这种中低档旅馆只要电话、电讯设备服务周到，也很受欢迎。旅馆的建筑艺术要注意同当地的自然景观和人文景观的协调，不要在幽美的浅山湖滨突然来一个主体方格高层建筑。现在，已出现外国游客来华后选择住通铺的现象，是值得注意的。

（3）风景、古迹、具有地方特色的歌舞：怡情养性、配套欣赏，要能丰富旅途生活、使人能流连忘返。少数民族往往能歌善舞，在贵州也可以注意发扬其优良传统。

（4）丰富而可口的饮食：中国菜谱是世界驰名的。当前在资本主义发达国家，民间竞相以全家到中国饭馆去饱餐一顿为周末度假的乐事。要发展旅游业，少不了供应中外游客以具有地方色彩的烹调菜肴，进而可以带动地方食品工业的发展，转而刺激地方种植业、养殖业等在产地加工的发展。问题是还要注意宜于供应旅游业卫生可口的矿泉水、鲜果汁等饮料，适当发展一些纸制罐、铝制罐的方便食品、优质饮料等等。

（5）便于携带馈赠的工艺美术品：要能反映出当地和旅游区的特殊风貌。贵州文人辈出，历代诗词、各处景色画面，都可成为精彩的工艺美术品，足以表达我国各民族的传统文化与可以自豪的革命气息。

2. 乡镇工业。在集市商品经济有了一定的基础之后，从社会上集资发展乡镇工业是可以考虑与规划其发展的。苏南乡镇工业发展得比较早，有经验也有教训。总起来说：乡镇工业（1）应该"小而专"，避免"小而全"；（2）应该"小而精"，以产品质量取胜；（3）应该"小而洁"，避免因陋就简、扩散污染；（4）应该"小而活"，根据市场需求灵活安排商品生产；（5）应该做到"小而赚"，可以很快回收资金并且有利润积累。因此，乡镇工业一要科学规划，不宜一看有些耐用消费品市场紧俏，便一哄而上，如当前到处出现洗衣机热或电冰箱热；二要集市经济适当发展，土特产可以城乡互助、物资交流，进行较大批量的加工，创造条件便于储存、运输、远销。不要在条件不成熟时便拔苗助长，大办乡镇工业，想"一口吃成个胖子"。

（三）哪些看起来难搞，但其产品属于全国奇缺或邻省特别需要的，正可以有所作为。其项目可以看准一个就搞好一个。

1. 利用贵州丰富的水力资源梯级开发乌江，办水电站，利用洪峰水电炼铝、炼锌、炼磷。这是很好的储能方式，可以发展高能耗工业。这是贵州得天独厚的优势。

（1）磷肥是植物结实所必需的养分。过去长期片面发展低效氮肥，含氮量本来不高，肥效却越来越差。现在东北、华北、华东都急迫需要高效磷肥了。湖北有磷矿而水电一时却上不去。贵州正可以利用乌江水电站等对开阳磷矿、瓮福磷矿洗选、炼黄磷；在思南以下用50吨至一二百吨的船只轻装水运进长江，再利用三五千吨级的轮船搞活沿江与沿海航运，供应华东、华北、东北制造高效氮磷复合肥料，为农业服务。建设工厂与船队所需资金，"七五"计划如不能引入，则可以走"联省合营"的道路，有关省市区对此也会乐于"东西合作"、"南北合营"的。当然，从水电、黄磷、磷肥到航运的价格政策问题与配套建设问题都需要一一落实安排好。

（2）炼铝，产品不能光到铝锭、铝条为止，华东、华北等地都需要异型硬质铝合金的轧材，如用作门窗框架等取代木材、钢材，这也可以"联省合营"。

2. 煤，邻省奇缺。要开发贵州的煤，不一定一上来就搞大配套的钢铁联合企业和煤化工的联合企业。如四川由于前几年建设方针的耽误（专门搞天然气未成）而特别需要大量的工业燃料煤，是否先从供应四川的工业燃料煤作为一条上得快的路子呢？

（四）研究贵州社会经济发展战略的方法论。

用社会经济系统工程的方法，搞经济模型来模拟与测算贵州区域经济规划是一个尝试。系统论、控制论、信息论，到底在社会经济领域能否通过模型试验而取得成功，其关键还是在于人们的思想认识是否符合唯物主义，能否正确对待区域内物质资源与人才资源的客观优势和克服其制约发展的劣势。各种规划的方法、电子计算机运算出来的结果，从不灵到灵，也会有一个过程。干着急是不能正确对待复杂的社会经济诸种矛盾的。要冷静地思考，做好"可行性研究"，论证能确保社会经济效益了，再谋定而后动。

乌江流域的综合开发对贵州省
有战略意义[*]

　　我看了乌江流域以水电开发为主的实地调查材料之后，感到对现状的描述与对前景的分析都有根有据、有条有理，为综合开发乌江流域提供了有说服力的基础资料。乌江流域在贵州省的战略地位不容低估：（1）乌江确实是有利于梯级开发的"水电富矿"；现有的"乌江渡水电站"已经积累了好几年的运行经验，为全线开发乌江这条长江上游支流的水电打了前站，在全国来说也说明"大可有为"。（2）乌江流域已探明的矿藏，如此大量集中，如此靠近水电资源与水运航道，十分有利于大规模发展炼铝与炼磷的高能耗工业和配套兴建建筑材料工业，在全国也少见。（3）运用磷肥可以推动乌江流域乃至贵州全省发展"林草并举"、"草牧联营"与林产加工、畜产加工工业。（4）乌江在改善了灌溉条件之后对流域内的种植业很有利；在改善了航运条件之后对省内外物资交流增加了一条运费低廉而直通长江的好航道。（5）选择这些为支柱的产业，一旦发挥了作用，贵州省脱

---

　　* 这是 1987 年 5 月 27 日在北京经济学活动周大会上的发言要点。作者阐明了综合开发乌江流域的几个战略措施，鼓励贵州省从此开始，逐步脱贫致富。

贫致富是指日可待的。当然，战术上的问题还多，这就要求在战略指引下进一步深入规划、勘探设计、建设投产、生产经营、回收投资，在良性循环中扩大再生产。

现在，我再谈几点个人意见，供参考：

（一）乌江梯级开发水电资源，立足于国内的技术，按现有水电系统的技术水平来说已完全办得到；经济效益、社会效益之大也不待具体测算便能料得到。随着乌江流域高能耗工业的兴起与乌江流域经济的逐步振兴，经济分析更可以深化、细化、明朗化。乌江大部分在贵州，乌江流域占贵州省的40%的土地面积，乌江流域现有人口就比较集中，因此在乌江下游已经开垦的耕地面积也比较多。一旦有了丰富的电源，工矿业、农牧业以至整个流域经济都会成十倍地增长，这是毫无疑义的；新兴城镇也会随社会生产力的大发展而星罗棋布地繁荣起来。

面前要研究解决的问题，一是乌江水电开发的程序问题；二是从发展"横向经济联系"中搞多层次多渠道的集资建设问题。

乌江水电开发的程序，从实际情况出发，明摆着的至少有三种方案可供选择：第一种程序是从乌江梯级发电的"龙头"搞起，先去建设最上游的洪家渡水电站。这样，工程上很可能比较顺当，当然在洪家渡附近要补作科学的社会调查以利于决策。第二种程序是从乌江下游的两三个水电站搞起，首先去应付重庆市那边急迫需要的电力。当然这样遇到的问题可能比较复杂些，但按现实条件来说，也不是办不到的。第三种程序比第一、二种程序更现实，即是从当前国情出发，注意到"七五"、"八五"计划期间国家的财力物力与技术力量都还有限，首先是考虑建设完成中游还预留有第三台装机位置的乌江渡水电站，扩大了装机容量再说。这样，可以投入最少、收效最早、经济上最实惠。以后再根据社会经济条件，争取有从容的时间来论证到底是先建设

"龙头"还是先建设"下游电站"为更有利。

乌江梯级水电站的建设需要大量资金；资金需要多层次多渠道筹集。这当然要中央支持，但又不能指望全都由中央财政支出或银行贷款。按照国民经济良性循环的原则，应该考虑几个环节：（1）"用电户产品的市场需求"——→（2）"可望多得的经济效益；——→（3）"聚集多层次多渠道的建设资金"——→（4）"建成投产、回收资金"——→（5）"偿还资金以用于扩大社会再生产"。这样的集资必然是多样性的：一是铝金属企业、磷化工企业、建筑材料企业等大用电户可以邀约来参加横向联营；二是重庆市和西南各省邻近需电地区也可以邀约来参加横向联营；三是社会集资，不妨考虑发行股票的方式。

为了经营管理这样一个从建设到生产的巨型水电网状企业，搞责任制、组织一个权威性水电开发经济实体来创业，也是必要的。

（二）乌江流域矿产开发与加工工业的合理规划与建设，同梯级水电站建设一样，势将影响乌江流域内人群聚居增多，城镇分布加多。为此，铝磷矿藏的总储量、多个矿体的加工利用条件、交通条件、厂矿建设条件、城镇配套条件等，都需要做深入细致的勘探设计和高瞻远瞩的通盘筹划。多年来鼓虚劲、贪规模、追速度等交的学费已经不少；希望贵州省对发展高能耗的铝金属工业、磷化工工业、可能同它们"联产"的建筑材料工业、可能同它们配套的城镇建设方面，决策一定要科学、公正、可靠，计划一定要周到、平衡、能行，工作一定要踏实、深入、见效。这是"综合开发"的一个重要侧面。

（三）乌江流域在贵州要先走一步实现"林草并举"，为改变地区气候、克服水土流失、带动"草牧联营"、林产加工、畜产加工等经济事业准备好基础条件。过去贵州省"天无三日晴"，这是贵州省得天独厚的优势；现在贵州省森林覆盖面积一年不如一年，据说实际上只剩下 7% ~8%，"天无三日晴"的优势不存在了。为此，一定要提倡"林草并举"。靠森林，可以涵养地区气候，恢复"天无三日晴"的优势；靠草山草坡草场，可以为各级水库防止水土流失与泥沙淤积。要"林草并举"，其先决条件是改变社会上轻视林草的观念与破坏林草的恶习。植树造林护林，要社会动员，需用一套制度、政策、法令，这绝不是"老生常谈"。种草是一门科学，值得多向新西兰和澳大利亚学习技术经验。贵州省地处南方，夏天不热、冬天不冷、雨量不少；有些地方像新西兰，有些地方像澳大利亚；很可以学习新西兰、澳大利亚在高山丘陵平坡地带种草经营牧场的办法。豆科植物的"白三叶"，含蛋白质 20%；禾本科植物的"黑小麦"，含蛋白质 15%，都是好牧草。据畜牧专家说，如果粮草混种，可以保持草场几十年不败。这两种草，不要氮肥而要磷肥，贵州省正可以把磷矿就乌江水电提炼成高品位、高质量的磷肥来发展大面积牧场。据说每公顷好牧场可以出 16 吨干草；用来牧羊，每只羊可产 10 斤羊毛和近 100 斤肉；搞好"草牧联营"，还可以带动毛纺织工业与肉类加工工业。这样，用生态农业来带动贵州省现有农业经济结构与工业经济结构的改变，正是投入少、产出多、发展商品经济、为贵州省脱贫致富的一条阳光大道。这是乌江流域综合开发为贵州全省开路的又一个重要侧面。

（四）乌江梯级水库有计划的建设完成之后，相应提高了山区的水位，为种植业带来灌溉之利；更大的效益是改善了乌江天险的航道，为省内外物资交流沟通了长江水运系统，为发展社会主义的商品经济带来很大好处。因为出了乌江进了长江，即可与四川、湖北、湖南、江西、安徽各省乃至与辽宁、河北、山东、江苏、浙江、福建、广东、广西沿海各省直接来往，这可以比光靠通往邻省而运输量又有限的铁路公路车辆的好处大得多。为此，省内能否逐步推广有偿灌溉的政策，省内外水运能否推行低廉的运费政策，都需要配套，其他应兴应革的制度还有，现在也得准备起来。这方面涉及的"软科学"过去往往不受重视，现在也该深化研究了。

（五）以水电、铝金属、磷化工、建筑材料工业、林草牧业、航运、种植养殖业等等作为贵州省脱贫致富的支柱产业，在西南与全国相应有计划地发展社会主义的商品经济，是几十年也干不完的大事业。为此，近期要做的关键性工作是需要组织好一个乌江流域综合开发的权威性经济实体，横跨条条块块，一步一步发展"横向经济联合"的广度与深度。这是一项流域社会经济的组织管理的系统工程，必须科学地对待它、高效率地运转它。从长远着眼要做的关键性工作是相应配套的一系列教育工作，特别是：（1）社会劳动力素质的提高；（2）各行各业技术干部与管理干部质量的保证；（3）各层次领导水平、组织能力、经营水平的现代化……都要各种形式的教育来打基础。总之，文化水平不大大提高，对于综合开发乌江流域，进行有关政治经济体制的改革，促进贵州全省脱贫致富，好好送走社会主义初级阶段这个历史过程，是不可能想象的。教育上如果重理轻文，对软科学势必无从问津；反之，如果重文轻理，对这一大套从建设到生产到社会发展的工作势必无从完成。政治经济社会要发展，体制要加快改革，教育理所当然地要先行若干年，而现在就须不失时机地往前撵。

这些都是对贵州省的发展有全国性战略意义的大事，为战略服务的战术问题一时也说不完，随着实践步步深入，新问题还会不断冒出来，要求人们从政策上、从理论上去作更深刻的探索。这些事情，只能靠贵州省人民政府来积极牵头组织，各个部门限于条条分工是很难胜任的。对于这么复杂的乌江流域综合开发，贵州省也该考虑一个总体的"施工组织设计"与各个新兴城镇的规划，才可以有计划地"谋定后动"，不致高悬理想而手脚乱套。

至于财政金融、邮政电讯、医药卫生、环境保护、工商管理、公安司法、社会福利等项事业，凡是一个现代化社会所必须具备的职能系统，都必须逐个建立、发展与完善起来。凡是现行的政治经济体制对乌江流域综合开发产生的阻力，都必须逐步予以突破、改革与排除。

希望这一次学术讨论，能为乌江流域的综合开发形成一个良好的开端，对切实改造贵州省的政治经济社会面貌起到很好的推动作用。

论资源的综合利用[*]

《人民日报》编者的话：

客观事物从来就是一分为二的。自然界从来就不存在单一成分、或者单一元素，因而只能单一利用的东西。大力开展资源的综合利用，正是按照事物的客观规律办事，全面地发展生产力，多快好省地进行社会主义建设。

从本报今天发表的几篇文章中，可以看出，在资源的综合利用方面，有着广阔的天地，是大有可为的。让我们按照毛主席的指示，把原料、材料、燃料工业和加工工业的综合利用工作广泛地开展起来，逐步地把工业生产中的"废气、废渣、废热、废能、废料、废屑、废件"统统利用起来，化一用为多用，化无用为有用。这就是极大的增产节约。

资源的综合利用，是党和国家发展社会主义工业生产的一项重大技术经济政策，是增产节约的一个极其重要的方面，是执行

---

* 本文在《人民日报》1966 年 3 月 1 日第 5 版发表，题目改为《资源的综合利用是增产节约的一个重要方面》。

党的总路线、多快好省地建设社会主义的一个重要工作环节。

用一分为二的观点来看待资源的利用

在工业生产实践中，能不能很好地综合利用资源的问题，归根到底，是一个能不能运用一分为二的辩证法规律，来观察和对待客观事物的问题。

资源综合利用的对立面，是资源的单一利用。要实现资源的综合利用，就是要在工业生产的过程中，反对片面地利用原料、材料、燃料的资源，单一地生产一些的确为眼前所急迫需要的主产品，而把一些同时生产出来的、明明还有用而且也能用的副产品，当作"废物"抛弃掉。只有努力走资源综合利用的道路，使工业生产不断地向深度和广度进军，才能够逐步做到"废物"不废，物尽其用。

物尽其用，就是要在根本上实现社会主义工业生产的一项理想，这就是实现对原料、材料、燃料最大程度的节约，也就是实现对原料、材料、燃料和它们的加工产品最大可能的增产。

几年来，各个部门和各个地方，在资源的综合利用方面，做了不少的工作，取得了不少的成绩。例如，机械炼焦炉基本上都回收了苯和焦油等化工原料；高炉渣大量用作矿渣棉和矿渣水泥等。但是，总的说来，这一方面的工作，还远远落后于国民经济发展的要求。现在，还有那么一些部门和企业，年年讲资源综合利用，实际上却很少采取更为有效的措施，结果，有很多资源至今还没有能够得到综合利用。在原料工业、材料工业、燃料工业中，出现了许多人为的"废气、废液、废渣、废热、废能"；在加工工业中，出现了许多人为的"废料、废屑、废件"。在一个"废"字底下，许多宝贵的资源，被白白损失了。这是一笔很大的浪费。

随着工业生产的飞快发展，可以综合利用的资源，也在飞快增长。如果只讲增产，而不讲节约；如果只片面大量发展单一利用资源，而不相应地大量发展综合利用资源，那么，这一笔很大的浪费，还会扩大。问题的性质，就将变为要不要多快好省地建设社会主义的问题。

毛主席教导我们，任何客观事物都可以一分为二。生产实践也告诉我们，自然界从来不存在单一成分、或者单一元素，因而只能单一利用的东西。空气固然是混合物。纯粹的水中也有极小量的重水存在。在工业生产的工程中，加工对象要变为成品，不论是机械加工的性质，或者是化学加工的性质，都是一个一分为二的过程，而且往往是连续多次一分为二的过程。要是按照事物本身引出的规律来指导工业生产，就得尽一切可能采取综合利用资源的方法，发展多品种的生产。

原料、材料、燃料工业的综合利用

原料工业、材料工业、燃料工业的综合利用，是一件需要认真对待的大事情。比如说，利用煤炭发电，煤炭在燃烧的条件下一分为二，可燃的物质发了热、发了电；不可燃的物质成了烟灰、炉渣。在一个工业有了点基础的国家里，从那么多的火力发电厂里，每年排出几百万吨灰渣，是平常的事。有些电厂，遇到自然地形不利于大量堆放灰渣的时候，就会大面积占用农田作排灰场，甚至淤塞近旁的河流。但是，这些不得不抛弃的工业灰渣，对于建筑材料工业来说，却是制造砖、陶粒、砌块的好原料。最好的办法是多发展火力电厂和砖厂之间的协作，一个省去排灰场，一个省去原料场，农田河流也可以少受一点威胁。所谓

"废渣"，也就有了出路。每100万吨灰渣，可以制砖六七亿块。每年利用四五百万吨灰渣，制造二三十亿块砖，来支援社会主义基本建设，确实是一件大事。

林区采伐的木材，运进锯木厂，把原木加工为成品材，是树木被连续几次机械加工的过程。在林区里，便于集运的原木运走了，不便于集运的枝丫等留下了。枝丫等，同样是木纤维组成的，仅仅由于规格不同，就成了"废料"，大量留在林区里，既影响森林的抚育更新，又容易引起自燃等意外。因此，最好是把枝丫等切片、打包，运出林区，利用它来发展纤维板的生产。还有，在锯木厂里，合乎规格的那一部分原木变成了成品材，不合乎规格的边角余料、刨花、锯屑，也就当作"废料"，降为民用燃料。最好是把这种木材的加工剩余物，进行粘合、热压、改变它破碎的形状，使它合乎一定的规格，发展碎木板、刨花板等的生产。这样，从采伐到制材的过程中，利用加工废料制成的人造木材，又可以成为上等建筑材料和独具一格的家具用材；木材的利用率，也可提高到90%以上。每生产1000万立方米成品材，同时增产四五百万立方米人造木材，这是在生产过程中木材本身的最大节约和最大增产。

共生矿物的冶炼加工，要把多种金属和非金属分离、提纯好，再分别合理利用，其本身就是综合利用自然资源。我国蕴藏许多类型的铁矿，有的与铜、钴共生，有的与钒、钛共生，有的与钽、铌共生，有的与稀土金属共生。这些共生矿物，往往超过铁矿自身的价值，有利于发展多种特殊的合金钢材。我国还蕴藏许多类型的多元素有色金属矿，往往几种、十几种共生元素同时出现，因而，要提炼铜、铅、锌、钨、锡、钼、钴、铋等，要提炼黄金、白银、铂族元素等，要提炼许多半导体元素和稀散元素等，都具备很好的自然条件。复杂的矿物，可以找出一定的规律，分解为许多简单的矿物，再分别加以利用，许多简单的技术，又可以在一定条件下，综合成复杂的生产流程，来综合处理复杂的共生矿物。对于我国这么丰富的共生矿物，应当具体分析，区别对待，应当发挥人民群众的智慧，掌握成套的精良技术，进行综合勘探，综合开发，综合加工利用。

至于高度综合利用油田气、天然气、炼油副产气，发展石油化学工业，更是开辟工业生产新领域的好典型。

加工工业的综合利用

原料工业、材料工业、燃料工业要走综合利用自然资源的道路，加工工业也要走综合利用原料、材料、燃料等工业资源的道路。

以轻工业为例。随着轻工业的飞速发展，为人民生活服务的轻工业产品有成千上万种，广泛地开展综合利用原料、材料、燃料的工作也是五光十色，大有潜力，大有可为。

比如，在轧花厂、榨油厂中尽量回收好棉籽绒，在棉纺织厂中尽量回收废花废纱，用来发展人造纤维、感光胶片、无烟火药的生产。在屠宰场中大量推广剥取猪皮，用以制革；回收猪骨，提取骨胶，磨制骨粉；选取一部分猪内脏，提取多种药物。在糖厂中充分利用副产糖蜜，发酵制造酒精、丙酮、丁醇等有机化工原料；利用大量蔗渣，一部分代替燃料，一部分造纸；利用大量甜菜丝干作饲料。在盐场内大量推广从副产的盐卤中提取溴、碘、硼、锶、锂、镁、钾、钙等的化工产品。在造纸厂中处理好大量纸浆废液，从中回收碱和用途很广的木质素粘合剂。在水产加工厂中大量利用鱼鳞、鱼内脏、鱼骨、虾皮、贝壳、海带根等等，提取多种维生素和稀缺的药物，并且利用加工残渣作饲料、肥料。诸如此类，凡是农林牧副渔的产品，提供轻工业作原料的，几乎没有不能综合加工利用的。许多单一利用所难以完成的生产任务，走综合利用的道路，就能迈开步伐，搞出形形色色、丰富多彩的副产品来。由此可见，正确处理好主产品与副产品的关系，往往就能多中求少，少中出多；好中求省，省中出快；主副两利，相反相成。轻工业走综合利用的道路，格外容易做到建设快、投资省、收效大、积累多。而且大力开展农林牧副渔产品的综合利用，必然有利于扩大农民的集体收入和个人收入，加快发展农村集体经济，加快发展亦工亦农的生产事业，进一步巩固工农联盟。

某些对原料、材料、燃料进行深度加工的化学工业，在综合利用方面，具有特殊的灵活性和多样性。比如，橡胶加工工业和塑料加工工业，都能回收大量的破旧产品，实行多次再生利用。再如，在医药工业、染料工业、农药工业、化学试剂辅剂助剂工业中，最明显地告诉人们，从来没有单一而单向完成的化学反应，控制主反应和副反应所在进行的特殊条件，外因通过内因起作用发生各不相同的变化，从而产生的产品和回收到的原料，也从来不存在单一出现的状态。多品种联合生产，多种原料反复回收利用，往往是这些化学工业的特点，甚至在化学污水的"废液"中，还能回收到一些残留的化学物质，从中分离出新产品来。在这些化学工业中，不断走群众路线，广泛采取合情合理的建议，采取有效的措施，就能推动综合利用工作日新月异地发展。

机械工业，是基础工业，又主要是对金属材料进行机械加工的加工工业。在各个机械加工的工序上，大量进行切、削、刨、铣、钻……一边日日夜夜生产出机械产品，一边日日夜夜产生各种金属材料加工剩余下来的边角、废料、废屑，乃至不可避免地还产生出一些少量不合格的零件、部件、半制品。这些废金属材料，都可以按照不同的材质，分类回收，集中处理，从中选出一部分手工业再生加工材料之后，就大量成为冶金工业所需要的上等炉料。这是一部分金属材料，在部门之间不可少的循环周转、再生产过程。我国在自力更生的方针指引下，依靠自己的机械工业，来装备国民经济的各个部门，每年生产那么多的机械产品，同时，每年也产生出那么多加工剩余的金属材料。这是一大笔一定要有计划回收、用来支援冶金工业生产的"废金属"资源。

再放大一点范围看，国民经济各个部门凡是利用机械设备进行生产的，都在生产过程中不可避免地要磨耗、损坏着一些机械设备。因此，必然会周期性地在设备检修中换下一些废旧配件，在设备改造、更新中换下一些废旧设备。同样，在社会上使用的金属制品越多，代谢下来的废金属制品也越多。每一个工业城市，每年从这些方面回收到的废金属材料往往是几千吨、几万吨、几十万吨，全国又该是多么大的一笔"废金属"资源。全国几万个农村人民公社，由于支援农业的机械产品和金属制品的日益增多，每年也有一大笔能回收到的"废金属"资源。到处有用坏、用烂了的"破铜、烂铁、残铅、弃铝"，可不能小看它们。它们的品位都在90%以上，比之一般品位只在1%到百分之几的有色金属矿，比之一般品位只有30%以下的贫铁矿，它们对冶金工业是多么好的高品位炉料！到处能从"废物"中找到"宝物"，化无用为有用。充分搞好废金属的回收利用工作，支援金属材料的工业生产，政治上、经济上的意义特别重大。这是一件大有前途，大有作为的工作。

大力开展资源的综合利用

在工业生产领域内，从各种各样的原料工业、材料工业、燃料工业，到各种各样利用原料、材料、燃料的加工工业，大致交织着四个方面资源的综合利用。具体说来，一是金属和非金属矿产资源的综合利用，二是农林牧副渔产品的综合利用，三是各种加工剩余的材料和废旧物品回收材料的再生利用、综合利用，四是工业生产过程中热能的回收利用。

在开展这四个方面的工作上，大体上可以按两极标准要求。最根本的要求是，使当前的人为"废物"，尽快做到最起码的物尽其用。同时，再力求向深度和广度进军，发展更为高级的综合利用和物尽其用。

当前，要尽快做到物尽其用，特别要抓住上述四个方面的资源，充分利用8种人为的"废物"（即："废气、废液、废渣、废热、废能、废料、废屑、废件"）。我们一定要从思想上认识到上述8种人为的"废物"的大量存在，就是原料、材料、燃料被人为大量浪费的同义词。我们一定要下决心解决增加原料、材料、燃料与浪费原料、材料、燃料的矛盾，运用唯物辩证法，走综合利用的道路。

在工业生产中，客观事物，从自然资源到生产流程，都存在着内部联系。综合利用，正是要按客观规律办事，使废物不废，大出副产品，以利于全面发展生产力。因此，我们要努力推广综合利用资源的两种方式。一种方式是发展联合企业、发展多品种的联合生产、发展连续性的多次加工。例如，有色—化工—钢铁—建筑材料—电力的联合企业；石油—化工—电力的联合企业。另一种方式是按照适当的专业化，发展企业之间的生产协作，发展定点回收、定点供应原料、材料、燃料的资源，组织配套成龙的加工。例如，用石棉矿围岩的蛇纹石定点供应钙镁磷肥厂，从此回收镍磷铁定点供应钢铁厂吹炼镍铁，再定点冶炼不锈钢。这两种生产方式的推广，共同的前提是一个，一定要在各部门之间，打破各管各、单打一、丢三落四、吃富弃贫的老框框，坚决走资源综合利用的道路。

我们要走综合利用资源的道路，应当看到，通过反复地生产实践、反复地总结经验，人们是能够认识规律、取得主动权的；同时，也应当看到，走综合利用资源的道路，会遇到许多的困难。应当承认，我们对资源综合利用的工作还刚刚开始，有许多新问题、新事物，我们还知之不多，甚至知之甚少。"雄关漫道真如铁，而今迈步从头越。"我们应当采取老老实实的科学态度，艰苦奋斗，从干中学，一步一个脚印地克服各种困难。

毛主席历来教导我们要重视资源的综合利用工作，多次亲切关怀这方面工作的开展。早在1958年视察武钢的时候，毛主席就指示过，要多办点综合性的联合企业，发展点多品种生产。我们对于几年来的工作，应该从高标准检查，一分为二，认真总结经验，努力前进。在这进入第三个五年计划的第一年的时候，资源综合利用工作一定要同国民经济的胜利发展形势相适应。让我们在毛泽东思想伟大红旗的指引下，把资源综合利用工作，按照毛主席的指示，抓紧抓好抓起来。

石油化学工业是综合利用的
一个好范例

    "综合利用"、"物尽其用",是要不断地向前发展的。从共生金属矿的综合利用,引导向发展新型合金材料的生产;从石油化学工业的兴起,引导向发展新型合成材料的生产,都是低级向高级运动的范例。石油化学工业更说明已经综合利用了的资源,也还要往高级的方向发展。

    一般说来,石油的炼制,是原油的连续分解、连续分离成为一系列石油加工产品的过程。在炼油厂中,在生产汽油、煤油、柴油、重油等主产品的同时,还有大量副产可燃的气体。它可以加压液化使用,可以直接用作气体燃料,也可以经过所谓迭合反应,变为汽油,用作液体燃料。这样,在石油工业内部说来,这种炼油气就算做到了综合利用了。可是,从石油化学工业方面说来,这种炼油气,是比燃料更为宝贵的原料资源,还能够在加工的深度上和加工的广度上前进一步,乃至进行多次再加工。这就是,通过气体分离和更为复杂的化学反应,大搞综合性的化工利用。所得的石油化工产品,就更为复杂化、多样化。例如,统称为化学合成材料的,便有许多种合成橡胶、合成纤维和塑料的产品,它们在国民经济各个部门的应用范围和经济效果,就与把炼油气用作燃料，大不相同。

比如，从炼油气中提取和制备的丁二烯和异戊二烯，用来生产的顺丁二烯橡胶和聚异戊二烯橡胶，其性能都能近似天然橡胶。又如，炼油气中的丙烯，用来生产聚丙烯树脂，加工为塑料或合成纤维；更可以采取所谓氨氧化法生产聚丙烯腈树脂，加工为号称"合成羊毛"的合成纤维。再如，炼油气中的乙烯，可以生产低压法聚乙烯树脂，加工成的塑料产品，用来使渔网、渔具塑料化，可以成倍提高捕鱼效率，省去渔民费时费力的晒网劳动；也可以生产高压法聚乙烯树脂，加工成的塑料产品，可以用作育秧薄膜和化学肥料的包装袋等，直接支援农业生产。此外，还有许多种新型合成材料，如号称"塑料之王"的聚四氟乙烯，物理化学性能和加工性能优于它的聚全氟乙烯，物理化学性能略次于它而较便于加工的聚三氟氯乙烯，以及电气绝缘性能杰出的有机硅树脂和环氧型树脂等，它们大量推广应用于机电产品上，就能大量节约金属材料，改进产品性能，达到"小、巧、轻、快"。现代化产品正在同机械产品直接结合，过去的技术尖端，现在正在不断转变为一般技术；现在的普及推广，又孕育着将来的反复提高。

我国石油工业飞快发展，利用炼油气发展石油化学工业有着广阔的前途。这个领域是技术水平比较高级一些的资源综合利用，也是需要现代化装备比较多一些的资源综合利用。从国民经济发展的观点来算一笔总账，我们多在这方面投下些本钱，的确是符合多快好省的精神的。我国人民在毛泽东思想的指引下，在党的社会主义建设总路线的光辉照耀下，很快就可以扩大这个崭新的工业生产领域。

附图：

炼油气综合利用示意图

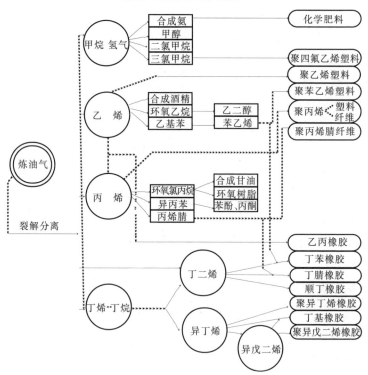

（原载 1966 年 3 月 1 日《人民日报》第 5 版）

关于新型材料

　　近年来,在合金材料、合成材料、无机非金属材料、复合材料等方面,发展了许多新的品种。这些新品种的新型材料,已经在国防尖端技术方面、在机电产品设计革命方面得到推广应用。

　　要发展新型的合金材料,最要紧的是综合研究各种共生金属矿物,实行综合开发,综合利用。例如,利用含有铜、钒、钛、稀土等元素的共生铁矿,利用锰、硅、钼、硼等的资源,就能创造出多种新型合金钢材。又如,铜矿一般含有金、硒、铊等,铅锌矿一般含有银、镉、铋等,镍矿一般含有铜、钴、铂等,锡矿一般含有铜、铅、锌、铁等,钨矿一般含有钼等,铜矿一般含铼等……实行综合利用,才能物尽其用,并发展新品种的新型有色金属材料。

　　要发展新型的化学合成材料,最要紧的是发展石油化学工业,综合利用石油、天然气、煤炭等主要原料,经过深度化学加工,制成复杂的高分子聚合物,加工为合成橡胶、合成纤维或塑料产品。例如,现在合成橡胶的品种,已有丁苯橡胶、氯丁橡胶、丁腈橡胶、顺丁二烯橡胶、丁基橡胶、聚异丁烯橡胶、聚异戊二烯橡胶、乙丙橡胶、硅橡胶、氟橡胶等，性能各有不同，各有所长，可以因材使用。

复合材料，如复铜钢板、如聚氯乙烯塑料复合薄板，既节约了钢材，又改善了性能，用途广。新型材料中的玻璃钢，是用不饱和树脂处理的玻璃纤维制品，既可代替钢材，又有许多优越的性能，很有发展前途。这是因为综合性的加工产品，已具有综合性的性能。

综合利用资源，发展新型的材料，在发展社会主义生产力方面来说，是有重大意义的。

（原载 1966 年 3 月 1 日《人民日报》第 5 版）

上三峡工程必须落实的几个问题

三峡工程的可行性，研究得很广，但如提供决策参考却还不够广；研究得很深，但如提供决策却还不够深。

这么一个"国内第一"、"世界少有"的超大型多功能枢纽工程，正式勘探选定三斗坪坝址是在1979年。许多重要问题研究得还不够而急于要求提前上马，正反映对这项超大型工程可行性研究的工作量还估计不足。

主要的问题至少有10个：

1. 水库蓄水位问题。这是决定三峡工程规模的依据，不只是发电多少，上马早晚的问题。

1958年成都会议时，"长办"原议三峡水库正常蓄水位为235米。按这么高的水位，重庆市要淹没1/3。周恩来在会上定的原则是要保护重庆。这从宏观全局出发，无疑是重要而正确的。他又要求对水位180米、190米、200米作方案比较。这既是尊重工程技术的科学性而又有灵活性。

1982年水电部根据十来年的实际工作，推荐了150米方案；其后国务院也同意了。不久，重庆市提出，不赞成150米方案而主张180米方案。工作深入了一步才回过头来再重新论证，可见问题之复杂性，只能逐步深入探索。

2．泥沙问题。这既决定水库蓄水位，又决定水库寿命等。

泥沙问题的论证，有两种分歧意见。有些专家主张 175 米方案，有些专家倾向于 160 米方案，对 175 米方案持保留意见。后者认为泥沙模型试验做得不够，因为 175 米方案回水要到北碚，嘉陵江如在合川段形成拦沙坎，会存在威胁，所以说这个方案不是最佳选择；而 160 米方案回水到重庆朝天门，容易淤积的河段会移往下游容易冲淤的峡谷段，情况就好办一些。泥沙问题引起对 160 米方案的重视。因为万一出现大量泥沙淤积，至今尚无易于清除的办法。

如果真是 160 米方案为最佳，那么三峡大坝就不必一次筑到顶高 185 米，以备蓄水位可能到 175 米。而且 160 米方案比 175 米方案还可以减少不少移民。这两笔账都该算。

3．防洪问题。防洪应该兼顾上中下游。1991 年度淮河流域、太湖流域特大洪涝灾害令人增加了紧迫感。

一种紧迫感是觉得大江大河大湖该加紧治理，农田水利旧账新账得全面规划偿还；另一种紧迫感是觉得三峡工程如不快上，中游的湖北、湖南发生洪涝灾害就不得了。但是，三峡大坝对上游四川发生洪水会不会起壅水作用，用什么有效措施宣泄？为什么上三峡工程之前，不先在长江上游支流干流上多"开"几个"水电富矿"，又可防洪防沙，同时对长江中游堤防也继续加固，对分蓄洪工程也不放松？治理长江流域的方案该尽可能全面些，不只是对一项工程的简单化的"替代"方案问题。

4．国防问题。国防问题要多考虑。

目前国际动荡因素很多。我国在消耗很多国力于这一个 9 年才有一台水轮发电机组投产，而长期收不回全部投资的超大型工程的同时，不能不考虑还要耗费大量防务费，用于三峡工程及其周围的工程系统，以加固其易受袭击破坏的薄弱环节。由于核武器和精确制导武器的不断发展，超大型水利工程在未来战争中势将成为战略突袭的重要目标；现代战争中的战略空袭，其预警时间愈来愈短，有关电子通讯系统更易受到干扰；大坝过船闸及其他关键性脆弱部分以及周围工程系统都须提高其现代化的整体防护能力。万一受到破坏，后果会非常严重。这一笔防护费用也是可观的。

5. 资金问题。静态与动态都要估算。

三峡工程到底需要多少资金，不能光说静态估算要 570 亿元，当前国力能够承受。在建设领域内实行"拨改贷"已经好几年，为什么不说动态估算呢？三峡工程第一台发电机组投产如需要 9 年，则该加上 9 年的贷款利息和 9 年的物价上涨因素。整个工程完工如需 18～20 年，也该照算。如说所需资金为 1500 亿元至 2000 亿元，如说在"八五"计划以外另发债券集资以保证"八五"计划不受影响，也得让广大人民心中有数。此数会远大于 570 亿元，到底是否为当前国力所能承受，实在应该说说清楚。有些估算整个三峡工程和周围波及的工程系统将需资金 2000 亿元至 5000 亿元，各有各的根据，也可摆上桌面，冷静核算，求得一致认可的数字，公诸于众，以释前疑。

此外，即使在"八五"计划以外加上一大块为三峡工程的计划外集资，很难设想所需钢材、水泥、木材等物资不从计划内挖出去，很难设想计划外与计划内完全能脱钩。

6. 技术装备问题。关键大件要早准备。

应该关心的，一是 26 台庞大的水轮发电机组的成套制造技术与承包供应问题。现在所见国内的大型水轮发电机组都远小于三峡工程所考虑采用的型号，这里有机械设计与制造问题，也有国内能否供应适当性能的钢材问题。我国的机械工业是否已早作研究，有所准备？二是万吨级船队（即由四条 3000 吨级驳船组成的船队）的垂直升船机的成套制造技术与承包供应问题。因为如果拆开船队，每次提升一条 3000 吨级驳船，将不能保证年运量达到 5000 万吨。三是水位差高于 160 米的五级过船闸启闭设备的成套制造技术与承包供应问题。现在葛洲坝的过船闸是低水位差的，每过闸一次费时费事。对于超大型、超高水位差的连续五次垂直提升万吨级船队的升船机与过船闸启闭设备，国内技术水平能否承担，未见论证可靠的解决方案。

7. 工程动工时间表问题。应多从国情考虑。

一种说法是列入十年规划的后期，一种说法是争取提前动工，越早上越好。现在国内经济的治理整顿已见到一定成效，这是好的，但大中型企业还未全面搞好，财政情况也还未根本宽裕。照我们现阶段干部队伍的素质看，正需要方方面面集中全力再用五年至十年时间把全国的产业结构调整得合理些，把现有企业的技术改造全面搞好。因此对铺新摊子的超大型工程还不宜注入很大国力。更何况社会上关系全局的问题还很多，中央坚持持续、稳定、协调发展的正确政策所造成的势头，正可以引导所有企业大大提高品种、质量、效益；正可以引导东、中、西部大大加强横向经济联合，造成优势互补；正可以力求国力能充沛到保证实现全国人民生活达到小康水平的宏伟战略目标。因此三峡工程提前上马，于国情也未必合适。

8. 农田水利的重点与一般面上的问题。

1991 年底，党的十三届八中全会《关于进一步加强农业和农村工作的决定》中强调"加强大江大河大湖综合治理，广泛开展农田水利基本建设"，正是要为社会经济发展的基础产业——农业打下扎实基础。为此，除了"要兴修一批防洪、发电、蓄水、引水的大型水利骨干工程"之外，还要加强堤防和防洪排涝工程建设，搞好重点水土流失区的综合治理，抓紧病、险水库的加固处理，提高大中城市防洪标准，增强工矿企业和交通干线的防洪自保能力，逐步缓解北方严重缺水问题。"要把治理下游同治理上游，水利建设同林草业发展有机结合起来，切实保护和扩大植被，防止水土流失。""加强现有水利设施管理，切实解决水利工程年久失修、效益衰减的问题。在山区和丘陵区要加强水土保持，搞好小流域治理。"如果在"八五"计划以外集资提前上三峡工程，很可能发生经常出现的那种"保重点、压一般"的问题，使多年盼来的加强农田水利的全面政策大部分落空。其次是上面说过的计划外集资的三峡工程，很难设想所需钢材、水泥、木材等物资不从计划内挖出去。这些问题不容掉以轻心，都宜格外慎重。

80年代初期，"洋跃进"中对宝山钢铁公司的决策是那样武断，结果冶金系统多年失去了老企业改造的回旋余地，别的领域也受到不小牵累，国外设备到货多了才再上马，可资殷鉴。

9. 可行性研究论证只是人民内部矛盾。

每一项大型工程在筛选最佳可行方案时，为了论证每一个方案的优缺点而展开相互批评，都是为了取长补短，都是为了求辩证的统一，都是为了求得人民内部矛盾的正确处理。所以也有人说，对三峡工程，与其说是赞成与反对之争，不如说是方案之争，早上晚上之争。在搞好社会主义建设事业的目标方面，立场都是一致的。这体现了社会主义决策的民主化。立项之后，在实践中难免还会冒出新问题，那就还应继续搜罗所有问题，研究采取可能的有效措施，这才能保证决策进一步科学化。

10. 工程的可行性方案必须认真筛选。

现在也有些议论说什么三峡工程"利大于弊"、"得大于失"、"晚上不如早上"、"上不上已经是政治性问题"等，都不利于实事求是地往深层次探讨问题，都不是工程方案论证中又定性又定量的语言，都不是多方面寻求最佳方案，对可能遗留问题采取有效措施保证"万无一失"的方法。"要多谋善断，不能少谋武断"。尽管不易做到，也该冷静清醒地努力去做。"行百里者半九十"。在中央正确领导下，希望听取更广泛的不同意见，筛选出三峡工程最佳的可行方案来。

（原载《科技导报》1992 年第 3 期）

精密的调查研究,是做好基本建设
决策的关键[*]

——介绍镇江苇浆厂编制基本建设计划
任务书的经过

　　1950年我们根据华东区造纸工业缺乏原料——纸浆的基本
情况,感到有必要新建一个纸浆厂。当时,在估计纸浆原料的来
源时,曾参考了旧有的资料,知道在日寇占领长江一带时,曾对
长江下游芦苇产区作过调查,并曾企图在长江下游普遍设立苇浆
厂。解放后,沿江沿河兴修水利,农民翻耕苇草,扩大可耕面积
后,芦苇产区必然缩小。所以我们认为必须作实地复查,对旧有
的资料不可轻信。但有些同志还是犹豫不决,有的以为办一个大
型厂没有问题,意见不一。同年9月,苏联专家来华东时,曾亲
去镇江一带实地调查,明确地告诉我们:对旧有资料的正确性应
该表示怀疑,如果不做实地复查,就不能轻易作结论。这样,才
统一了我们的认识。经过了一系列的调查研究,掌握了原料的真
实情况,确定了可以办一个中型苇浆厂。如果当时我们轻信旧有
资料,不作实地复查,盲目建立了一个大型苇浆厂,就一定会造
成基本建设中的严重错误。这证明:调查研究工作是做好基本建
设决策的关键。

_____

　　* 原载 1952 年 12 月 13 日上海《解放日报》第 2 版

（一）一定要做好调查研究工作

毛主席指示我们：没有调查研究就没有发言权。要搞基本建设而不做好调查研究，那么设计就没有可靠的依据，一切的工作就会落空。要做好有关基本建设的调查工作，首先要求做好细致精密的准备工作，我们的准备工作是分 4 个步骤进行的。（1）1951 年 7 月组织了一部分技术干部与行政干部，成立了造纸工业设计室，接着就布置学习和讨论中财委与华东财委颁布的基本建设文件与各项规定，领会文件与各项规定的要求与精神，端正对于基本建设的态度，提高对于基本建设的信心。（2）拟订"调查工作注意事项"及调查表格。表格内容包括纤维原料调查、化学原料调查、水源调查、建筑材料调查、运输情况调查、当地生活资料调查等。（3）组织调查工作组，使做调查工作的人充分了解调查的意义、目的、方法和要求，并认识调查工作的艰苦性与调查工作者应有的严肃态度，坚决反对单凭一纸公文，通令各地区做某种调查的形式主义作风。对于调查的对象与范围，出发前必须有明确的选择，如纤维原料与化学原料种类多、分布广，必须先与各产地地方政府先取得联络，有一个初步了解后，选择好调查对象，再布置调查，否则将造成调查工作的浪费。厂地选择的调查，更需要地方协助。（4）编拟调查计划，包括调查日程、地点、分组办法、经费预算等。

我们的调查组织分为二个专门小组，一个是专门以调查厂地为目标的，必须包括各种专业技术性的组织成分；一个是专门以调查原料、化学品、运输、经济生活为目标的，需要人数较多，面亦较广。必要时此组再分小组分别进行调查。调查工作组在充分做好准备工作之后，便先出发进行了镇江厂地、苏北厂地和南京厂地的调查，然后分散作长江下游沿岸及沙洲芦苇调查，宝应湖、射阳湖芦苇调查及山东某地菱镁矿等调查。调查的方法：一是到达目的地后，首先与地方政府取得联络，密切配合，以求充分集中基层政权组织和人民团体已有的资料，以便进行分析研究；二是调查工作组选择重点做典型调查，取得初步经验，再分组出发向较大范围搜索复查；三是定期集中调查工作人员，交流经验后，研究核对怀疑点。

重点调查芦苇产量。1951 年与 1950 年的资料比较，在土改及水利兴修影响下，已有了显著的变化，产量减少了很多。1952年再复查，情况才比较清楚。回想起来，如果我们在 1950 年即草率设计，盲目建厂，而且建一个大型浆厂，今天可能早已开工，也就是说在盲目积极性的驱使之下，可能已经出了错误，不得不从远距离购运体积庞大的芦苇到厂，形成国家财富的浪费。

厂址的调查与技术勘查也是重要的。如镇江某地在等高线 8～9 米的不淹高地有若干亩，并有扩展余地。地质坚实，建厂可以不必打桩。当地为长江下游芦苇收集中心，从苏北补给，也很方便，进水排水条件也有利，沿江原有石堤可作建筑码头的基础。在扬州某地附近，沿河形成自然堤，假定的厂址均高出最高洪水位，地势平整宽广；但地质为冲击层，上层为沙土，2 米以下为砂礓土，根据当地榨油厂得到的教训，建厂前必须先做压土、打桩、钻土试验。如在此建厂必须改用湖苇荡苇为主要原料，河水的洪涸水位相差很大，进水需特殊装备，排水时会受潮水倒逆的影响。因此，经多方面的比较，在几个假定厂址中选择了镇江某地，苏联专家也表示同意。

调查工作组带回了资料及样品，做进一步的分析研究。如各种芦苇原料，必须交工厂试验室采取不同的化学方法试验，并请中国科学院南京分院研究芦苇的品种改良及寄生草的消除问题。因为现有技术条件的限制，还有部分问题尚未得出成熟的结论，我们直到现在还在继续进行研究中。

（二）生产方法的研究与选择

我们研究的纸浆生产方法有三种：第一种是氯化法：化学原料为盐，单位收获量最高，成本低，但设厂技术条件，在国内还没有成熟的经验；第二种是亚硫酸法：化学原料为硫磺与苦土，单位收获量次高，成本较低，设厂时部分设备须向国外订购；第三种是硫酸盐法：化学原料为芒硝与石灰，单位收获量较低，成本较高，设厂技术条件国内可以解决。从各方面考虑，反复研究比较其技术上的可能性与经济上的合理性，结合当前供产销关系，寻求适合的方法。苏联专家又教给我们半料浆法，使我们在工作中增加了信心，并鼓励我们每一个步骤要踏踏实实，结合实际。因此我们抛开了本来想追求的氯化法，转而在计划任务书中同时并列了亚硫酸与硫酸盐法两种方案，并在各种条件上予以比较。这样做，我们可以在进行初步设计之前，根据工厂试验结果，帮助上级审查机关较易于做出选择生产方法的结论。

（三）学习编写计划任务书

计划任务书的内容，是根据调查研究的结果，定出初步设计的努力方向，粗线条地画出工作的轮廓。我们首先领会中财委及华东财委规定中对计划任务书的要求，然后整理、分析与综合大批调查研究所得的初级资料，分门别类，做出必要的计算。再编审计划任务书初稿，组织讨论，加以修正，要求概括、具体、简明、突出中心思想。我们最后完稿的计划任务书是分为五节写成的。第一第二两节概括性地叙述华东造纸工厂的概况，提出基本建设的理由与根据；第三节描述基本建设内容大要，包括两种生产方法的比较，两种主要生产设备及建筑物在基本建设完成后可使用的年数，基本建设地点的比较与选择，基本建设资金需要数额及其来源，预计基本建设的进度；第四节分析了两种方法的投资效果；第五节估计基本建设时期及生产时期所具备的工作条件。

（四）几点体会

我们在编制镇江苇浆厂基本建设计划任务书的过程中，有下面四点体会：（1）提出基本建设计划任务书必须有根据，必须从某一工业的供产销全面关系出发来考虑问题，明确提出经济上的合理性。（2）必须重视调查研究工作。绝不能轻易信任形式上很完整的旧有资料，如果盲目积极，草率建厂，必然造成巨大损失。基本建设必须与发展中的社会经济的各方面结合研究，孤立地看问题是十分危险的。办法就是一个：一定要做好调查研究，调查研究是计划的根据。要做好调查研究，必须组织较大力量，与各地方广泛建立联系；而且从事于调查工作的人，必须充分了解调查研究工作的艰苦性及其重要性。（3）应该反复研究生产方法，寻求技术上的可能性。要从现有技术基础出发，批判脱离实际的空想，吸收先进经验，学习先进生产方法。（4）掌握详尽的调查研究资料及切实可行的生产技术，是写好计划任务书的根据与基础，从比较全面的轮廓计划进行初步设计，可以心中有数，易于着手。因此，对于计划任务书的要求，应该是根据踏实，计算详尽，能简要说明关键性的问题，明确生产的可能性和指出设计的方向。

加强南中国经济区域之间的协作，支援广东省追赶亚洲"四小龙"

邓小平同志南巡讲话和中央政治局的决议，激励广东省20年时间赶上亚洲"四小龙"。这个任务不轻。国外有的报刊只根据广东省与亚洲"四小龙"的人口统计数字测算人均年产值与人均年收入的单项经济指标判定"完成这个任务有漫长的道路要走"，因而导致令人泄气的观点。然而，根据综合国力的经济指标，预计广东省发挥良好的主客观条件，特别是依靠同西南经济区域之间的优势互补，再有20年时间，全省经济继续起飞赶上"四小龙"并带动广西、云南等省区一同向前大步迈进，是完全可能的，谁也难以阻挡的。

广东省经济要继续起飞20年，要求珠江三角洲当好"龙头"，踏踏实实先迈开一大步，这是办得到的，也是应该办的。

珠江三角洲，从80年代实行改革开放政策而设置经济特区以来，深圳、珠海发展速度之快，已经有目共睹；广州近10年来人均国内生产总值每年增长已达11%，新兴的工业区也将在惠州等地兴起。今后，可利用珠江三角洲接近香港、澳门利于开展国际交往的条件，扩大其工农商业等经济活动的空间，带动广东北部和东西两翼的山区腹地较快脱贫致富，促进全省的经济登上一个新台阶。更要紧的是，广东省可以取得来自广西、云南等地的"西电东送"和矿产资源、生物资源、旅游资源的协同开发以及交通运输的网络化，扩大广东的腹地向西南经济区的大部分省区延伸，从而不断缓解当前广东经济结构中电源、资源、交通运输三大"卡脖子式"的"瓶颈"问题。这是十分现实而又意义深远的。

一 电源与"西电东送"的形势

就电源言，广东省迫切需要"西电东送"。

广东省1990年水火电装机总容量仅828万千瓦，发电量为340亿千瓦时。香港地区人口相当于广东省的1/10，而1989年装机总容量即有746万千瓦、发电量为274亿千瓦时。为了电，几年前广东就兴建了大亚湾核电站。大亚湾核电站依据我国多年成熟的工程技术经验一丝不苟地设计与施工，计划一期安装两台90万千瓦的发电机组，1993年竣工发电，以后再扩建二期。其次，广东还在建设抽水蓄能电站，一期为120万千瓦，以后再建二期。但按照经济起飞追赶"四小龙"的要求，电力工业理该先行，今后20年电力装机总容量有的按"四小龙"中的中等标准计算约需9000万千瓦，按综合国力经济指标估算也需6000万千瓦左右。继续发展核电站、继续发展抽水蓄能电站，客观条件都受很大限制，而邻近西南经济区域的水电优势既丰富又现实，筹划与建设了好几年的"西电东送"，可望按计划逐步取得经济效益。"西电东送"，对广东省在20年内经济继续起飞，其形势是十分良好的。试看：

1. 西江上游的红水河及其上源的南盘江经过河流规划，可按11级开发，装机总容量达1360万千瓦、年发电量626亿千瓦

时，筑坝建库的淹没损失少、开发条件好，最下游一级电站距离
广东省仅 200 公里，最上游一级电站也仅 1000 公里，是外省区
往广东送电最近便的距离。这 11 级水电站的规划是从黔桂交界
处的天生桥开始的，计：天生桥一级（120 万千瓦）、天生桥二
级（132 万千瓦）、平班（36 万千瓦）、龙滩（420 万千瓦）、岩
滩（一期 121 万千瓦、二期 45 万千瓦）、大化（一期 40 万千
瓦、二期 20 万千瓦）、百龙滩（19 万千瓦）、恶滩（已建 6 万千
瓦，几年前已建成航运梯级，应改建）、桥巩（50 万千瓦）、大
滕峡（120 万千瓦），长洲（62 万千瓦）。其建设的实际情况是：
天生桥二级（开工最早，将于 1992 年投产），天生桥一级（已
开工，"九五"期间可投产），龙滩（正进行准备，1993 年开
工，2000 年前后可投产），岩滩与大化（一期都已建成），百龙
滩（已在可行性研究阶段），恶滩（其改建问题在研究），平班
与桥巩（未动），大滕峡与长洲（都已作可行性研究）。只待安
排好投资建设，全部 11 级电站都可望在 2010 年前建成发电。[①]
那时，从天生桥架设 1000 公里 500 千伏超高压输电线也可以向
广东输电。

现在红水河的梯级开发，已由能源部、中国能源投资公司与
广西、贵州、广东就具体工程项目协议采用合资建设和分电分利
的办法。

在红水河的梯级开发中，第 1 级的天生桥一级电站和第 4 级
的龙滩电站，水库都大，对洪枯期的流量能很好调节，使各级电
站在枯水期提高出力，还对西江下游的防洪、航运、灌溉、供水
和防止海水入侵等具有巨大综合效益，这对广东的经济发展更为

---

① 据陆钦侃、梁益华同志的资料。

有利。①

2. 云南澜沧江，又是一条水能资源丰富、淹没损失极小、开发条件优越而便于"西电东送"到广东的"水电富矿"。根据河流规划，可按 14 级开发，装机总容量可达 2200 万千瓦，年发电量 1100 亿千瓦时。现在从其中下游 8 级中的 4 级干起，形势已很壮观（其余 4 级则留作后备）。

云南省 1986 年已在能源部和国家能源投资公司支持之下建设其中下游第 9 级的漫湾水电站（150 万千瓦，距昆明 270 公里，1993 年投产）。1991 年 9 月，能源部、国家能源投资公司与广东、云南协议签订了《关于合资开发澜沧江中下游梯级电站的原则协议》，争取 1993 年开工建设其中第 10 级大朝山电站（126 万千瓦，可于 2000 年建成）；争取"九五"初期再开工建设其中第 8 级具有大水库的小湾电站（420 万千瓦，计划 2004 年开始发电，2007 年建成）。广东按投资比重分电 60%，从小湾架设 1550 公里 600 千伏超高压直流输电线至广州，输电 250 万千瓦。

设想 2003 年开工建设西双版纳州景洪电站（135 万千瓦，可能 2008 年开始发电，2010 年建成）。

故 2010 年前，澜沧江将建成漫湾、大朝山、小湾、糯扎渡（500 万千瓦）、景洪 5 座电站，共 1331 万千瓦，后 4 座以送电 60% 给广东计，即可有 709 万千瓦。

根据 1991 年安排，红水河与澜沧江从 1993 年起至 2010 年前可送广东水电至少为 1400 万千瓦。据小湾电站经 1550 公里超高压输电线至广州的财务分析，电站单位千瓦投资为 2015 元，输变电投资每千瓦为 858 元。此数远较广东建设火电站单位千瓦

---

① 据陆钦侃、梁益华同志的资料。

投资 3000 至 4000 元或核电站单位千瓦投资 8000 元以上低很多。[①]

为了支援广东追赶亚洲"四小龙",采取措施加快红水河和澜沧江中下游的梯级开发和"西电东送"的建设进度,如澜沧江中下游另 4 级后备电站也加以开发,力争广东 2010 年多投资多分电达 2000 万千瓦是现实可行的。

3. 四川江河干支流多,其中金沙江、雅砻江、大渡河在四川境内的干流都是特大的"水电富矿"。金沙江干流可 17 级开发,装机总容量可达 5600 万千瓦;雅砻江干流可 21 级开发,装机总容量可达 2200 万千瓦;大渡河干流可 20 级开发,装机总容量可达 1900 万千瓦。[②] 以上"三江"开发的水电,如以雅砻江、大渡河所发留备缺电的四川自用,以金沙江所发的水电东向分送华中与华东,南向经天生桥分送到广东,也是可以设想的。在金沙江上已准备先建溪落渡(1000 万千瓦)与向家坝(500 万千瓦)两级电站,以此作为支援广东的一个电源,只需架设 500 公里左右的超高压电线至天生桥即可并网。以上设想,也需要加快落实规划与政策措施。

二 大西南以丰富资源支援广东的形势

就大西南能支援广东的矿产资源、生物资源与旅游资源而言,其品种、质量之好,数量之丰富,都很可观的。在支援广东的建设过程中,必然同时加快发展广西、云南等省区的地方经济。

---

① 据陆钦侃同志提供的资料。
② 见《开发大西南》丛书"四川云南卷",第 164 页。

1. 云南昆阳磷矿资源预测达 200 亿吨，走磷电结合的路子，可用热法生产经过二次三次加工的一系列磷化工系列产品。[①] 贵州磷矿全省储量为 26.2 亿吨，集中在开阳—瓮福一带，可选性好。[②] 红水河、澜沧江、乌江[③]的梯度开发所得低廉水电，使云南、贵州便于就近生产大量高效磷肥，将来与青海刚察和盐湖所产的钾肥和云南个旧利用霞石副产的钾肥[④]相结合，即可用以转变全国多年来单一依靠氮肥为主的化学肥料结构，使分布各省区而多数技术经济指标不甚好的小合成氨厂转产氮磷钾配比恰当的"颗粒肥料"（如根据当地土壤分析，加上一些微量元素等恰当的营养成分则更好），"按土施肥"，就可大大增强农家传统有机肥料的效用，帮助各省区都能"科学种田"、使粮棉油等作物好好登上一个新台阶。这个社会经济效益的意义是十分大的。

2. 广西正在建设大型高品位的平果铝矿，折合金属储量 1.98 亿吨，伴生镓、钛、稀土等多种组分;[⑤] 昆明与贵阳都有大中型生产技术基础先进的铝冶炼加工厂。得天独厚的低廉水电，在广西、云南、贵州发展高电耗号称"电老虎"的铝工业、轧制多种异型铝合金材料，供应国内外市场需要，以此代替部分民用钢材，条件极为理想。

3. 大西南可以成为多种有色金属工业基地。锡矿、云南锡业公司积几十年的经验，从品位只 0.165%，资源已趋衰老的松树脚等三个老矿中，靠综合利用尾砂中的铁粉仍可获得经济效

① 见《开发大西南》丛书"四川云南卷"，第 342～343、443 页。
② 见《开发大西南》丛书"贵州广西西藏卷"，第 161～162 页。
③ 乌江可 9 级开发，见《开发大西南》丛书"贵州广西西藏卷"，第 138 页。
④ 见《开发大西南》丛书"四川云南卷"，第 374 页。
⑤ 见《开发大西南》丛书"综合卷"，第 238 页。

益;① 而新发现了几十个中小型矿点，包括较大的都龙锡锌矿（储量 11 万吨）等，还大有可为。广西南丹锡矿折合金属储量为 61 万吨，伴生铅、锌、锑等多种组分。② 现广西大厂锡业公司冶炼能力为年产量 4500 吨，拟向设计规模 12000 吨扩建。铅锌矿，云南兰坪探明储量折合金属达 1403 万吨，品位既高，又便于露天开采，可建成世界第三大铅锌矿。③ 云南东川一带是储量可观，富有潜力的铜矿带，现已有因民、落雪、汤丹三矿，生产能力由铜精矿 1.7 万吨扩建为 3 万吨。贵州含汞的朱砂矿小而多，宜与湖南西部铜仁辰溪一带统筹开发。

4. 四川、云南、贵州交界处的攀枝花，是我国有名的三大铁矿之一，储量近 100 亿吨，其中 93% 为钒钛磁铁矿，即伴生有钒与钛。现我国在炼铁过程中分离钒钛的生产技术已在大型高炉上过关多年，经验成熟。攀枝花钢铁公司年生产能力已达 200 万吨钢，7.5 万吨钒渣，5 万吨钛精矿。将来金沙江上的二滩电站（330 万千瓦，已于 1988 年动工，预定 1998 年投产），也可就近提供发展电炉冶炼优质钢的条件。

贵州盛产锰矿，也可扩大锰铁合金的生产。

5. 云南可成为以烟、茶、糖为主的食品工业基地，也可成为以橡胶、香料为主和南药、胡椒、瓜果蔬菜等经济价值高、经济效益好、市场容量大的经济作物基地。④ 广西发展麻料种植和麻纺织工业已有基础，发展甘蔗种植和以糖为主的食品工业也已有基础，特产中沙田柚等也大可发展。现在广西已成为盛产麻与糖的大省，以后与瓜果蔬菜等都还可望扩大生产规模，以此促进

---

① 见《开发大西南》丛书"综合卷"，第 504 页。
② 见《开发大西南》丛书"综合卷"，第 238 页。
③ 同上。
④ 见《开发大西南》丛书"四川云南卷"，第 368 ~ 371 页。

从梧州到肇庆的"西江走廊"工业带的兴起，更符合天时地利。这些生物资源，可再生，也都可扩大，以此带动轻工业与食品工业的发展，实际上也就是扩大了广东农业生产与农产品加工的活动空间，对南中国的经济繁荣既具特色也更有利。

6. 南昆铁路在"九五"期间建成通车后，广东可利用现已深入四川、云南、贵州、广西的西南铁路网，随着西南铁路干支线（如广通至大理，成都至达县）的兴建与技术改造，扩大货运量，以大西南各省区为腹地，使四川、云南、贵州、广西各具特色的电子工业、重型机械工业、机动车辆工业、飞机及仪表工业、其他随 60 年代中期开始的大三线建设而发展起来的高新技术工业，① 都可同广东突飞猛进中的石油化工、汽车工业等紧密协作，走向国际市场。

7. 旅游资源，大西南的高山大河峡谷悬崖，所构成的奇景胜迹为环球少有，都可为来自广东的国内外旅客一饱眼福、舒畅胸怀，发展旅游事业。广西桂林的山水，久享盛名，阳朔的漓江风光，更甲于桂林；云南西双版纳的自然保护区，充满了迷人景色，昆明的石林确是地质奇观，大理的苍山洱海与南诏古都更是少见的高原名胜；贵州的黄果树奇瀑与多层地下溶洞，娄山关"九十九道拐"的花秋坪；四川的"峨嵋天下秀"、"青城天下幽"、"深淘滩，低作堰"的两千年前治水奇迹的都江堰，乐山坐镇岷江与大渡河汇合处，倚山开凿成的世界现存第一大石佛与大足南北两山由唐至宋历经几百年才傍山雕刻成的特多石佛窟，九寨沟与大宁河层峦叠翠、幽胜奇绝的景色等等都可与广东韶关、羊城、罗浮等地的名刹古迹分别组成游客百游不厌的巡回旅游、度假养身之地。最新发现的贵州北盘江大峡谷远古崖画与四

---

① 见《开发大西南》丛书"地区产业卷"，第 505～530 页。

川凉山雷马屏峨地区的奴隶社会后期的遗迹等等还待——开发。
一俟红水河、澜沧江、乌江、金沙江、雅砻江、大渡河等大江大
河梯级开发好，每一级水库都将成为轻波荡漾、满山花树的人工
湖，以迎迓宾客。特别是云南、贵州、四川、广西都是我国西南
几十个少数民族聚居之处，比广东更为深邃，游山玩水的同时也
可以鉴赏社会主义国家中相互尊重提携、和睦相处的民族关系以
及引人入胜的少数民族风情，如壮族对歌、苗家跳月、傣族歌舞
等等，都用自己的语言传统表达自己欢娱的生活。现在西南各省
区市县和广东一样，都有了设备良好的中小型宾馆，支线航空也
开始发展，只要提高经营管理服务的水平，这一种"无烟工业"
的旅游事业正是大大可以发展的。

三　在搞好环境保护工作中起飞

从 1993 年到 2000 年至 2010 年，"西电东送"将逐步实现；
广西、云南、四川、贵州分电留利，发展地方工农商旅游业也将
逐步实现。那时，西南地区将出现水火电协调发展，充足的电
力，有可能减少工业与民间直接烧煤现象、减轻烟尘与二氧化碳
的污染；以造林绿化，保持江河上游的水土，促进环境保护工
作，又能实现现代化的经济繁荣的"南中国"。

大西南支援广东追赶亚洲"四小龙"，同时大西南也就得到
了广东支援以发展地方经济。一个经济繁荣的"南中国"必将
一新国际视听。这无从简单计量，而是广泛涉及政治文化各方面
的社会经济效益。

像这样在"南中国"的广东、广西以及云南、四川、贵州，
实行在社会主义祖国内经济区域之间的横向紧密协作，可以成为
我国其他经济区域间的一个典范，其威力远不是一般发展中的国

家所能比拟的；即使是资本主义发达国家在短短 20 年之中也不是就能轻易办到的。

"能快就快"，我们要的是工农业产品产量与质量增长的高速度，更要的是经济效益、资金积累的高速度，还要的是良性经济循环、周转灵活、持续稳定发展的高速度。为了更大胆地向前挺进，我们必须更加实事求是地工作。现在常说："思想要解放，速度要加快，工作要踏实"，就是这个意思。为此，在向下放权的过程中，更要强调加强经济区域规划工作，有计划发展区域经济，精心整顿好当前的简单再生产，精心从事每一个行业和每一个项目的内涵型与外延型的扩大再生产。严谨防止多年来一再发生过的头脑一热就以空话代替实干所带来的后果。这一个跨世纪的 20 年，将带给广东、广西、云南、四川、贵州以无限美好的发展远景。在计划方法上，也将用事实来证明用综合国力的经济指标来测算一个人口多达 11 亿以上的发展中的社会主义大国的社会经济发展，比用单向的"人均"经济指标更切合实际、现实可行。在计划经济与市场调节相结合的道路上，在实行社会主义的商品经济的道路上，"南中国"的现代化，更不失为可以实现、可以效法的范例。

（原载《开发大西南》丛书"联合开放开发卷"，
第 164 ~ 172 页，1993 年 4 月）

从实际出发研究问题
——我的经济观

作为经济工作者，我主张从社会经济的实际出发，提出问题，科学地加以研究，不是简单地按照"理论联系实际的原则进行一些议论就算了，而是应该把所得论点放到实际中去，检验其是否可行与是非得失，考察其是否能有助于社会经济顺畅运行，是否有益于我国的社会主义建设。因为社会经济内容纷繁复杂，必须严肃对待，来不得半点轻忽以致带来人为的折腾，所以观察社会经济总是严谨些好，经过实践考验，再考虑改正与发展。

（一）我的经济观之形成同我的科技经历分不开。

三四十年代，在大学里，在研究生院里，我选读的一直是化学工程系。化学工程这门学科的主旨在于对若干化学工艺流程认真研究，选用最恰当的材质与构造的机械设备对不同体相（如气体、液体、固体）的物料进行输送、分离、反应等"单元操作"。在大生产的规模时就发生一定的工程问题。单元操作是否合适，要看实现工艺流程的生产线能否以安全、经济、合理地顺序运行。以后，在冶金、炼油、化工、医药、生物化学等工厂里实习，在现代化的仪器仪表控制着的实验室里工作，我也都没有离开过化学工程这门专业。作为一个化学工程师，科学修养是严谨。现在在某些现代化的化工厂能看到张贴这样的标语说："严是爱，宽是害，出了事故害后代"，这是合乎科学规律的。

五六十年代，我先后在上海、华东和中央一级的工业管理、设计管理、技术管理、计划管理等有关部门工作，业务的范围是轻工业、纺织工业、医药工业、化学工业、钢铁工业、有色金属工业、森林工业、建筑材料工业、地质矿产勘探事业等。我不可能对每个专业都精通，但它们的共性问题是经济，形形色色的实际问题往往不是我过去在学校课堂里能接触到的，业务接触面之广、影响面之大，给我造成较大的压力。在工作之余，我只有多学习有关经济文章，多向现实社会调查研究，来丰富自己的知识和提高自己分析问题和解决问题的能力。

史无前例的"文化大革命"使我长时间同现实社会、同自己所熟悉的工程技术书籍完全隔离，使我很难重新去钻研工程技术，却也把多年存留在脑子里的一点"片面技术观点"和"单纯业务观点"清理光了。我利用一切可能的时间有系统地反复学习马克思主义的经典著作。这样，我对马克思主义的哲学、政治经济学、科学社会主义基础知识有了点比较系统的了解。这也是我 30 年代参加革命工作以来遇不到的机会。这是我在接受反面教育时期能接受到正面教育的最大收获。

1978 年春，我重新走上工作岗位，得到了几位老学者的鼓励，干脆大胆地选择了工业经济研究，我想，不懂可以学，而且可以边干边学。以后随着岗位的变换，我的工作逐步从建设经济研究、城乡经济研究而转到了投资经济研究，总之，我与部门经济的研究，同现实经济的研究再也分不开了。然而对于孙冶方批评经济界的那种"从概念到概念、从实际到实际"的研究方法和写作方法我倒也是格格不入的。可能还是受早年学工程技术的影响吧，我观察社会经济问题总喜欢寻根究底，总是把不同方案或论点进行些分析比较，总在可行性方案或论点中再思考，以至最终形成自己的经济观。而不是自命为"理论联系实际"了，便随意搬弄些国内外流行的学说议论些什么。

80 年代初期，我得到科技界、经济界两位老同志的支持，参与了创建社会经济系统工程这门学科。虽然明知自己的学术成就实在有限，但总觉得从社会经济的实际出发，提出问题，跨学科多角度地探索接近理想目标的方法，寻求优化的可行方案，系统科学地运用，能够帮助我们易于找对门路，为此，我在中央党校作了《中国现代化的整体论》的报告。

当然，要这样系统地进行工作，少不了收集大量数据，少不了花时间去调查、核实、比较、钻研、精炼，才能摆脱开那种主观的臆测、轻率的判断、任性的结论，才能少走许多弯路。当然，复杂的社会经济不能用简单化的模式去完全同构地运算与表达，否则就易于陷入机械论与还原论的泥坑。一个人的本领与精力是有限的，因此更该冷静、慎重、严谨地走好"群众路线"，就教于高明的人，汲取群众中蕴藏着的无穷智慧。

要这样做，基本功中最基础的是调查研究。有时事实就摆在我们面前，而我们却会充耳不闻、熟视无睹、反映不进大脑，思维也就停滞不前。古话说："世上无难事，只怕有心人。"只要是辩证唯物主义者，一而再，再而三地反复调查研究客观事物，锲而不舍，则金石为开，金石可镂！

（二）认真改进调查研究的方法。

要深入社会，做好调查研究，很不容易。而且也只能由粗到细、由浅入深、由近到远、逐步改进。我认为，即使不得其门而入，以致失败，也不要紧，碰了钉子再改，能成为"事后诸葛亮"也好。一个人受各种条件的限制，故自我实践的范围和内容实在有限，因此，要求得真知，就必须多作些调查研究，多向群众学习。"科学的预见性"，一是靠马克思主义的理论指导，二是靠丰富的实践经验与向群众学习。

1935年，我在白色恐怖中心的南京参加地下工作，一是参加了爱国学生运动，二是参加了王昆仑、孙晓村、曹孟君、狄超白等进步人士主持的南京读书会。那时，听说陈翰笙教授为会长的"中国农村经济研究会"，组织了一批又一批的年轻学者到江苏、河北、河南、山东、安徽、广东进行农村经济调查，从农村经济中反映出了中国半殖民地半封建社会的性质。那时，我还不太明白中国的社会性质决定中国革命的性质的重要性。我只是想，我也可以利用寒暑假到工厂做点社会调查。为此，我在南京卸甲甸范旭东集团的永利宁厂，无锡西门外荣宗敬集团的茂新面粉厂和申新纱厂做了些调查研究，所得出这样的模糊印象，只觉得他们的工程师光想靠技术发展工业，他们的管理人员光想靠办厂振兴经济，都存在一定的问题。至于资本家怎么想，我接触不到。到南京读书会中去一谈，才知道在帝国主义及其在华代理人的重重压迫之下，中国的私人资本是不可能自由成长的。到抗战期间在重庆多接触了一些江浙沪津的"迁川工厂"上层人物，从他们身上了解到中国民族资产阶级在国民党官僚统治下，成长壮大已很不容易，他们先天的软弱性也决定了民族资产阶级不可能起来领导对日的全民族抗战和对内的民主革命，解答了埋在我心中好几年的问题。但另一方面，民族资本家的爱国思想，使他们有可能成为中国共产党抗日民族统一战线的团结对象，尽管团结中有斗争，毕竟斗争是为了团结，朋友之间相互的态度不该是一味斗争，简单粗疏只能坏事而为统一战线工作带来损失。政治与经济的关系决定统一战线工作要认真对待，只有认识到了这一点才能理解在西南大后方南方局不遗余力开展民主运动的意义，才能理解一些教条主义者之所以被取消发言权，归根到底还是由于不明白中国社会性质的原因，而这一系列认识的提高都是在不断的调查研究，分析探讨中取得的。

40年代中期，我在美国进步学者的帮助下了解了杜邦化学工业公司等的财团成长史，也看到了资本主义社会残酷无情的横向兼并和你死我活的竞争，同时也看到了美国两党竞选的基层活动和国会"院外活动"的猖狂无耻。这一套掩耳盗铃的"魔术"在报刊杂志和书本上是学不到的。这一套资产阶级的"民主"我觉得也不值得到中国去推广。恰巧有机会向陈翰笙教授谈起这些见闻，他说："你做得对，但最好多了解点帝国主义代理人的好战成性，多注意美国政府的反动远东政策，通过美国进步学者知道他们民间同政府斗争的情况。"于是我多向美国社会调查研究，看清了些帝国主义狰狞的面目，补上了一课。

40年代后期，留美中国科技人员中普遍关心人民当家作主后的新中国工业化的资金来源问题。我们有一个科技人员社团为此特别邀请陈翰笙教授来作学术报告。他说："工业化，什么叫工业化？印度办了那么多工厂，工业产品不能为广大印度人民消费享受，那不叫工业化。将来新中国的工业化要注意提高人民的生活水平，提高人民享受消费工业产品的能力。"他又说："新中国要走资本主义工业化的道路，在20世纪为时已晚，走不通了。那么只能走社会主义工业化的道路。社会主义工业建设资金的来源有几个原则问题：一不能像资本主义初期那样搞资本原始积累，如掠夺殖民地等等。二不能靠帝国主义的恩赐，如向帝国主义投靠以换取残羹剩饭式的赏赐。三不能靠出卖自己的领土和主权，否则便是以出卖民族的独立自主为代价。四可以在适当的国际环境中借少量的外债和吸收侨胞或友好人士的投资，而主要得靠自己发展工农业生产、搞好城乡间的流通和分配，加快资金的周转。在杜绝了帝国主义的、封建的、官僚的压迫与剥削之后，社会主义的资金积累会快而多的。"显然，陈翰笙教授对马克思主义政治经济学是有深厚造诣的。他这些话正是我们当年工作的指路明灯，解放以后我在不同的工作岗位上也多次利用这些话去分析、解决问题，觉得受益无穷。这也可以说是从学术交流中走群众路线，请教高明学者的一个范例。

（三）深化认识不同历史阶段的社会经济。

上海解放初期，我在上海从事轻工业工厂的军事接管和恢复工业生产的工作。当时上海的情况是：通货膨胀、物价不稳、工人失业、社会上人心不定，工厂女工上班时饥饿晕厥，社会上失业女工为穷困生活所迫，发生社会事故的事时有发生。人民的政权首要问题是必须采取措施来保证社会的安定。这时，身为干部，如果接受军管任务时缩手缩脚，组织恢复工业生产时又小手小脚，必然顾此失彼、因小失大。只有加速军管，配合金融、工商管理、劳动管理部门，制止通货膨胀、稳定物价、恢复生产，尽早安定工人生活，才能保证上海接管工作的顺利进行。然而私营工厂中停工倒闭、工人失业等事仍时有发生。面对摆在我们面前的新课题，我们几经摸索，做认真细致的调查研究，分析事情的来龙去脉，才在卷烟、造纸工业中率先实行原料联合采购、市场销售额协议分配等措施，尽可能"公私两利"。到中央财委下令"调整公私关系"时，上海已在总结经验，完善具体工作方法了。轻工业部党组书记龚饮冰等来检查工作时了解到"公私两利"是在上海的社会经济调查中摸索到的办法，给予了鼓励。

1953 年初期，我调到国家计委做工业设计的管理工作。那时 156 项重点工程还只有 141 项。根据协议，成套设计、成套机械设备都由苏联援助提供。当时，中央工交各部的技术力量很不均衡，强的已有了设计队伍和施工队伍，弱的还没有充分的思想准备与组织准备。几经调查，我们如实向上级反映，迅速督促薄弱的部门抽调技术骨干组织设计机构和项目建设单位。刚刚大体就绪，好几批成套设计文件已经运到北京，接下去便是由各部组织翻译和由国家建委组织审核设计文件了。

1954 年秋，国家计委王新三委员率领一列车苏联来的援华专家和中央工交部门的设计骨干到河南、陕西、甘肃一带的铁路沿线去开辟新工业区。我作为他的直接助手，得以观察到几个省区的城乡社会经济的风貌。我第一次了解到社会经济发展水平对工业生产力布局决策起着决定性的作用，第一次认识到除了自然地理的条件，在厂址选择中必须处处留意之外，各地方的农业发展水平、劳动力文化素质存在着很大的不平衡。在这种不平衡中，布置工业生产力，制定相关的政策措施，将有许多难以解决的问题。也第一次体会到国家级重点工程，只有得到各级地方政府的协同和支持，才能保证顺利进行。国家级的工业企业如何在地方经济中起带动作用，推动地方工业的发展，具体问题之复杂，绝非是靠想象能够解决的，也只有在不断地调查和摸索中去研究问题创造条件，才能找出解决问题的方法。当年中央靠集中计划布置重点工程，在中国的大地上奠定了新中国工业化的基础，也是适合当时的历史条件的。后来有些人看了些西方经济学者的著作，便高谈阔论，并按照"洋教条"来对中国的经济体制进行这样那样的修正，似乎社会主义计划经济多的是毛病，市场经济却是"看不见的手"，其实，这是不切实际的。我倒建议这些人多到落后地区去体验一下生活，研究一番在中国的实际环境下，在市场充分发育之前，工业企业如何能培养出自我运行、自我发展的机制来。在社会主义建设刚刚起步时，计划经济由中央集中管理毕竟是必要的。

1987 年 10 月 25 日，中央召开了党的十三大。十三大的突出贡献，是系统地阐述了我国社会主义所处的历史阶段还只是社会主义初级阶段，分析出我国的经济建设自 50 年代后期的"大跃进"开始所发生急于求成的失误，部分因为对社会经济性质认识不足造成的。从 1958 年到 1979 年，我国的社会主义建设总是或多或少地受到了"左"的干扰。十一届三中全会以后，党中央在总结历史经验教训的同时，便开始从我国社会主义社会所处的历史发展阶段的角度来分析以往产生几次失误的原因，认清了以往的失误部分是因为对我国社会主义初级阶段的理论认识不足造成的。叶剑英 1979 年 9 月就说过，我国还是发展中的社会主义国家，社会主义制度还不成熟、不完善，经济和文化还不发达，搞社会主义现代化有一个从初级到高级的过程，社会主义制度还处在幼年时期。1981 年 6 月，十一届六中全会在《关于建国以来党的若干历史问题的决议》中指出："我们的社会主义制度还是处于初级的阶段"，并且说社会主义制度，由不完善到比较完善，必然要经历一个长久的过程。以后党的十二大和十二届六中全会都重申了关于社会主义初级阶段的理论。十三大在以往探索的基础上，总结了 80 年代改革开放的最新经验，对社会主义初级阶段的认识又前进了一大步。正确认识我国社会现在还处在社会主义初级阶段，是建设有中国特色的社会主义的首要问题，是党制定和执行正确的路线和政策的根本依据。我认为正确认识社会主义初级阶段的理论和党在社会主义初级阶段的基本路线是非常重要的。从我 50 年代初期接触到设计管理和其后期接触到计划管理开始，在 1959 年上海会议时听到毛主席严厉批评计划工作"要多谋善断，不要少谋武断"，到会后计划指标落实过程中，陈云多次教导我们要说实话，帮助党中央正确决策。我那时还只是模模糊糊在技术观点和业务观点下去思考改进业务，其实，进行社会主义建设，必须清醒地认识中国国情，认识我国社会所处的历史阶段，这样才能找到建设有中国特色社会主义的正确道路。我国社会目前正处于社会主义发展阶段中的初级阶段，是不成熟、不完善的社会主义。从经济形式上看，自然经济和半自然经济还占相当比重，商品经济和国内市场还很不发达。只有认识到这一点，认清了我国的社会性质和所处的发展阶段，认清我国目前社会经济的概况，才能制定正确的政治路线、方针、政策，才能制定正确的经济发展战略。

看到了社会主义初级阶段理论已经得到阐明之后，我觉得无比舒畅，社会主义经济建设从此可以一个台阶一个台阶稳步前进了。唯意志论的空想带来情绪急躁，轻率实践的灾难实在够多了。我想，这些都是西方"短缺经济学"所不能概括和解决的。

（四）认真对待工业生产力布局，加紧横向经济联合，缩小东西部经济发展差距。

"七五"计划中指出："我国经济分布客观上存在着东、中、西部三大地带，并且在发展上呈现出逐步由东向西推进的客观趋势。""我国地区经济的发展，要正确处理东部沿海、中部、西部三个经济地带的关系"，要"发展它们相互间的横向经济联系，逐步建立……不同层次、规模不等、各有特色的经济区网络"。"七五"期间以至90年代，"要加速东部沿海地带的发展，同时把能源、原材料建设的重点放到中部，并积极做好进一步开发西部地带的准备。把东部沿海的发展同中、西部的开发很快地结合起来，做到互相支持、互相促进"。

当时有的中央领导人在视察东部时提出了发展"贸工农"式的外向型经济，还推广"两头在外，大进大出、国际大循环论"。在讨论中部的发展战略时，也出现了"东靠西移论"，说是可以接过东部传来的球，再向西部去打"短平快"。受此影响，理论界也出现了是绝对化了的"梯度推移论"。

这些理论，在付诸实施时，副作用不小。它忽视了在对外贸易中可能遇到来自国外的种种阻力，同时，也拉大了东、中、西三部早已存在的经济发展水平上的差距，使得国内经济发展产生了更大的不平衡，打乱了原来国有工业生产力的布局，使得它难以发挥出应有的作用。在某种程度上，对整个国民经济的发展起了消极作用。

东、中、西三部的经济发展水平诚然有差距，不宜平衡发展，但也不该坐视差距越拉越大。中国的"水电富矿"在西部的金沙江、雅砻江、大渡河、乌江、澜沧江、红水河和黄河干流上游；地质矿产中的磷、锡、铅、锌、钒、钛、铬的重要矿藏在西南，钾、镍、钼的重要矿藏在西北。这些在铁路干线形成网络后多半已具备条件重点开发，以后是铁路实现由电气化加大运量的问题，都该早解决。70年代，八省一市的大三线企业陆续建成，固定资产投资到80年代中期总数已在2000亿元左右，某些高新技术具有大三线的特色。攀枝花的钢铁联合企业，襄樊以二汽为主体的东风汽车集团，德阳的东方重型机械集团的经济活动对全国都有一定的影响。西部有的高新技术已向东部扩散。西部丰富的物产资源和工业技术也正是东部发展所必需的。因此，也正需要加强东、中、西三部的横向经济联合，来共谋产业结构的有效调整。

不但如此，历史上，就存在着东北辽吉黑三省与内蒙东四盟一向作为一个经济区来规划；黄河流域，长江流域，珠江流域一向横向经济协作关系紧密；云、贵、川、桂、藏五省区加上重庆、成都两市，80年代中期就作为大西南经济区一同规划开发。因此，简单地纵向划分东、中、西部三大地带并不能割断早已存在着的各大经济区间的联系，也不能取代各大经济区发挥的作用。

特别应该重点说明的是贵州的开阳—瓮福磷矿附近乌江渡等已建成和待建的水电站，云南的昆阳磷矿附近澜沧江的漫湾等已在建和待建的水电站，都有利于高耗能磷肥工业的发展。一旦乌江梯级开发好水电、同时渠化通航，贵州低廉的高效磷肥可以大量进入长江，支援长江流域各省的种植农业；一旦南昆铁路的干线支线建成，以大西南为腹地，以广西的北海与防城为出海港口，云南低廉的高效磷肥可以沿海运到东北、华北，再经铁路运到西北，支援那边的种植农业。这就可以完全改变全国农用化肥多年单一依靠氮肥为主的产品结构格局为氮磷齐上的局面。这该对全国农用工业生产力布局具有重大的战略意义。

青海刚察的钾肥厂也应积极扩大规模，为农用化肥产品结构中氮磷钾三大要素的配套服务。那时，各地几千个小化肥厂就可以根据各地土壤的合理需要而转产，配制氮磷钾比例各不相同的成品颗粒化肥，使全国的种植农业的产量上一个新的台阶。这对稳定发展我国农业，保证工业的快速发展具有重大意义。

（五）严肃对待 1984 年第四季度到 1989 年间出现的财政经济困难及其留下的余波。

从 1984 年下半年起，经济体制的改革由于受急功近利、急于求成的思想影响，国内萌发了经济过热现象，未能及时采取果断措施加以冷却。当时，有的领导人提出要"软着陆"、"慢煞车"，因此，对此现象未予足够的重视，也未采取有效措施，结果是经济过热愈演愈剧。1987 年虽然提出了收紧财政信贷的方针，但没有认真贯彻执行，以致问题成堆，通货膨胀加剧，经济秩序混乱，终于酿成了 1988 年秋季的挤兑和抢购风潮。究其原因，可以归纳为：（1）基本建设投资过大，居民收入非正常增长。1984 年至 1988 年，国民收入增长 70%，全社会固定资产增长 214%，城乡居民货币收入增长 200%。又由于粮食生产连年徘徊、人口增长过快，人均粮食产量下降，而工业生产增长过快，大大小小基本建设的摊子越铺越多，又出现了工农业比例失调。（2）工业内部基础工业、基础设施与加工工业比例失调。能源、交通、原材料的供应等基础设施难以招架过大的加工工业的需求，导致 1/4～1/3 的现有工厂处于长期停电停工的状态。（3）资金、物资等的分配权过度分散。国家财政收入占国民收入的比重已由 26.7% 下降到 22%，中央财政收入占整个财政收入的比重已由 56.1% 下降到 47.2%，以致影响了国家对国民经济宏观调控能力。（4）生产、建设、流通领域普遍出现高消耗、低效益；高投入、低产出；高消费、低效率的势头。使得许多生产企业存在着虚盈实亏的问题。（5）没有对全国性的通货膨胀严重的形势予以足够的重视，视其为经济体制改革中必然出现的情况。企图经过"阵痛"，快速"理顺价格"、"闯关"。特别是在 1988 年零售物价指数在连续几年上涨幅度较大的基础上，又上涨了 18.5%。终于触发了 1988 年下半年全国性的提存挤兑抢购风潮。十三届三中全会 9 月间才提出治理经济环境和整顿经济秩序的方针。治理经济环境，实际上主要是压缩社会总需求，抑制通货膨胀；整顿经济秩序，实际上主要是整顿流通领域中的混乱现象和各种以权谋私的腐败现象。由于当时措施不力，经济领域矛盾愈积愈多，腐败现象日益加重。从中我们可以看到社会主义经济必须严肃对待，必须本着实事求是的态度，科学地、理智地去研究、分析，探讨其内在发展规律，任何一点疏忽，都会影响到我国社会主义经济的顺畅发展，影响我国政治生活的长治久安。

现在，冷静地思考当前社会经济，可以看到 1984 年到 1989 年历时五年的危机性经济困难余下的问题依然有待彻底解决。大家知道财政是经济的最终表现，财政如果不充裕，正是反映经济需要继续治理整顿。周恩来以前说过，"社会主义社会如果出现经济危机，同资本主义危机有周期性本质上是完全不同的，只要执政党头脑清醒，充分注意'实事求是，综合平衡'，充其量花上三四年时间社会经济是恢复得过来的"。现在，我们重要的是本着实事求是的态度，认真总结前几年工作中的经验教训，注意调查研究，挖掘社会主义经济发展中深层次的问题，探索、尝试适合我国社会主义经济发展的新方法、新路子，而不能囿于以往的老经验、老方法。

（六）慎重总结社会主义大中型企业的社会主义企业管理的理论与实践，扶持现有企业通过技术改造扩大再生产，远比一味铺新摊子好。

国营大中型企业是我国社会主义制度的重要支柱，是发展国民经济的骨干力量，是国家财政的主要来源，是社会稳定的重要因素。因此，慎重总结社会主义大中型企业的社会主义企业管理的理论与实践，找出搞活大中型企业的新方法，对我国整个国民经济发展起着举足轻重的作用。全国现有国营大中型企业13400个，仅占独立核算企业总数的3.2%，但拥有固定资产的67.4%，工业总产值占54.9%，实现利税占61.1%。现在，国营大中型企业存在的问题是1万多个大中型企业中，亏损面竟高达35%，还有持平或微利的企业占30%，只有1/3的企业经济效益较好。因此，作为我国国民经济主干部分的大中型企业出现这样的情况，不能不引起我们的高度重视。以往，在企业的管理模式上，分别实行过"一长制"、"党委领导下的厂长负责制"，厂长负责制，经济承包责任制等。这些管理方法，在一定时期内发挥过一定的作用，但又各有其不足。目前，如何搞活大中型企业，如何找到适用、可行、符合社会主义原则和企业发展规律的管理方法，理论界正在进行热烈的讨论。从前几年的改革实践来看，经营权和所有权分离，完善企业内部经营承包责任制，调整产业结构，以大型企业为核心组建和发展企业集团，制定有关优惠政策、向大中型企业倾斜，增强企业发展后劲，都作了良好的尝试，有些试点已经取得了可喜的成果。但是，搞活大中型企业是一项艰巨的任务，我们必须慎重对待，认真地去分析、研究其有利因素和不利因素，既要考虑企业发展的外部环境，又要强调企业的内部管理。特别要注意提高企业领导班子的经营管理素质。

总之，深化企业的内部改革，挖掘现有潜力，比铺新摊子要好。

60 年代以来，年年为铺新摊子而争项目、争投资，鼓励经济发展高速度，还是想追求多积累多投资。以至社会上企业的面貌老的老、新的新，产业结构、产品结构很不合理。财权下放之后，集资方法多了，决策层次多了，投资的总量与结构却一再失控，宏观全局，要求填平补齐的短线工业部门，特别是能源、交通、基础原材料工业总赶不上全社会经济高速度发展的需要。计划导向如何运用产业政策具体体现，很该深入研究。

70 年代，从工交各部门的资料来看，提取企业固定资产折旧以进行技术改造之用的折旧率，已大大不能满足企业运用新技术以改造现有生产手段的需要。80 年代，现有企业固定资产的原值、净值都没有恰当升值，折旧率偏低多年，要能提取到足够的技术改造资金确成问题。如何对现有企业重新清产核资，再对固定资产的原值、净值实行升值；如何简化清产核资手续，既能恰当提取到所需技术改造基金，又不影响现有企业的发展后劲，应该加快研究。

"基本建设"这个概念，按照其最深层的含义来说，很可能以突出其"结构性建设"的意义为好。现在，"基本建设"一是专指其为外延型铺新摊子；二是更狭义地专指施工。这两者都不能表达它具有投资结构倾斜的意向正是为了调整产业结构的目的。概念摆对了，理论才能更切实际。"结构性建设"这一概念，既能包含扩大再生产的总量，包含产业结构调整以加强工业短线部门的意义，也能更利于建设领域的经济体制改革。这也是可以提供经济理论界考虑的。

目前，我们必须认真总结 40 年来，特别是改革开放以来社会主义企业经营与管理的理论与实践，广泛开展调查研究工作，倾心听取来自各个方面的不同意见，突破理论的框框，求教于现实。一方面创造搞活大中型企业的外部环境，另一方面又要强化企业的内部管理，在企业内部的经营思想、管理模式、产品结构和技术进步上很下功夫，努力找出最优化的、适合我国大中型企业发展的管理方法和经营方法。我国的社会经济相当复杂，企业类型也各不相同，因此，也需要不同形式的经营方法和管理方法来领导企业，而不能要求千篇一律。

（七）从 1991 年淮河流域和太湖流域洪涝灾害教训中冷静思考治理环境的政策。

根据淮河流域和太湖流域水利工程管理的技术资料，1991 年初夏的洪涝灾害造成的损失是严重的。两地的暴雨降水量虽然都小于 1954 年，但两地的受灾耕地面积和受灾损失均大于 1954 年。雨情属于大自然形成，人力至今还无法抗拒防御，但河床因淤积而抬高，湖面因围垦造田而缩小，行洪排涝因障碍增多而难疏导，若干水利工程早有规划而未下决心竣工或开工。这些不能说是人力丝毫无能为力的。至于经济繁荣，人口增加，乡镇工业和乡村住宅在低洼易涝地段建成后使用多年，一旦遇险，设备财物来不及转移只得受淹损失。这些已只能事后总结教训，为往后鉴戒。

中央在洪涝灾害过去之后很快对淮河流域和太湖流域部署了多项大型水利工程，决定统一规划，统一领导，分工负责，限期完成，都有针对性，十分必要。

　　我国洪涝干旱灾害频繁。1991 年夏发生在淮河流域和太湖流域的洪涝灾害不由得我们不去联系考虑全国范围内潜伏着的隐患和已显露的一些洪涝灾情。与其"临渴掘井"，不如"未雨绸缪"。一是从长远考虑，必须从头宣传"治水必先治山"而"治国必先治水"的道理。现在治山划归林业部管理。其实水资源在大自然中存着一个清清楚楚的"水循环"。水汽的蒸腾多寡或降雨多少，则由气象部门观察。雨量受森林的削峰截流、受草被的含蓄渗流，作用之大远非童山秃岭可比。现在森林的采伐与抚育划归林业部门管理，砍伐过多于抚育，存在问题已十分严重，而各地群众性的滥伐成材与破坏幼林等事实更使林业部无能为力。"草业"的种植，良种的推广为放牧业做准备，历来不受重视。水入地下后的流动规律，划归地质部勘探：水在地表径流为江河，积储为湖泊，拦堵为水库，归水利电力部门规划、设计、施工。整个"水循环"中，至少治山造林、地表水利用，应该紧密协作，工作互补。二是水土保持已提倡了多年，应该区分重点地区问题与一般大面积上的问题。由科学院自然资源综合考察委员会、林业部、水利电力部与有关省区认真规划，从小流域开始发动群众封堵拦截，防止泥石流或大量水土冲刷的发生；再由国务院统一领导对大江大河大湖进行科学的规划。在保证大江大河大湖的整体规划、整体治理过程中，一般性的堤防、疏导、设库、分蓄洪区不应受到个别重点工程的干扰、压缩，以免"攻其一点，不顾全局"。三是地势较低的河网地带，应该由省市县乡各级政府鼓励农民恢复"罱河泥"施有机肥的优良传统习惯，疏浚河道、降低河床；严禁围湖造田和在行洪河流设闸设坝养殖水产。

　　然而根据历史记载，我国是"少水国家"，干旱灾荒往往面积大，时间长。这我们千万不可轻视，所以在治理洪涝的同时，还必须注意兴修灌溉设施和关键性的引水工程。提防忘记了还应预防干旱成灾。与大面积灌溉关系十分密切的是在黄河干流大柳树设坝建库扩大宁夏灌区几百万亩的规划，坝址地质已经证实是可靠的，一次设坝建库的工程也已证实是可行的。我建议各地类似这样的灌溉工程应尽可能列入"八五"计划中去。

此外，我国渐次沙化的面积不小，已经沙化而还能逐渐改良土壤、种草种树的面积也不小。应该引起各省区注意，进行必要的规划。我国已经盐碱化的土地，如有名的黄淮海平原，也应该积极规划治理。所以，防洪、防旱、治沙、治碱，在农林草牧领域也该同时受到重视。古人在治国的问题上，力求"国泰民安、与民休养生息"，在一定的意义上，特定的社会制度下，看来是有道理的。一句话，"山林川泽沙碱都要综合治理"。

以上说的都是要为我国人民谋求一个良好的生产环境与生活环境。从这点出发，我国 40 多年的社会主义工业建设，不容忽视在取得巨大成绩中带来了一个严峻的环境保护问题。这就是工业污水、有害烟气、工业废渣已经十分危害社会生活。

1987 年，我国工业企业排放的工业废水，有 54% 未达到合格标准。二氧化硫的排放量达 14 亿吨，受二氧化硫污染的农田面积达 4000 多万亩，造成农业经济损失 20 亿元。重庆、贵阳和广州等地已出现土壤酸化，栽培的农作物和蔬菜有减产和病虫害加重的趋势。"废水、废气、废渣"的排放量，80 年代比 50 年代增长了约百倍。解决环境保护问题关系到我们的子孙后代，我们必须认真对待。我们必须从我们的实际出发，对经济建设和环境保护应统筹安排，要把环境污染、生态破坏解决在经济建设之中。经济建设和环境建设要同步规划、同步实施、同步发展，力求做到经济效益、社会效益和环境效益的统一。要制定切实可行的《环境保护法》，做到有法必依，执法从严。要在全国范围内建立环境监测网络。做到以防为主，防治结合。

（八）深化经济体制改革，必须经过系统设计、系统试点、系统总结、系统论证。重点工程建设，在计划立项之前，一定得经过权威性的对"可行性研究报告"的论证。

随着生产力的进一步发展，经济体制的深化改革势在必行。我认为经济体制的改革必须有系统性的规矩以为遵循。一是系统观察，二是系统调查，三是系统认识，四是系统设计，五是系统试点，六是系统总结，七是系统论证，只有这样，才能保证经济体制改革顺利稳妥地进行。

一个经济体制改革的意见或方案要出台，一定要耐心听取来自不同方面的意见，一定要走群众路线。论证经济体制改革的意见，是一项庞大的系统工程，它必须具备以下条件：一是"鲜明的立场"，它要求目的明确，理论上有根有据，而不是"要枪花"，蒙蔽群众；二是"公正的态度"，要坚持一切从实际出发，符合陈云多次提倡的"不唯上，不唯书，要唯实"，实事求是；三是"清醒的头脑"，比之一项大型建设工程来，经济体制改革要复杂得多，它涉及社会经济的各个方面，有的方案能够量化比较，有的因素还不能量化比较，这就要求我们充分发扬民主，自始至终保持冷静的头脑；四是"民主的作风"，善于听取赞成意见，也善于听取反对意见：要以理服人，而不能倚势压人；五是"科学的方法"，宏观上要有整体概念、高屋建瓴，全盘考虑，微观上要深入细致、符合实情；六是"可靠的判断"，要从大量的可行性方案中选取出最优方案；七是"列出可能还存在的问题"，不要满足于花费了一定时间而得出的结论，要反复思考还可能存在的问题和找出解决问题的方法；八是"认真研究可能出现的问题的补救措施"，力求每项重大体制改革，既能让广大群众表面承受，也能让广大群众心中满意。这样，才能保证深化改革顺利进行，才能提高党的威信。

　　比如，计划经济与市场调节的最佳结合点的问题，我认为对此不能一概而论。社会主义经济改革的每一项实质性重大改革，要求做到发挥两者之所长。问题在于两者最理想的结合都不易有更统一的提法，很可能在各个经济领域、各项产业、各类经济发展水平的地区，结合点各不相同。计划经济的规律同市场价值规律不应该在认识上绝对对立起来。有些人认为一旦市场发育到一定水平时，计划工作就可大撒手，这可能会从以往过分强调统一集中、统一计划而忽略市场调节走向了另一个极端。

　　70 年代末期，在重大工程项目的建设程序中加入了在立项之前实行"可行性研究报告"的编制与评估论证的要求。这是计划经济工作中对建设程序的一项重大体制改革。

　　可行性研究的工作方法，最早是世界银行专家介绍与要求的。国家基本建设委员会为此在 1982 年组建了中国国际工程咨询公司，以便邀约社会上的多学科专家对重大工程的可行性研究报告进行跨学科的综合分析和系统论证。最初认为评估论证应做到：一是公正性；二是科学性；三是群众性。1987 年，国家计委宋平主任听取了有关业务汇报之后，提出评估论证的最终报告一是要送决策层参考，以便将成熟可行的立项；二是还要到现实中去接受实践的检验。同时要求评估论证工作一要强调公正性；二要强调科学性；三要强调可靠性。

　　对于这"三性"，我的体会是：所谓"公正性"，就是在评估论证工作中，对待每一项可行性研究报告都做到客观公正，分析中自始至终保持清醒的头脑，认真分析客观条件，不受主观偏激先入为主的情绪干扰。要有真正的民主作风，要善于听取来自不同方面的意见，做到互相尊重，反复辩证，以达到互相补充，彼此提高的目的。

　　所谓"科学性"，就是要求每一个概念，每一项分析都必须有科学根据。重大工程的可行性研究是多学科智力劳动的综合成果，往往不是单一的专业能判明其是非曲直得失利弊的。因此，只有在跨学科的汇总综合、系统分析的基础上才能做出科学的、切合实际的判断。

所谓"可靠性"，就是筛选出来的最佳可行方案，深入搜寻还可能遗留在外的问题，还要针对各个问题多方研究可以采取的有效补救措施，力求消除还可能出现的隐患，从而保证方案一经采纳、决策，就能做到万无一失。这是对待国民经济认真负责的态度。对于大型重点工程要力求尽善尽美，这样才能显示出社会主义制度在经济上、政治上确实比资本主义制度具有无比的优越性。

（九）在新事物面前，要警惕保守落后，也要防止随声附和，一定要学会正确的独立思考。

早在 1959 年春，我对小土高炉、小土转炉、小土焦炉都还未认真调查，听了一些要鼓干劲的宣传，就为《经济研究》、《时事手册》等刊物写文章歌颂"小土群"，但科学技术却早告诉我不到 1600℃，矿石炼不出铁，不在一定条件下以氧脱碳，生铁也炼不出钢。然而，我却头脑一热就写了文章。实践中很快觉察到了有问题。到了 1959 年 4 月落实计划指标过程中，我如实反映了土铁、土钢、土焦对工业生产的干扰作用和"小土群"对国民经济产生的不利影响，但在反右倾斗争中却受到了错误批判，教训十分深刻。所以在新事物面前，一定要学会正确的独立思考。要做到立场端正、态度积极、语言客观、建议有效，并不容易。

70 年代后期，苏南乡镇工业勃兴。"无农不稳，无工不富"的说法在全国范围内很有影响。农村在实行家庭联产承包责任制之后，多余的农业劳动力竞相转业，追求"以工补农，以工养农"。针对这种情况，我请教于实践，做了比较细致的调查研究。我在无锡郊区，先看到了利用大批从上海退休回乡的老技工发展乡镇工业的特殊有利条件，又听说了中央、地方扶持乡镇工业3年免税的优惠政策，觉得乡镇工业问题大有文章可做。80年代初，我为此先访问了日本的一批中小型企业和美国东北部的一批小型企业，再到无锡作报告时，我建议苏南发展乡镇工业时要警惕那种"小而全，小而乱，小而脏，小而亏"的现象，要求发展的方向是"小而专，小而精，小而活，小而洁，小而赚"。以后我又到河南、贵州、云南等地了解社会经济发展情况后，觉得苏南模式的乡镇工业也不宜于不结合当地的经济发展水平而急于到处推广。技术、经济、文化、教育的发展水平，各地各不相同，因此，发展经济就该有切合实际的、各不相同的经济模式。

80年代中期，国务院批准了城市建设方针是"严格控制大城市，适当发展中等城市，积极发展小城市"。面对农村中几千万甚至上亿剩余劳动力离土离乡转业的人口流动，这不失为一项及时的新政策。现在看，适当开放农贸集市、引导郊区农民活跃于城乡物资交流，对中小城市和大城市都是需要的；只要适当控制，避免发生过多的"农转非"、"农进城"和大量人口涌入大城市，也是可以做得到的。

因此，对待新事物，要积极、慎重，要做认真的调查研究，要养成一种独立思考的习惯，力戒赶风头，人云亦云，这样才能在实际工作中不犯错误，少犯错误。

（十）重视国情，多学历史，多学哲学，不断提高经济工作的理论水平。

我国的综合国力同四十多年前比较，已有了很大进步，但与国外发达资本主义国家相比还有很大差距。如果以人均产量产值去观察，是属于第三世界的发展中国家，所处历史阶段则事实上还只是社会主义初级阶段。我们绝不要绝对化地静止地观察复杂的社会经济现象，这就需要我们更加努力，一步一步振兴国家经济，向着社会主义方向不断探索前进，要有实事求是的态度，要有踏踏实实的工作作风。

时时刻刻牢记我国全民族特别是全体干部的文化素质还有待于大大提高，以便接受当代世界的高新技术使它在工业、农业、科技、国防的方方面面转化为现实的现代化的生产力，其关键在于在 5 年、10 年、15 年内全面改进我们的教育事业。而教育事业要求对德、智、体、美、劳全面发展，从幼儿园、小学、中学、大学、研究生院每一个环节都不能丝毫放松的。而物质文明的发展都是以精神文明的提高作为保证的。

90 年代是我国经济基本上解决了 11 亿多人口的温饱问题之后再上一个台阶务求人民生活达到小康水平的关键性 10 年。从全局观点来看，从整体观点来看，一个长期持续稳定协调发展的政治经济局面比任何大小波动折腾以浪费时间、内耗精力的情况为好，事实上是好得很多。

封建社会的"文景之治"、"贞观之治"，最重要的一条是"与民休养生息"，民安则国泰，民富则国强，其实那时还谈不上有什么了不得的兴邦治国之道的。

现在我们在中国共产党的坚强领导之下，有马克思列宁主义、毛泽东思想作我们的理论基础来指导我们的革命事业，我们经济理论工作者和实际工作者，正肩负着完成无比宏伟任务的责任，我们千万不可掉以轻心。要在战略上防止急于求成，又要具有时代的紧迫感和强烈的社会主义事业心。

人心思定，人心思安，人心思稳，顺乎人心的社会主义事业，是任凭什么和平演变的阴谋诡计也一定不能得逞的。

（原载江苏人民出版社 1992 年 7 月出版的《当代中国百名经济学家自述：我的经济观》丛书第 5 卷）

话说"156 项"

一　什么是"156 项"

　　我国从1953年开始进入了第一个五年计划时期。第一个五年计划中计划建设的共有 694 个项目，其中由苏联援助提供成套设计、成套设备、指导施工的，习惯称为"156 项"。

　　"156 项"实际上并未按协议完成。最初当中苏同盟互助条约刚签订的时候，互惠条件不少。通过外贸途径，中方可交的硬货之一是每年 6 万吨猪肉，之二是某些非金属矿如性能特殊的压电石英。之三是一些稀有金属。而苏联的硬货是大宗木材和成套援助。这成套援助最大的价值便是确实帮助我国解决了有钱买不到手的 Know-how 问题。

　　可是，1959 年中苏邦交恶化，赫鲁晓夫当政的苏联政府 1960 年 7 月 16 日突然照会中国：（1）全部撤走 1390 名援华专家；（2）撕毁 343 项合同；（3）废除 257 个科技合作项目。以致 156 项中突然出现了许多半拉子工程。这许多半拉子工程其后到 60 年代早期才逐步由中国自己的设计队伍、机械工厂和施工队伍逐项清理竣工、配套投产。

实际上，“为新中国工业化奠定初步基础”的，也不止于156 项：（1）第一个五年计划时期，我国的铁路建设是靠铁道建设兵团分布向全国的。六七个新型纺织工业区全是靠我国自行设计、自供设备、自行施工的。（2）在 694 项中还有大中型工业项目约 20 来项，是从波兰、捷克、东德、匈牙利、罗马尼亚、保加利亚、瑞士、瑞典等国引进成套设备或购进单机，也是靠我国自己的力量建成的。

但是“156 项”的历史意义不该低估。

“156 项”的空间布局就东北地区来说：（1）在东北的大型项目中支援全国经济建设意义最大的当然首推鞍钢。复建后的鞍钢设计规模比伪满时期最高年产量 92 万吨大好几倍，钢材很快就达到了四五百万吨。（2）按产业链布置了特殊钢厂与重型机械厂。如北满特殊钢厂、富拉尔基重型机械厂，如成套生产大型火力发电机组的哈尔滨锅炉、汽轮机、发电机 3 个厂，如电线电缆厂，都是我国历史上前所未有的。（3）建设了长春第一汽车制造厂，生产解放牌大卡车，与它配套的有专业化协作的零配件厂达两三百家。这是一个大厂带动一串小厂的典型。（4）建设了以沈阳为中心的机械工业，为关内外建厂供应了全部技术装备。（5）还有抚顺铝厂、哈尔滨铝压延厂，也使山东铝厂有了后续工序，使我国有了压延机翼的铝合金厂。

就华北、西北两大区来说：（1）布置了武钢、包钢等大型普通钢厂，其一期规模都达 180 万、二期都达 360 万吨钢。（2）在抚顺特殊钢厂、北满特殊钢厂外又布置了太原等特殊钢厂，使钢种生产专业化分工。（3）在东北吉林化工区之后，又新建了太原和兰州两个化工区。其中吉林的特色为染料及中间体厂，太原的特色是磺胺类药厂，兰州的特色是合成橡胶厂，而三者都有

7.5万吨的氨肥厂为之配套供应气体原料。（4）在西安新建了电力机械制造厂，其中有高压开关厂、高压变电器厂等6个项目。（5）新建了洛阳涧西机械工业区，其中有重型拖拉机厂、铜加工厂、矿山机械厂、轴承厂等项目；兰州七里河机械工业区，其中有石油化工机械厂、采油设备（钻头）厂等项目。（6）新建了一大批煤矿、电站，分布到各大中城市。（7）新建了一大批常规武器的军工厂。（8）新建了生产抗菌素的华北制药厂，生产电影胶片、X光底片的保定电影胶片厂等。

二 "156项"的历史局限性

首先是冶金工业设计中厂房建筑普遍用的是肥梁胖柱，"傻大粗黑"。进一步发现建筑定额很多超出了实际需要。由于定额不当，投资预算总量上多花10%至15%。

其次是随着城市规划专家莫欣的宣教而来的问题。城市，无论是新建或改建，都该有规划是无可非议的。然而过分强调了平面规划与建筑艺术，带来的偏差实在大。莫欣自己的那一套在苏联没能实现，到中国来倒推广了。太原的城市规划因被一条汾河分割、地形破碎的关系，把平面图说成像"古布币式"；国家计委的宿舍区规划成"云滚式"以区别于"兵营式"；一些"156项"的厂前区推广有民族风格大屋顶或小盖帽的建筑艺术，生活区建筑标准过高而装饰得脱离当地民间习俗。由于国家建委在中苏分工中明确规定至少厂前区和生活区由我方自行设计才解决了这些问题。

再次是在苏联专家一贯宣扬"优先发展重工业"声中，发现一些接近轻工业的医药工业设计并不先进。如制取青霉素的技术流程，华北制药厂规定的设计任务确实不如上海第四制药厂的中间试验流程为先进。只因我国医药工业自制大型机械设备缺少设计与制造经验，结果在设计审核中明确规定了采用上海第四制药厂的流程了事。

以工业为农业服务、需要大发展的化肥工业而论，一是不注意宣传氮磷钾应有适当比例；二是不注意按土施肥原则，提醒我国可耕地的土壤特别缺磷缺钾，应该加快发展磷肥钾肥；三是以硝酸和硝酸铵为主要产品、强调军民两用，而合成氨厂不过以 5 万吨至 7.5 万吨为大型规模，采取空气压缩机笨重耗电，只因"除此一家，别无出路"，才通过了我国的设计审核。到 60 年代后期我国从日本、荷兰引进的 30 万吨合成氨和 48 万 ~ 50 万吨尿素的技术装备之后，更可见资本主义经济发达国家的生产技术早已超过了当时苏援水平。

在厂址选择方面，苏联领土辽阔，他们的专家们一般不理解我国占用耕地或平地过大的禁忌。对地势过低、不足以防洪的厂址，也只从微观角度出发，用加强防洪技术措施去补救，造价过于高昂，牙克石造纸厂如果我方不提出坚决的不同意见，必将造成不可挽救的损失。

在勘探、勘测资料方面，本来应由中方负责，如包钢的白云鄂博矿山，因铁矿与大量富集稀土元素矿共生，究竟以开采何种矿石为主，以何法选矿最见效，中方没有把握，苏方专家从未遇到这种矿产，也一直纠缠不清，以致包钢的苏方初步设计也交代不清，影响了建设进度。又如三门峡水利枢纽，像黄河这样大含沙量的河流，苏方专家从未遇到过，没有经验，直到大坝建成后水库尾水将威胁西安远近郊，这才检查到交给苏方的黄河含沙量以短期勘测代替多年资料本来是不可靠的，后来苏方根据此种虚假资料做泥沙水工试验当然得不到准确结果。苏联专家撤后，大坝一再改造，降低了发电能力，取得了大量挖沙的成功经验。出了问题，该寻根到底。这种情况该怪罪谁呢？当然应当首先由中方负责。同时也怪苏方专家面临难题，粗枝大叶只能出乱子。

三 从"156 项"厂址选择中所想到的

在地理位置的宏观决策中，中苏同盟和美国封锁决定"156"项只能在东北、华北、西北为主要地区来选择厂址。铁路通车条件和主要煤矿所在地决定不可能去西南设厂。国内农业经济中粮食和食品供应条件又决定不可能过于深入内地去设厂。所以"156"项在关内，大致上只能在京汉路沿线及其以西地区，1953 年主要考虑西到兰州、北到包头、南到郑州、洛阳、西安，1954 年才决心开辟武昌青山区。

在厂址选择中，首先接触到的是上述地区内的地形山多平地少；地震活动点其地震烈度高到 8 度以上和地面有上升运动现象者都须避开。为此，李四光所著《中国工程地质学》和有关天文、地质、古生物的论文，成为必读的参考书。然后才是述凡译的苏万德勒里所著《厂址选择》。这是因为有了宏观地理地质概念才便于从微观上选择厂址，决定厂址的平面与四周的坐标。那时的中国刚开始建设社会主义，几乎是白纸一张，对大规模的厂址选择简单化了可不行。

比如，从阴山山脉到秦岭山脉到五岭山脉，北纬每隔 8 度是一条横向大褶皱；山西是多字形褶皱的典型台地。因此，在华北、西北选厂，每到一县，先得认真观察地面古建筑物遭受地震灾害的痕迹，复查地方志上地震的历史记载。因此，包头东西的萨拉齐、察素齐，太原南北的崞县、霍县都是多次震中要躲开。银川古城楼、西安小雁塔的纵向裂缝都是烈度的标志，宁夏中卫一带地面有隆起迹象也该注意。

其次接触到的是水资源之可贵。太原等地有了 3 个秒立米流量，扣除当地农业灌溉用水，就可以在山坡上筑坝成"蓄水湖"，为开辟太原化工区创造了条件。甘肃郝家川地处祁连山区，要从三四十里外的黄河边经过四五级扬程提水，才能建设一个大型铜矿选炼厂和近六七万人口的白银市。

西北地区降雨量之少与蒸发量之大和降雨期之集中与山洪暴发之危险，不易为外来人所深刻理解。比如，在开辟兰州西固化工区时，筛选了 19 个厂址，才肯定在西固设厂可依靠黄河边取水的优越性而定案。但是在建设期间，还发生了一次南面高烧山洪暴发，席卷大量泥石流自山坳下降，从预留的防洪沟中满沟而来，溢出地面的泥石流还吞噬了部分生活区伤害了人畜生命，惊得幸存者丧魂失魄。

然后才能挨次解决万德勒里《厂址选择》书中记载的一般问题，如铁路专用线引入厂区，以便于大量原料进厂，大宗成品出厂；如厂区工程地质承载力问题，以便于躲开需要打钢管加固的软地基；如厂区建筑标准与防震烈度选择问题；如厂区废气、污水、废渣的排除与生活区合理布置的问题等等。

那时有些人忽视了西北、华北的许多地理特点，只学过一些来自苏联或欧美的厂址选择教科书便凭着书本去实践，那只能眼睁睁吃亏。而当年有些地方高级干部揶揄厂址选择为"风水先生看风水"，认为"专业部门也看过了风水，综合部门又去复查风水是重复劳动，是严重浪费，是官僚典型"。现在回过头来看，对照着 40 年来厂址选择中出现的那么多教训，这些话也是些笑料。

（原载《中国投资与建设》1993 年第 3 期，

以笔名"白丁"发表）

作者主要著述目录

金元帝国里的波澜 《文汇报》1946年5月25日

从美国看世界 《文汇报》1946年9月1日

美国对华政策及其在国内的反响《文汇报》1946年9月10~11日

凭常识看中美经济关系之发展《文汇报》1947年2月10日

精密的调查研究是做好基本建设决策的关键 《解放日报》1952年12月13日第2版

论资源的综合利用 《人民日报》1966年3月1日第5版

加强技术经济学和现代化管理科学的研究 《光明日报》1979年2月24日

重访美国 《经济学动态》1979年第8期

开展环境经济学、环境管理学和环境法学的研究 《工业经济管理丛刊》1980年第5期

三十年来我国基本建设经济管理中的几个问题 《经济研究参考资料》1980年5月14日第76期

关于生产力布局问题 《工业经济管理丛刊》1980年第7期

中国现代化的整体论 《红旗》1980年第24期

再谈中国现代化的整体论《经济研究参考资料》1981年11月13日第174期

开展环境经济学的研究（联名） 《中国环境科学》1981年创刊号

小城镇和农村集镇建设中的几个问题 《基建调研》1981年4月23

日

谈经济发展战略 《投资研究》1982 年第 1 期

区域经济规划是社会主义建设战略的基础工作 《基建调研》1982 年增刊 2

我国工业布局的成就、经验教训和改进途径 《技术经济和管理现代化学术资料》1982 年第 1 期

从生产和建设看降低成本 《会计研究》1982 年第 3 期

系统工程与社会经济系统（合写） 《技术经济与管理研究》1982 年第 3 期

中等城市经济发展战略的若干问题（联名） 《人民日报》1984 年 3 月 9 日

加强城市经济理论研究为经济体制改革服务 《建设经济》1984 年第 12 期

谈产业长远规划编制方法 《技术经济与管理研究》1985 年第 5 期

东西结合西西合作南北协调南南合作 《云南社会主义现代化建设文稿》1985 年第 6 期

建设经济需要系统研究（合著） 《人民日报》1986 年 12 月 12 日理论版

加强建设经济的系统研究 《人民日报》1987 年 4 月 20 日第 5 版

机械设备成套工作横跨三大经济领域 《中国基本建设》1987 年第 2 期

基本建设投资效果研究（主编） 中国经济出版社 1987 年版

建设中国式社会主义的城市经济学 《中国城镇》1987 年第 1 期

扶助与开发贫困地区问题 《效益与管理》1988 年第 6 期

中国历史文化名城要在改革中求发展 《中国城镇》1988 年第 4 期

加强"南中国"经济区域间的协作支援广东省追赶亚洲"四小龙" 《开发大西南·地区卷》，北京学苑出版社 1991 年 9 月

重点开发大西南 《开发大西南·综合卷》，北京学苑出版社 1991 年 9 月

上三峡工程必须落实的几个问题 《科技导报》1992 年第 3 期

从实际出发研究问题 《我的经济观》第五卷，江苏人民出版社 1992 年版

话说"156 项"（笔名"白丁"） 《中国投资与建设》1993 年第 3 期

吴地经济学家 南京大学出版社 1997 年 8 月

作者年表

1916年 6月27日出生于江苏无锡。

1934年 考入南京中央大学化工系，参加地下党组织的"南京读书会"。

1935年 参与组织了"南京学联"和"南京各界救国会"。

1937年 转入金陵大学；参加南京救国会任执委。

1938年 加入中国共产党，做地下工作。

1939～1941年 在成都金陵大学读书，获化工学士学位，同时做地下党工作。

1942～1945年 任重庆中央工业试验所副工程师，做地下工作。

1945～1948年 在美国匹茨堡大学研究生院学习，获化工硕士学位；为中共在美工作领导小组成员，分工负责留美科技人员的进步运动。

1949～1952年 任上海军管会军事代表；华东轻工业局、上海市工业局副局长。

1953～1959年 任计委、国家建委重工业局副局长。

1959～1962年 任化工部技术革命办公室、技术司主任。

1962～1967年 任国家计委化工局副局长。

1967～1975年 在"文革"中被错误关押审查。

1975～1977年 在国家计委休干组。

1978年 参与组建中国社会科学院工业经济研究所，任研究员、教授、第一副所长。

1981 年 参与组建国家基本建设委员会经济研究所,任所长、研究员、教授。

1982 年 任中国城乡建设经济研究所所长、副部级顾问;任中国社会科学院研究生院教授、博士生导师、硕士生导师。参与组建中国国际工程咨询公司,为第一届董事长;兼任国务院技术经济研究中心顾问、中国石油化工总公司技术经济顾问、国务院三线办公室顾问、中国投资咨询公司董事、中国投资银行董事、国家计委计划经济研究中心顾问。

1991 年 10 月 离休。

1998 年 7 月 15 日 在北京去世。

后　记

　　早在 1988 年，葆鼎同志把自己的一些论文搜集、整理出来，汇成了一部书稿。书稿共有 29 篇文章，他亲自编了目录，写了自序和作者简介，甚至编好了页码，准备出版。但由于种种原因，未能成书。后来此事也就放下了。

　　1998 年夏，葆鼎匆匆离去，留下了大量散落的著述未及整理。我的女儿薛小钢利用工余时间，协助我整理这些遗稿，前后共花费了两年多时间，分门别类，汇集成 6 大册，其中就包括这部书稿。由于"文革"中葆鼎和我双双被关押，全家被扫地出门，使"文革"之前的文稿全部遗失，这个遗憾已经无法补救了。

　　适逢中国社会科学院为老学者出版学者文选，在中国社会科学院领导、科研局和工业经济研究所有关同志的支持下，此书得以顺利出版。葆鼎的老战友徐鸣同志阅读了全部书稿，并提出了自己的建议。中国社会科学出版社编审周兴泉同志认真地审阅了全部书稿，校正了其中的文字错误，并确定了新增加的篇目。

　　葆鼎同志一生坎坷。他早年投身革命，先后参加了抗日爱国学生运动和党的地下工作，历尽艰辛。1946 年受中共中央南方局派遣赴美深造化学工程，同时在留美学者中做工作。1948 年他奉命回国，先后在华东工业部、上海市工业局工作，1953 年调到国家计委、国家建委，一直身处经济建设第一线，呕心沥血、鞠躬尽瘁，为新中国的建设事业做出了自己的贡献。"文革"中他身陷囹圄，长达七年半之久。1978 年恢复工作后，他先后在中国社会科学院工业经济研究所、国家建委基本建设经济研究所、国家计委投资研究所、国务院技术经济研究中心等单位从事经济理论研究工作，研究的领域涉及工业经济、基本建设经济、技术经济、城乡建设经济、环境经济等。在几十年的实践和研究工作中，葆鼎同志一贯遵循实事求是、一切从实际出发的原则，从不讲套话、假话。他因坚持这一原则在工作中做出了成绩，也因此在错误路线下深受其累。可以说，葆鼎同志问心无愧地为新中国的革命和建设事业贡献了自己的一生，直到最后倒在书桌旁。他没有留下任何遗产，留下的只是浸透他心血的文字。这本文集，汇集了葆鼎的主要代表作，反映了他对新中国四十余年建设成就和失误的切身体验和思考，对新中国建设史的研究者、相关领域的理论工作者和后来的建设者也许有所裨益。

《薛葆鼎集》的出版，实现了葆鼎同志的一桩心愿，也使我倍感欣慰。在此，我谨对所有为此书出版做出贡献的同志，表示深忱的谢意。

邢若均
2003 年 1 月 15 日于北京